SHEQU
GONGZUO

社区工作

（第二版）

国家一流本科专业建设点社会工作专业
核心课程选用教材

李沂靖　闫小红　/　主编

中国社会出版社
国家一级出版社·全国百佳图书出版单位

图书在版编目（CIP）数据

社区工作 / 李沂靖，闫小红主编 . -- 2 版 . -- 北京：中国社会出版社，2023.8（2024.7 重印）
ISBN 978-7-5087-6918-9

Ⅰ . ①社 … Ⅱ . ①李 … ②闫 … Ⅲ . ①社区—工作—中国—教材 Ⅳ . ① D669.3

中国国家版本馆 CIP 数据核字（2023）第 111455 号

社区工作（第二版）
出 版 人：程 伟
终 审 人：李新涛
责任编辑：张 杰
装帧设计：时 捷
出版发行：中国社会出版社
（北京市西城区二龙路甲 33 号 邮编 100032）
印刷装订：北京联兴盛业印刷股份有限公司
版 次：2023 年 8 月第 2 版
印 次：2024 年 7 月第 2 次印刷
开 本：170mm × 240mm 1/16
字 数：300 千字
印 张：18
定 价：60.00 元

前　言
(第一版)

20世纪80年代以来，随着改革开放的不断深入和现代化建设的逐步推进，政府和企事业单位的一部分社会福利职能、社会服务职能以及社会管理职能逐步剥离出来并回归社会和社区，我国城乡社区和社区工作在经济、社会、文化和政治发展中的地位与作用日渐突出。与此同时，面对经济与社会转型产生的诸多社会问题，以及社区居民日益增长的社区服务需求，传统的行政化工作体制和简单的经验主义方法已无法满足社区发展的现实需要。所有这些，客观上要求社区建设手段与方法的科学化和专业化，要求引入专业社区工作的制度和方法，要求社区工作者掌握和运用专业社会工作的价值观、理论和方法。根据教育部全国高等学校社会学学科教学指导委员会和中国社会工作教育协会于2004年组织编写的《社会工作专业主干课程教学基本要求》，"社区工作"作为社会工作专业的主干必修课程之一，肩负着培育合格的专业社会工作者和培养从事社区工作专业人才的双重责任。由此可见，无论从我国宏观社会建设的需要出发，还是从社会工作专业教育自身发展需要出发，加强该课程的建设都是十分必要的。因此，2006年上半年，经申报，"社区工作"被批准作为山东省精品课程立项。现在，经过三年的课程建设，在山东省数所高校亲身教授"社区工作"课程的一线教师共同辛勤努力下，这本精品课程教材终于付梓了。

《教育部关于启动高等学校教学质量与教学改革工程精品课程建设工作的通知》（教高〔2003〕1号）中对精品课程作了如下界定："精品课程是具有一流教师队伍、一流教学内容、一流教学方法、一流教材、一流教学管理等特点的示范性课程。"这五个"一流"的要求说明，精品课程建设是一个包含许多相互关联的建设内容的整体，五个

“一流”所涉及的五个方面构成了精品课程建设的基本内容，达到这五个“一流”的精品课程就是“示范性课程”。所以，精品课程的建设不单纯是课程的建设，也包括教师队伍、教学内容、教学方法、教材和教学管理等内容的建设。因此，必须把精品课程作为一个整体来建设。“社区工作”自2006年确立为精品课程后，课程建设组立足教学实践探索，大胆尝试创新，在评估该课程已出版教材的基础上，结合课程的全面建设，进一步梳理和整合教学内容，一边编写本教材，一边在教学实践中检验，在教学中力求突出实务教学，加强本课程教学内容、教学方法的改革，逐步构建和完善课程体系，最后形成了一部相对成熟并能同时适应本专科两种不同层次教学需要的具有自身特色的讲义稿。这些工作为本教材的正式出版奠定了良好的基础。

本教材主要用于社会工作专业本科和专科的教学，也可作为社区工作者学习社区工作理论和实务的参考书。

本教材具有如下特点。

1. 教材内容的选取和改革方面。课程建设组在综合分析国内现有教材基础上，扬长避短，力求缓解现有教材不同程度存在的实务教学内容不够突出、理论与实务割裂、可操作性较差、语言表达较艰涩及不容易读懂等问题。着力强化了以下三个方面：

（1）进一步理顺本课程的内在逻辑关系。本教材形成由价值观—理论—方法与技巧—本土社区工作实务探索组成的相对合理的内容体系。

（2）强化实务教学内容和环节。本教材通过参与式学习活动、案例分析、服务方案设计等教学形式的设计，把理论教学和实务教学两者有机地融合在一起，以便于学生理解和掌握相关理论和实务内容；同时进一步改进教学内容，强调整合社会工作方法在社区工作实务中的应用。

（3）探索本土文化情境中的实务教学。在教材的编写中尽可能选取本土的案例，并且总结教师多年从事社会工作教学和实务的本土化经验。

2. 编写形式及体例方面。本教材尽可能地吸纳已有各类（学历教育和短期培训）教材的优点和长处。如在教材中穿插了若干个配合理论教学且形式多样的学习活动（学习活动中的协作者指教师，参与者指学生）；以拓展阅读的形式介绍背景材料；穿插相关图片，活跃教学气氛，寓教于乐，教学相长。

本教材能够作为精选课程系列教材之一正式出版，是与教育部全国高等学校社会学学科教学指导委员会和中国社会工作教育协会长期以来重视并具体指导分不开的。作为高等院校社会工作专业主干课程的教材，我们深知仍有许多不尽如人意的地方，需要在今后的教学实践中继续深入探讨，在教与学的互动过程中进一步完善和提高。

李沂靖

前　言
(第二版)

时光荏苒，距离《社区工作（第一版）》出版已经十二年了。

十二年间，中国社区工作的发展环境发生了很大的变化，既面临着很多的现实机遇，也存在着诸多的实践挑战，亟须更具本土化与创新性的研究理论、实务方法和操作技巧。当前，我国已经消除了绝对贫困，全面建成小康社会，正在为实现中华民族伟大复兴而不断奋进。政治、经济和社会发展取得了举世瞩目的成就，为社区工作的开展奠定了坚实的物质和社会基础。但与之同时存在的是：我国社会的主要矛盾已经转化为人民日益增长的美好生活需要和不平衡不充分的发展之间的矛盾，城镇化步伐加快，老龄化问题凸显，青少年教育需求多样，以自然灾害、社会心理失衡等为代表的各类社会风险开始显现，不同区域、不同人群之间的生存发展需求和差距增大，使城乡社区工作和社区治理面临着很多挑战。为了有效回应这些新需要，解决社会的新矛盾，党的十九大报告在加强和创新社会治理领域，提出要建立共建共治共享的社会治理格局。党的二十大报告提出，要“以中国式现代化全面推进中华民族伟大复兴”，“必须坚持在发展中保障和改善民生”，“采取更多惠民生、暖民心举措，着力解决好人民群众急难愁盼问题，健全基本公共服务体系，提高公共服务水平，增强均衡性和可及性，扎实推进共同富裕”。在实现中国式现代化和全体人民共同富裕的过程中，社区工作扮演着极其重要的角色。

习近平总书记非常重视社区工作的发展，2014 年 11 月 1 日至 2 日，他在福建省调研时强调，“社区虽小，但连着千家万户，做好社区工作十分重要”；2015 年 2 月 13 日至 16 日，习近平总书记在陕西省考察时强调，“社区工作是一门学问，要积极探索创新，通过多种形式延伸管理链条，提高服务水平，让千家万户切身感受到党和政府的温暖”；2021年2月4日，习近平总书记在贵州省贵阳市观山湖区金元社区考察调研时强调，要“把城乡社区组织和便民服务中心作为新时代基层治理的重要阵地建设好”，“让社区成为居民最放心、最安心的港湾”；2022年6月28日，习近平总书记在湖北省武汉市考察时指出，“社区是城市治理体系的基本单元。我国国家治理体系的一个优势就是把城乡社区基础筑牢。要加强社区党组织建设，强化党组织的政治功能和组织功能，更好发挥党组织在社区治理中的领导作用”。

在习近平新时代中国特色社会主义思想的指引下，“以人民为中心”的社区工作理念，“党建+社区”的社区工作思路，“城乡协调发展”的社区工作格局，“预防为主、柔性治理”的社区工作策略，“强化基本公共服务”的社区保障思维，“网格化管理、精细化服务、信息化支撑”的社区治理策略，“自治、法治、德治”有机结合的多主体社区治理体系……成为新时期社区工作的发展指引，也为扎实推动共同富裕，促进人的全面发展和社会全面进步，提供了实践模板。

因此，我们认为，新时期的社区工作需要打破既有的“书斋气息”和“宏观倡导”思维，更加接地气地去解决现实问题，推动各类福利产出和服务供给。社区工作作为加强和创新社会治理的一种方式，是实现政府治理同社会调节、居民自治良性互动的有效载体，一定要为建设“人人有责、人人尽责、人人享有”的社会治理共同体贡献自己的智慧。社区工作者可以协助提高社会治理的“社会化、法治化、智能化、专业化”水平，加强社会心理服务体系建设，预防和化解社会矛盾，减轻基层组织负担，推动社会治理重心向基层下移，协助构建“网格化管理、精细化服务、信息化支撑、开放共享”的基层管理服务体系，确保社会既充满活力又和谐有序，打造“共建共治共享”的社会治理格局。

鉴于上述社区工作发展的大环境及社区面临的新问题、新挑战的考量，修订再版原有教材是非常必要的。除此之外，修订本教材还有以下三方面的考量：一是坚持“以马克思主义为指导，加快完善中国特色的教材体系，充分体现党和国家对教育的基本要求、充分体现国家和民族基本价值观、充分体现人类文化知识积累和创新成果”，是不断提高教材质量的初衷。《社区工作》教材的重新修订，也正是为了更好地体现中国社区工作的本土特色，增强中国社区工作的本土适用性。二是在教学、科研和实践过程中，我们注意到众多社会工作专业教师、学生与社区工作从业者，在社区工作教学和实务过程中有很多困惑，对社区工作新方法和新技巧也有很多期待，因此，亟须对原有教材进行更新，以满足社区工作教学研究和实践的迫切需求。三是教材建设是课程建设的有机组成部分。作为社会工作专业主干课程之一的《社区工作》，其教材的适时不断更新尤为重要。同时，必须把教材建设与教师队伍、教学内容、教学方法、教学管理等作为一个系统的整体来建设。为了更好地增强社区工作课程建设的整体性和创新性，对原有《社区工作》教材进行修订更新也是十分必要的。

修订后的教材进一步突出了以下特点。

一是“传承和创新”共进。本次修订既对社区工作原有的经典概念、理论和方法进行传承，又根据社区工作发展的新形势，重新调整了既有的结构和内容，对各种新方法、新技巧、新实践、新案例作了有效的补充，力求做到与时俱进，从而进一步满足社区工作教学与研究以及社区工作从业者的需求。

二是“理论与应用”并存。本次修订在对社区工作既有理论进行分析的基础上，继续强化实务教学内容和环节。通过参与式学习活动、案例分析、服务方案设计、拓展阅读等教学形式的设计，把理论教学和实务教学两者有机地融合在一起，以便学生对相关理论和实务内容的理解和掌握。同时进一步完善教学内容，通过学习活动等内容的设计和更新，整合社会工作方法在社区工作实务中的应用。

三是“本土与借鉴”兼备。本次修订在借鉴西方传统社区工作理论、实务模式和发展技巧的基础上，更加侧重探索本土文化情境中的实务教学，将社区治理、党建+社区、社工站、网格化治理、城乡社区比较、社区政策、社区营造、未来社区等内容进行整合提炼，从研究和实践角度对中国社区工作的发展作出了总结和预测。在教材的编写中尽可能选取本土的案例，以利于加快推动社区工作本土化的进程。

我们希望修订后的教材能够更加全面地总结我国社区工作的本土实践与模式创新的经验，同时也吸纳和借鉴国外社区工作的新进展和经验，为社区工作的教学和实践发挥更大的作用。但是，由于受到各种因素的限制难免还存在许多不尽如人意的地方，有待社会工作专业教育工作者以及社区工作的从业者在实践中继续进行深入探讨，不断补充、完善、更新教材内容，从而进一步提高《社区工作》教材的适用性和整体质量。

李沂靖

目　录

「第一章」 社区与社区工作

[概述] 本章主要学习社区概念的产生与发展、社区的定义和构成要素、社区的分类方法、社区工作的含义及界定、社区工作的目标和功能等内容。社区工作与个案工作、小组工作一起，是社会工作三大直接工作方法。社区工作以整个社区及社区成员为服务对象，既致力于有针对性地回应社区居民的实际需求，也致力于解决社区问题，建设一个更加美好和谐的社区，在社会工作中占有非常重要的地位。

[目标] 重点掌握社区的内涵与分类，社区工作的内涵、目标及其特征。

第一节 社区

“社区”一词最早出现在德国社会学家 F. 滕尼斯（Ferdinand Tönnies）1887 年的代表作和成名作——《共同体与社会》（*Gemeinschaft and Gesellschaft*）一书中。滕尼斯提出社区这一概念之后，这一概念成为学术界多学科采用的重要概念，随着现代化进程的发展，社区形式呈现多样性和复杂性，社区的概念也不断得到丰富和发展。了解和认识社区，掌握社区的基本要素和分类，是进一步学习和开展社区社会工作的前提。

一、社区的概念

“社区”一词目前在我国已为大家所熟知，尤其是在城市，社区服务、社区卫生、社区救助、社区治安等社区建设的内容已经与城市居民的生活密不可分。然而，“社区”一词并非我国本土的产物，而是在 19 世纪末随着“西学东渐”的文化迁移而进入中国的。

（一）社区概念的产生

1887 年，F. 滕尼斯（1855—1936 年）出版《共同体与社会》一书，首次将 Gemeinschaft（译为共同体、社区等）一词引入社会学学科，将其作为一个社会学概念同 Gesellschaft（社会）概念进行对比分析，用来说明社会变迁的趋势和两种不同的社会团体。滕尼斯认为，Gemeinschaft（社区）是由同质人口组成的关系亲密、守望相助、疾病相扶、富有人情味的社会群体；而 Gesellschaft（社会）则是由异质人口组成的，由分工和契约联系起来的缺乏感情的社会团体。在人类发展进程中，由 Gemeinschaft（社区）向 Gesellschaft（社会）过渡是历史变迁的必然趋势。

第一次世界大战后，美国的社会学者将滕尼斯提出的 Gemeinschaft 译成英文 Community，并且这一概念很快成为美国社会学的主要概念之一。中文的“社区”概念是从英文的 Community 翻译过来的。1933 年，我国著名社会学家费孝通等人在翻译美国著名社会学家帕克的论文集时，第一次将英文 Community 译成了社区，并逐渐成了中国社会学的通用术语。费孝通先生在其所著的《二十年来之中国社区研究》论文中，谈到 20 世纪 30 年代初翻译滕尼斯的著作及汉译词汇“社区”的形成过程时写道：“当初 Community 这个词介绍到中国来的时候，那时的译法是‘地方社会’，而不是‘社区’。当我们翻译 F. 滕尼斯的 Community 和 Society 两个不同概念时，感到 Community 不是 Society，成了相互矛盾的不解之词，因此，我们感到‘地方社会’一词的不恰当。那时我还在燕京大学读书，大家谈到如何找一个确切的概念。偶然间，我就想到了‘社区’这么两个字样，最后大家援用了，慢慢流行起来。这就是‘社区’一词的由来。”费孝通先生将 Community 译为“社区”更接近西方人对 Community 原本意义的理解，即人们生活的共同体，不仅包含地域的概念，同时也包含文化的概念，而“社区”一词不仅符合汉语的表达习惯，且把地域和文化两个要素有机地结合起来了。

（二）社区概念的发展

1. 社会学对社区概念的理解和认识

社区这个概念自 F. 滕尼斯首先提出并引入社会学学科后，成为社会学使用频率很高的名词，同时随着社会的发展与进步，在社会学学科中对其的理解与界定也更趋于合理并不断深化和科学。

F. 滕尼斯是这样认识社区的，他认为，社区是指那些有着相同价值观、人口同质性较强的社会共同体，其体现的是一种亲密无间、守望相助、服从权威且具有共同信仰和共同风俗习惯的人际关系；这种共同体关系不是社会分工的结果，而是由传统的地缘、血缘、文化等自然因素造成的；这种共同体的外延主要限于传统的乡村社区。

美国芝加哥大学社会学系教授 R. 帕克（1864—1944 年）从总结社区基本特征出发对社区作了界定。他指出，社区的基本特征是有一群按地域组织起来的人，这些人不同程度地与他们所生息的土地有着密切的联系，社区中的每一个人都生活在一种相互依赖的关系之中。他强调的是地域和人群的汇集以及人群之间的互动。

1955 年，美国社会学家乔治・希勒里（C. A. Jr. Hillery）通过对社区有关文献的研究和统计，发现共有 94 种社区定义。在此基础上，他给社区也下了一个定义。他认为，社区是指包含着那些具有一个或更多共同性要素以及在同一区域保持社会接触的人群。乔治・希勒里的社区概念强调的是共同性要素、地理区域和社会互动。

1981 年，美国匹兹堡大学社会学系美籍华裔教授、社会学家杨庆堃发现，有关社区的定义已增加到 140 多种。在不同的历史阶段、不同的国家、不同的文化背景下社区的发展是多元化的，因此，社区的概念也必然是多元化的。尽管对社区概念界定的角度各有不同，但社区的原本含义，即其所包含的如人群、地域、组织及人际互动等基本要素却没有根本的变化。

夏学銮认为，对"社区"概念的界定经历了三个阶段：第一个阶段是"组织社区"论时代，以滕尼斯 1887 年出版的《共同体与社会》一书为标志。第二个阶段是"区域社区"论时代，以麦基文（R. M. Maclver）1917 年出版的《社区：一种社会学的研究》为标志。麦基文把社区看作人类在其中共同生活的区域，它可大可小，村庄、城镇是社区，城市、国家也是社区，甚至整个地球也可以看作一个社区，并且社区与社会的界限不再是刚性的。第三个阶段是"综合社区"论时代，以 1958 年桑德斯（Irwin Sanders）的《社区论》（第一版）的出版为标志。他把社区看作"一个互动的体系"，又看作"一个行动的场所"，还看作"一个行动的场域"。

费孝通先生重点从社会学研究的角度，分析了社区的重要性。他注重从一定的区域（时空）和人们的互动关系（社会制度）来界定社区，曾指出："以全盘社会结构的格式作为研究对象，这对象并不能是盖然性的，必须是具体的社区，因为联系着各个社会制度的是人们的生活，人们的生活有时空的坐落，这就是社区。每一个社区有它的一套社会结构，各制度配合的方式，因之，现代社会学的一个趋势就是社区研究，也称作社区分析。"在费孝通看来，社会学研究可以分为两个部分：一是从抽象的角度去研究各种社会制度之间的相互关系，这就是"纯粹社会学理论"；二是把这种关系放到一定的时空中去探讨，这就是社区研究。社会学研究对象包括从微观到宏观层次的个人、群体、社区和社会，而社区研究则处于中间层次。

2. 社会工作实践中的社区定义

社会工作领域中通常采用的社区定义是：社区是一个共享的地理空间，在这个空间中，居民参与社会交往并由此保持一个分享的社区身份。但是，这一定义存在争议，争议的焦点在于是否将地域、地理位置作为社区的条件之一。

有些社会工作教材中把社区的定义分成传统定义和非传统定义两种。传统定义上的社区比较符合通常的定义，而非传统定义则没有把地域、地理位置作为社区的条件之一。传统定义上的社区主要以地理位置而分，例如城市、镇、村和任何可确定的地理单位都可成为社区，由这种定义而来的社区主要包括居民、共享的居住空间，以及社区内满足居民需要的商业机构。非传统定义上的社区主要是指那些不以地理位置而分的社区，例如社会工作者社区。这些社区又被称为"可确定社区"或"利益社区"，其社区成员因分享共同的兴趣，有和地理社区非常类似的功能。例如，社会工作者社区给其成员提供了一种归属感、支持感和对工作价值的认同感。同样地，地理社区也在不同程度上为其成员提供了同样的感受。贝克（Baker）把对社区的传统定义和非传统定义结合起来，提出："社区是一群人或家庭，分享共同的价值观、服务、组织、利益，或在地理位置上相邻。"

在美国早期社会工作的历史上，对社区的定义大多围绕着邻里的概念，习惯用"邻里"或"邻里社区"一词来指地域性社区。当时，在社区定义中地理位置是一个重要因素。19 世纪晚期在美国出现“安置之家”运动，该运动中的“社区”第一次包含了现代社区定义中的若干核心因素：同地域、同社会经济地位的群体、同文化和语言。据 1998 年统计，美国约有 900 所社会服务中心、社区和邻里中心属于当今意义上的“安置之家”。至今与社区相连的多种社会服务，例如精神病患者社区照顾计划、儿童起步计划、失足青少年救助计划等，都是建立在邻里基础之上的社区服务。换言之，即以提供服务为主的社区实践通常采用邻里型社区定义。

从社会工作实践的角度来定义社区是大多数社区工作者的出发点。“地区发展”“社会策划”“社会行动”是社区社会工作的三大实践模式，社区工作者依据不同的实践模式采用不同的社区定义，主要分为以下几种。

（1）早期芝加哥人类生态学派认为“社区是人们日常生活的场所”。这一定义的主要目的在于界定城乡分界和社区边界，并在此基础上研究如何建立与改变城市和社区。

（2）社区是由其居民的特征划分的。即根据居民人数和居民的人口特征，如年龄、性别、收入、职业等来划分社区。采用此方法定义社区使社区工作者因此可计划并设计适合该社区的服务或项目。

（3）社区是分享价值观、传统和守则的地方。社会工作者注重研究社区价值、传统和守则并用此来定义社区，他们认为，表面上的地域、人口、种族的相似并不意味着价值、传统和守则的相似，缺少对社区价值观的理解而制订的服务和计划容易造成社区实践中的不适用性，缺乏社区信任，容易造成社区分化。

（4）社区是一个社会系统。采用该定义会给社区实践活动提供两个极为重要的功能：第一，当社区是一个社会系统时，社区可以和其他社会系统相比较，从而可以更好地理解社区的特殊性；第二，使用这个定义的社会工作者可以对社区进行系统化分析。在实践中，有大量的社会系统的概念和原则可以供社会工作者应用。借用适用于其他社会系统的概念和原则来分析社区，可以使社会工作者避免在实践中忽略社区的若干特性。

（5）社区是其成员和组织互动的地方。采用该定义的社会工作者认为，互动过程是社区组织活动的基础，社区组织活动则为社区互动实践提供了基础和方向。

（6）社区是权力分配的地方。采用这一定义的社会工作者认为，传统式社区参与更多的是咨询式参与，参与只是在于提供一些意见和建议。但是，当考虑社区中权力分配时，社区参与被认为是社区权力所有人或团体为获取社区支持持有的一种姿态。

（7）社区是个问题。采用此定义的社会工作者认为，社区问题不是社会问题在社区中的简单反映，社区本身有其特殊的问题，如社区失去自主决定的权力、社区失去对自己身份的确定、社区居民对社区事务漠不关心、社区失去对其成员的作用等。社会工作者在此将社区本身作为其服务的对象，他们的职业实践在于帮助社区，解决社区问题。

3. 我国社区建设中的“社区”概念

（1）我国城市社区服务中的“社区”概念。

20 世纪 80 年代后期，为适应经济转轨和社会转型的客观要求，民政部门借鉴国外的先进理念，结合我国的客观实际状况，开始推进城市社区服务的理论探讨和实践发展。此后不久又提出了“社区建设”的口号、思路。近 20 年来，我国理论工作者与实际工作者对城市社区服务和社区建设中的“社区”概念的内涵、外延提出了不同看法。概括起来主要有三种观点：第一种观点强调，社区服务和社区建设中的“社区”主要是指居民委员会辖区；第二种观点认为，主要是指街道办事处辖区；第三种观点认为，“社区”主要是指人们通常所说的“小区”，而非街道、居委会辖区。“小区”是真正意义上的社区。

唐忠新在《社区与基层法定社区——关于社区建设之对象实体的思考》中吸收上述观点的合理成分、总结社区服务成功经验的基础上认为，我国社区服务和社区建设中的“社区”并非泛指任何层次、任何规模的社区，而是主要指基层社区，尤其是指基层法定社区。就我国城市现阶段的状况而言，基层社区有两种类型：一是基层自然社区，二是基层法定社区。基层自然社区的主要表现形式有居住生活单元、居住小区和居住区，以及传统的街道、里巷、居民大院等。基层法定社区在我国城市现阶段主要表现为区、街道、居委会三个层次的辖区共同体，或者街道、居委会两个层次的辖区共同体构成的社区体系。一般说来，基层自然社区是基层法定社区的自然基础，我国城市的街道办事处辖区共同体和居民委员会辖区共同体大多是在基层自然社区的基础上形成的。

由上述可知，我国社区服务中的“社区”概念，更多地强调了社区的地域性特征，认为社区是指聚居在一定地域范围内的人们所组成的社会生活共同体。

（2）我国农村社区建设中的“社区”概念。

我国农村社区建设与城市相比起步较晚。党的十六届六中全会提出“积极推进农村社区建设”的战略任务，由此引发了对农村社区定位的探讨。孙树仁在《农村社区建设几个“定位”问题的探讨》中不同意“简单以建制村为农村社区建设区域范围”的观点，蔡建武在《农村社区建设如何避免“一头热”》中则提出“农村社区应当定位在自然村落”。周沛、易艳阳在《社区社会工作》中提出，农村社区社会工作者的组织关系和业务关系可以锁定在乡镇区域，具体工作对象向下延伸到村民委员会和村民小组范围内的农村居民和乡镇企业职工。

（三）社区的定义及核心要素

1. 社区的一般定义

综合上述社会学和社会工作实践对社区的定义，我们给出社区的一般定义：社区是一个彼此发生互动关系且背景各异的人群。这一人群通过社会交往相联系，并具有共同的价值观、传统、文化、守则以及在某种前提下存在的需求和利益上的一致性。他们可以生活在共同地域之中，也可以没有地域和地缘关系。

这一定义首先强调社区是一个相互发生互动关系的人群，其次强调这一人群通过社会交往而产生联系以及所具有的共同性，最后认为共同地域不是社区的必要条件。

2. 社区定义的核心要素

根据从不同角度对社区概念的理解和认识，社区定义的构成要素可理解为：

（1）一定的地域。社会工作领域中通常认为，社区是一个共享的地理空间，是由聚居在一定地域范围内的人们所组成的社会生活共同体。一定的地域是形成社区的前提条件。

（2）一定的人群。具有内在互动关系并达到一定规模的人群。

（3）一定的文化。具有共同价值和文化维系力，参与共同社会生活。

（4）一定的社区意识。生活在其中的社会成员在感情和心理上具有一定的认同感和归属感。

（5）一定的社会组织。有一套相互配合、良性和完善的社会组织结构。

（6）一定的公共设施。生活在共同地域中的人群有共同的生活利益、环境利益，以及对各种生活服务设施和其他公共设施的共同需要和依赖。

二、社区的分类与功能

（一）社区的主要分类方法

关于社区类型的划分，可以采取多种角度、多种方法。在国内外社会学和社会工作界，社区的主要分类方法概括起来有以下几种。

（1）按照社区发挥的主要功能划分社区类型，可分为工业社区、商业社区、农业社区、文化社区、军事社区等。

（2）按照社区结构及特点划分社区类型，可分为农村社区和城市（城镇）社区。这是从生产方式及生活方式的差异出发作出的分类。无论是在传统的农业社会，还是在近现代的工业社会，以及当代的后工业社会和信息社会，这两类社区都普遍存在于各国和各民族之中。在我国目前的社区建设中，一般情况下，城市把街道和居委会，农村把集镇、自然村和行政村，作为社区来看待。

（3）根据社区经济发达和富裕程度划分社区类型，可以分为发达社区、贫民社区、中产者社区、富人社区等。由于地区发展的不平衡和收入的差距拉开，消费水平悬殊，形成富裕地区和富裕者，出现了相同层次居民集中化、社区化的趋势。

（4）按照社区是否具有地域性划分社区类型，可分为地域性社区和非地域性社区。社会工作领域中对社区的定义通常把地理位置作为一个主要因素。20 世纪 60 年代美国的民权运动，尤其是同性恋运动、黑人民权运动使用了非地域社区的概念，如同性恋社区、黑人社区。这种对社区的划分没有把地理位置作为社区的条件之一。

（5）依据社区的空间地域范围和人口划分社区类型，可以把社区划分为巨型、大型、中型、小型和微型社区等。

（6）按照社区的形成方式划分社区类型，可划分成自然社区和法定社区。自然社区是人们在长期的共同生活中逐渐扩展而形成的，具有自然的社区边界，常常以河流、湖泊、空地、山林、道路等为标志。法定社区也称为行政社区，包括城市法定社区与农村法定社区，是人为组织的统治区域和社会群体组织。

（7）按照社区社会工作的服务对象划分社区类型，可分为地域社区和功能社区。前者有地域的限定，如街道、小区、市镇、村落等，社区社会工作以此为对象，通过专业工作，解决其中的社会问题。后者是指“一群有共同背景、共同需要或面对共同问题的人，他们未必居住在同一地域社区内，但他们都拥有共同的特质及利益”，这类社区也被称为“利益社区”，在这里，社区社会工作主要是做这些具有共同利益的人群的工作。

（二）社区的功能

（1）社区执行生产、分配和消费功能。社区通过辖区内的各个经济组织（工厂、商店、公司、农场、家庭生产经营单位等）生产或购进各类生活必需品，为社区成员提供衣食住行等基本生活服务。

（2）社区有社会化功能，将社会主流知识、社会价值和行为模式传递到个人。社区是个体社会化的重要载体，个体通过社区来接触和学习各类社会文化。社区可以密切联系和协调家庭、邻里、学校、大众传播媒介等各类社区正式和非正式组织，使社区的社会化活动形成一个有机联系的整体，为个体发展提供文化知识，实现个体社会化的最大功能。

（3）社区执行社会控制功能，通过社区组织影响其成员的行为模式，社区成员遵守其行为规范。社区是执行社会控制的主要载体，既有约定的风土人情、传统习俗和人际规范，也有正式的社区组织及各类规章制度。通过各类正式和非正式的控制手段，力求让社区成员内化自己的行为准则，实现行为自觉和自律。对于违反规章制度，未能遵循社区规范的行为个体，可能会受到社区集体力量的惩罚。

（4）社区是社会参与的场所。社区是居民生产生活、进行人际互动、开展各项活动的载体，人们通过参与各类社区事务实现社会参与的功能。

（5）社区有互相扶助、践行社会福利的功能。照顾病者、交换劳动、帮助家庭解决经济困难是社区存在的基本功能之一。社区社会福利的特点在于它所提供的是就地、直接、及时的帮助。在农业社会以及工业社会初期，社区互助和福利功能，主要表现为在血缘和地缘关系上的亲戚、邻里之间的互帮互助。在现代社会，我国社区的互助和福利功能主要由政府的民政部门、卫生医疗机构、工青妇残群团组织、宗教团体、慈善机构、街道、居委会、社区服务组织等社会福利机构来承担。

［学习活动 1–1］

我是谁——认识社区

［方式］

个人思考、分享和归纳，小组讨论。

［主题］

认识社区。

［活动目的］

通过对个人在家庭、社会等各类社区中的角色反思，认识不同类型的社区。

［步骤］

1. 参与者将自己的各种身份和角色写在白纸上，这些身份和角色包括家庭的和社会的。

2. 小组讨论，尝试找出各种身份和角色对应的社区类型。各小组派代表与大组分享。

3. 从各种社会身份和角色中，区分社区的类型。

［提示］

1. 引导者要给参与者一些启发，帮助大家去发现自己的各种身份和角色。

2. 协助参与者总结、归纳他们的社会身份和角色反映的各种社区组织的类型。

3. 为小组讨论准备纸和笔。

［时间］

20 分钟。

第二节　社区工作

一、社区工作的含义

究竟什么是社区工作？在对其作出一般定义之前，应全面了解其内在含义，包括：社区工作与社会工作的关系；随着社区工作的发展，在世界范围内不同的国家和地区对社区工作是如何理解和界定的；什么才是真正的社区工作，谁才是真正的社区工作者等。

（一）社区工作与社会工作的关系

社区工作与社会工作有着密不可分的关系，“社区工作”这一概念的产生是社会工作介入手法增加和服务领域扩大以及服务层面内容多元化的结果。

1. 社区工作是社会工作的一种方法

什么是社区工作？最普遍的看法是社区工作是与个案工作、小组工作并列的社会工作直接服务的三大工作方法之一。

相对于个案工作与小组工作，社区工作比较晚才被确认为社会工作的一种介入方法。以美国为例，个案工作与小组工作的介入方法分别在1920年和1930年就得到确认，但社区工作的介入方法却迟迟未得到关注，美国的社会工作教育课程也忽略教授社区工作等宏观的介入范畴。直到1962年，美国的社会工作教育课程委员会才正式认可社区工作是社会工作的基本方法之一。

社区工作方法的确认，扩展了社会工作的分析角度，使社会工作跳出了微观的层面（着重补救性的危机介入，只重视改变或改善个人及家庭的生活条件），弥补了危机介入方法的不足。

社区工作之所以能够作为社会工作的基本方法之一，是因为社区工作的介入方法与个案工作、小组工作方法有着互通一致的价值观，例如尊重人的价值与尊严、相信人的自决权利、追求社会正义等。

2. 社区工作是在社区层面开展的社会工作

当把社区工作作为与个案工作、小组工作并列的社会工作直接服务的三大方法之一时，也就把社会工作专业介入的角度分作了不同的层面，即微观的个人、家庭、团体层面，以及宏观的社区、社会层面。社区工作是以社区为对象的社会工作介入方法。

3. 社区工作是在社区范围内开展的社会工作

从社区工作是在社区范围内开展的社会工作的角度理解“社区工作”的概念，是把社区作为专业社会工作服务的场域之一来认定的。专业社会工作服务的范围或者说领域是极其广泛的，例如，学校社会工作、企业社会工作、青少年社会工作、妇女社会工作等，分别是在学校、企业、青少年和妇女群体等不同场域内开展的社会工作综合服务。社区工作也是专业社会工作在社区场域内的综合服务。

4. 社区工作是社会工作的一种特定服务

社区工作也可理解为是在社区内开展的特定服务活动。例如，20 世纪 50—60 年代，因为有大量移民涌入我国香港，政府便开始推行社区工作服务，设立社区中心，培养居民对社区的归属感及互助合作的精神。70 年代末期，香港木屋和临屋的数量大幅增加，这些地区的居住环境恶劣，政府遂开始资助社会工作机构从事“邻舍层面社区发展计划”，这是政府对社区工作作为一种服务的确认。社区工作者在这些经济困难地区进行服务，推广公民意识，协助居民运用社区资源解决问题。另外，社区工作者又协助居民建立邻舍关系，鼓励互相帮助，以期实现社区的和谐。

（二）社区工作的界定

社区工作在不同的国家、不同的历史时期，有着不同的内涵和界定。对社区工作的多种理解以及强调的侧重点不同，使得学界很难形成完全统一的社区工作的定义。同时，社区工作也与“社区组织”“社区发展”两个概念经常互换使用，被视为相同的概念。以下就从“社区组织”“社区发展”等多种视角，来阐述社区工作的定义。

1. 联合国的界定：社区发展

在联合国的界定中，社区发展和社区工作的内涵基本是一致的，1956 年，联合国给社区工作下了一个定义：“社区发展意指一个过程，通过官民之间的合作，改善社区内经济、社会及文化上的状况，拉近这些社区与整个国家之间的距离，促使他们为国家的进步作出贡献。这个复杂的过程包含两个重要成分：促进居民的参与和自力更生的能力，去提高生活水平；以及提供技术和其他服务，去鼓励居民的主动意识、自助和互助。”这是一个较概括和综合的定义，当时为世界各国政府所采纳。20 世纪 60 年代以后，这一定义逐渐被遗忘，原因是人们开始认识到：除了官民之间的合作以外，社会的冲突和对抗同样也能促进社会的进步和国家的发展。在社会高度发展的今天，不能只依靠社区居民自救与自助来满足他们日益增长的多样化的需求和解决他们所面临的各种社区问题，政府应该承担更大的责任和义务，协助做好社区发展工作。

2. 英美国家的界定

（1）英国：社区工作。

英国文献中较早对社区工作作出界定的是《社区工作与社会变迁》（*Community Work and Social Change*）一书，该书出版于 1968 年，其中对社区工作的定义是：“主要涉及影响社会变迁，透过社会情况的分析及不同群体建立关系的两个过程，带来适切的社会转变……其目的是让市民参与决策的制定，使市民对社区建立认同感，并向市民提供所需服务。”该定义主要强调社区工作与社会变迁的关系。

高信斯（C. W. Goetschius）于 1974 年提出了一个比较具体的定义，他指出，社区发展“是社会工作的一种方法和一个过程，社区工作者在这个过程中促使社区居民相互协作，运用这个过程达致有效用及有效率的关系，通过运用适当的资源去完成居民自己选择的目标”。该定义指出，社区工作是社会工作的一个方法及一个过程，同时提出居民自决的目标。

鲍多克（P. Baldock）在《社区工作与社会工作》（*Community Work and Social Work*）一书中指出，社区工作“是一项由受薪工作人员所进行的工作，借以协助居民识别所面临的问题及机会，由居民共同作出实际决定，采取集体行动解决所面临的问题。居民在将决定付诸行动时，社区工作者亦给予支持，以培养居民的能力及自我独立”。该定义主要强调社区工作是受薪的职业以及社区工作是居民自决的过程，同时也提出居民采取集体行动的需要和关注居民能力发展问题。

托马斯（D. N. Thomas）认为："社区工作是一个长远的过程，它不单辅助居民争取眼前的要求，更需要协助居民在日后成功组织起来。社区工作者因此要有能力去协助居民成长及发展。这是一个缓慢的过程，耐心、诚心及不冀求即时效果是必需的条件。"该定义承接鲍多克的定义，进一步指出了社区工作对发展居民的重要性。

米尔森（F. Milson）指出："社区发展是一个过程，通过这个过程去动员社区内的资源，保障、支持及加强个人与小组成为社区的一分子。"该定义也强调社区工作是一个过程，通过这个过程动员社区资源去解决社区问题。

英国著名的社区工作者艾伦·特韦尔威特里也认为，社区工作是一个过程，即"协助普通人通过开展集体行动以改善其社区的过程"。

（2）美国：社区组织。

①视社区组织为一种工作方法。

美国学者霍伯斯（Daryl Hobbs）认为，社区组织是美国都市地区发起的社会改造运动，它是解决工业化带来的技术与社会变迁所产生的问题的一种方法。其作用是通过新的服务形式，缓和社会不安的情况，协助社会中的团体或个人更有效地适应快速的社会经济变迁的结果。其作用与方法主要是对处于不利地位的团体提供社会福利服务以满足社会需要。克拉莫（Ralph Kramer）和史佩齐（Harry Specht）认为，"社区组织是指一种干预的方法，它经由专业的变迁媒体来协助由个人、团体与组织构成的社区行动体系，投入有计划的集体行动以解决社会问题"。

布拉杰（C. Brager）和施佩希特（H. Specht）于20世纪80年代提出："社区组织是一项介入手法，通过它，个人、小组及社区组织参与有计划的行动去解决社会问题。其目的是加强、发展和改变社会制度。它包括两大相关步骤：计划（即找出问题所在，分析原因，制定解决办法）和组织（即发动社区选民，并制定影响行动所必需的策略）。"该定义强调，社区工作是一项有计划的介入行动，它的重点是社会制度的变迁。

胡宾（U. J. Rubin）及鲁宾（I. Rubin）在1986年提出："社区组织是透过协助居民克服及冲破其无能感去解决问题。社区发展主要是进行居民授权，透过组织居民采取集体行动去控制及影响社区的一切程序、计划、决定及有关政策。"该定义与前述定义有较大区别，它十分强调居民（获得）授权（empowerment）的概念，将社区工作与居民的增权密切联系起来。

凯特纳（Kettner）、戴利（Daley）和尼科尔斯（Nichols）则认为，社区组织是一个有计划的改变模型，这一模型由改变步骤、应用领域以及期望介入行动的类型三部分组成。改变步骤由以下 9 个阶段组成：找出改变的机会；分析改变的机会；设定目标；设计和建构改变行动；规划资源；实施改变行动；监督改变行动；评估改变行动；再评估并巩固现有成果。应用领域被定义为组织和社区自身。对于介入，凯特纳和其同事指出："介入行动的形式或类型，是政策的创新或修正、项目的创新或修正或一个新的计划开始启动。"

②视社区组织为一个工作过程。

罗斯（M. Ross）对社区工作的定义在美国较早得到采纳，他指出："社区组织是一个过程，通过这个过程，社区居民决定自身的需要及目标，定下先后次序，寻找所需资源，并采取行动去满足这些需要与目标，以及在社区内发展居民合作的态度及实践。"该定义与英国的定义一样，也强调社区工作是一个过程，并通过这个过程满足社区的需要。所不同的是，罗斯着重强调了社区居民的合作及社区整合。

邓汉姆（A. Dunham）指出："社区组织是一个有意识的社会互动过程，是包含下述任何一个或全部目标的一种社会工作方法，这些目标是：一是在一个社区或其他地区，满足广泛的需求，为满足需求而调集资源，并不断在需求和资源之间进行调整；二是协助居民解决问题，并培养、加强及维持居民拥有参与、自决及合作的能力；三是改变社区和群体关系以及决策权的分配。"该定义认为，满足社区的需要、参与、自决、合作及权利分配应该是社区工作的重要元素。该定义得到广泛采用。

③视社区组织为方法与过程的结合。

在社区工作、社区发展以及社区组织三者之间，社区工作和社区组织可以被视为社会工作的一种工作方法；社区发展多用于第三世界国家或发达国家的地区自助计划中；社区组织则局限于联系及统筹地区组织的工作。如果从不同国家或地区对这三个名词的不同运用角度看，在美国，社区组织等同于社区工作，而社区发展则被视为社区组织的工作模式之一；在英国，社区发展也可被视为社区工作及第三世界的发展工作与自助计划，社区组织则多界定为组织的统筹联系；在中国香港，社区发展则等同于社区工作。由此看来，在“社区工作”“社区发展”“社区组织”三个名词中，“社区工作”一词运用较为广泛，含义较为丰富，是社会工作的一种方法。从广义的角度说，社区发展和社区组织等同于社区工作，也是社会工作的一种工作模式。

3. 我国的界定

（1）香港。

香港社会福利署将社区发展界定为：“社区发展的整体目标是促进社会关系，在社区内培养自我依赖、社会责任及社会凝聚的精神，并鼓励民众参与解决社区问题及改善社区生活的素质。”该定义着重强调市民自助和社区参与，以达致社区的整合。

香港社会服务联会社区发展部在1986年发表的《社区发展立场书》中所下的定义是：“社区发展是一个提升社会意识的过程，以集体参与鼓励居民识别和表达本身需要，并因而采取适当行动。这种社区导向性的社会工作方法，内容包括一系列经过计划的行动，最终目标是谋取社会正义和改良社区生活的素质。”该定义融合了英美的不同重点，也强调社区发展是社会工作的一种方法及一个过程，同时也包含满足社区需要及采取集体参与，对社区发展有较包容的阐释。这个定义的独特之处在于提出了意识提升及达到社会正义这两个观点。

（2）内地。

卢谋华认为：“社区工作是组织与教育的行动过程。在这一过程中，社区工作者协助居民组织起来，参与推动。经由研究社区共同需要、协调社区各界力量、动员社区内外资源、采取自助行动计划等步骤，以达成解决社区共同问题、发展社区合作精神、提高居民生活素质与促进国家整体建设的目标。”

在我国，“社区工作”一词并没有形成固定的内涵，目前往往把以社区服务为核心的社区建设与社区工作等同起来。高鉴国认为：“目前中国主流社区工作的内容就是社区建设，其核心部分是社区服务和社区组织建设，其他方面则包括社区教育、卫生、环境、文化等各项事业。中国社区工作的基本特点是在政府领导和倡导下，以政府部门和不同层次的社区组织为主体和依托，以自助互助的群众性参与为基础，举办各类文化福利设施，开展各项服务活动，以增进区域社会状况的改善和发展。在社区建设实际中，一些社区服务团体也将各种社会工作手段（如社会个案工作和社会团体工作）纳入社区工作的范畴。”

孙莹在《中国城市社区治理结构的变迁及其专业社会工作的介入》中指出：“随着社区建设事业在中国的蓬勃发展和专业社会工作的成长壮大，社会工作领域已经基本达成共识，认为中国‘本土化’的社会工作应‘植根’于社区实践。也就是说，专业社会工作应借助社区治理结构的变迁，以社区为载体展示专业能力，提升专业的社会认同。”

王思斌在《社会工作概论》中对社区工作的定义为：“社区工作是专业社会工作的一种基本方法，它以社区和社区居民为案主，通过发动和组织社区居民参与集体行动，确定社区的问题与需求，动员社区资源，争取外力协助，有计划、有步骤地解决或预防社会问题，调整或改善社会关系，减少社会冲突，培养自助、互助及自决的精神，加强社区的凝聚力，培养社区居民的民主参与意识和能力，发掘并培养社区的领导人才，以提高社区的社会福利水平，促进社区的进步。”

夏建中在《社区工作》中认为：“社区工作是社会工作的一种介入手法；它既是一项有计划的行动，也是一个过程；社区工作者经常运用集体行动的手法，鼓励居民互助、自助和自决，提升居民的各种能力；社区工作的主要目标是满足社区需要，解决社区问题，培养社区成员的归属感和认同感，促进社区整合，改善社区生活质量，实现社会公正。”

徐永祥在《社区工作》中分别从广义与狭义两方面来界定社区工作，认为广义的社区工作指“在社区内开展的以提高社区福利、促进社区和社会协调发展的社会服务或社会管理”，可包括各类组织或者个体在社区内从事的助人活动；狭义的社区工作专指“专业社会工作机构及社会工作者关于社区工作的理论、方法、技能及应用过程”。

从上述对社区工作的界定和理解来看，不同的定义反映了对社区工作的不同取向，要为社区工作确定一个所有人都能够接受的定义是不容易的。本教材在综合上述定义的基础上，给出社区工作的一般定义：

社区工作是以社区为对象的社会工作介入手法，其介入行动的形式或类型可以是政策或项目的创新或修正，也可以是一个新的计划开始启动。社区工作也是一个有计划的改变过程。它通过组织社区成员参与集体行动去界定社区需要，并挖掘社区资源，合力解决社区问题，改善生活环境及提高生活质量。在参与的过程中，让社区成员建立对社区的归属感和认同感，培养其自助、互助与自决的精神，提升他们在社区参与及影响决策方面的能力和意识，发挥其潜能。社区工作的主要目标是满足社区需要，解决社区问题，实现社会公正。

在上述定义中提到的社区组织、社区发展以及社区工作等概念都可视为相同的概念，不少学者及文献对这三个名词都有相同的描述，很多时候它们都会被互换来使用。

二、社区工作的目标与专业特征

（一）社区工作的目标

社区工作的目标可以分为总体目标和具体目标两类。对总体目标的分类，基本遵循了罗斯曼（J. Rothman）和托马斯（D. N. Thomas）的两分法。

1. *罗斯曼的两分法*

美国著名社区工作专家罗斯曼将社区工作的诸多目标分为任务目标（taskgoals）和过程目标（processgoals）两大类。

所谓任务目标，是指解决一些特定的社会问题，包括完成一件具体任务、实现一些社会福利的目标、满足社区需要，以及修桥铺路、安置无家可归者等。这些改善是具体而实际的。这一目标也被称为“结果目标”。

所谓过程目标，是指促进社区居民一般能力的提高，包括建立社区内不同群体的合作关系，发掘及培育社区骨干参与社区事务，加强对公民事务的了解，以至增强解决问题的能力、信心及技巧等。

英国著名的社区工作者艾伦·特韦尔威特里认为：“结果目标和过程目标在社区工作中都是重要的，它们也是互相重叠的。社区工作以这样的核心理念为基础，即结果目标是通过一个过程实现的。在许多情况下，社区工作必须同时关注这两个目标。”

2. 托马斯的两分法

20 世纪 80 年代，英国学者托马斯又提出了另一种较具影响力的社区工作目标两分法，即分配资源（distributive dimension）和发展市民（developmental dimention）。

分配资源是指社区工作是组织市民，就市民日常的切身事情，争取合理而平均的资源调配，从而使市民的权益得到保障。

发展市民包含以下两方面含义：一是社区工作可以促进公民权的发展。这是指培养基层市民的政治责任感，亦即他们的政治能力及政治重要性。所谓政治能力，就是使市民对政治产生兴趣，掌握更多的政治知识及技巧去参与政治事务。所谓政治重要性，是令市民拥有信心及能力，借以影响政党及政客，使其觉得自己在政治参与上有着重要位置。社区工作者有责任培养政治意识成熟的选民，监察政府或政党的运作。二是社区工作可以促进社会发展。这是指培养居民的社区凝聚力，增进居民间的交往及对社区的归属感，令居民觉得自己可对整个社区作出贡献。

上述两种分类法中，托马斯的分配资源目标类似罗斯曼的任务目标，托马斯的发展市民目标类似罗斯曼的过程目标。只是罗斯曼分类法比较笼统和概括，托马斯分类法则更加具体和切合实际，特别是托马斯能够在过程目标中进一步阐述公民权及社区凝聚的重要性。

3. 社区工作的具体目标

依据具体目标分类，社区工作包括以下几个主要方面的内容。

（1）推动社区居民参与解决自己的问题。社区工作者相信社区居民有能力解决影响其生活的各种问题，因此鼓励居民参与解决自己的问题，这样既有助于问题的解决，也有利于居民的自我成长。社区工作在推动居民参与集体行动的过程中，可以促进居民自决和自立能力的提高，建立社区居民的社区意识，增强社区居民对社区的归属感。

（2）提升社区居民的社会意识。社区工作的一个重要任务是让社区居民认识到，不仅反映和表达自己的意见是其拥有的权利，而且个人也有责任去履行自己的义务，即关心社区问题，改善社区关系，使社区资源和权力得到合理的分配。社区工作也要让社区居民认识到个人存在问题的本质，这些问题并非完全是个人原因导致的，而是与整个社会的政治、经济、文化及阶层结构有关。

（3）培养相互关怀和社区照顾的美德。社区工作可以促进社区居民之间的相互关怀，以达到社区照顾的目的。社区居民通过彼此的交往，一方面可以体会互相帮助及群策群力的重要性；另一方面也有利于降低因社会急剧变迁给人们带来的疏离感，使人们可以寻回自我，更好地把握个人的命运。

（4）善于利用社区资源以满足社区需要。社区工作的一个主要目标是将社区的需要与社区的资源互相协调配置：一方面使资源得到充分利用，避免重复和浪费；另一方面也使社区居民能够尽快得到有效服务，并不断改善生活环境和提高服务质量。在政策方面，社区工作也非常重视社会政策规划、分析和改变的过程，强调其应以满足社区需要为前提。

（5）追求权力和资源的公平分配，调整或改善社会关系，减少社会冲突。

（6）发挥社区居民的潜能，发掘并培养社区的领导人才。

（7）增强社区的凝聚力。

［学习活动 1–2］

目标分类

［方式］

个人思考，小组讨论归纳，大组分享。

［主题］

目标分类。

［活动目的］

在掌握社区工作目标两分法的基础上，能够列出两大类目标下的具体目标，从而进一步加深对社区工作的理解。

［步骤］

1. 参与者将社区工作的若干目标写在白纸上，并将这些目标按两分法分类。

2. 小组讨论参与者的观点，并进行分类归纳。

3. 各小组派代表与大组分享。

[提示]

1. 引导者要启发参与者，帮助大家发现和挖掘自己生活或了解的社区中与社区工作相关的各种目标。

2. 协助参与者用两分法准确地将社区工作的各项目标进行分类。

3. 为小组讨论准备纸和笔。

[时间]

20 分钟。

（二）社区工作的专业特征

社区工作是社会工作者运用专业方法解决社区问题、促进社区发展的方法和活动。社区工作作为社会工作的三大直接介入手法之一，究竟它与个案工作、小组工作有何不同？社区工作本身具有哪些特质？这是深入认识和学习社区工作首先要了解的问题。

1. 以社区为对象

社区工作的服务对象是整个社区，而不是个人、家庭或小组。社区可以是地域社区，也可以是功能社区。地域社区有地域界限；而功能社区是指一群有共同背景、共同需要或面对共同问题的人，他们未必居住在同一地域社区内，但他们都拥有共同的特质及利益。社区工作的重点是解决群体面临的共同问题，以及居民共同关心的社区事务。

2. 采用结构导向的视角分析问题

社区工作在分析问题产生的原因时，它的视角是结构导向的，而不是个人导向的。社区工作认为问题的产生并不完全是个人自身的原因，而是与社区周围的环境、社会制度及整个社会有密切的关系。因此，社区工作着重考虑社区环境及制度是如何影响人的社会功能、如何限制人的能力的发挥、如何让人所应有的资源及权利产生缺失的。要避免将问题个人化、采用“责难受害者”的角度，而应以结构导向的视角去处理社区所面临的问题。

3. 介入问题的层面更为宏观

社区工作认为解决问题的责任不应只放在个人身上，政府、社区都有责任提供资源，协助处理和解决问题。因此，社区工作较多涉及社会层面，涉及社会政策的规划、分析以及政策的改变，注重资源和权力的分配。

4. 涉及政治范畴

从广义上看，凡涉及资源和权力分配的问题都可视为与政治相关的问题。因此，社区工作的内容与个案工作和小组工作相比，在一定程度上更为政治化和容易涉及政治范畴。社区工作更关心社区居民，尤其是困难群体的权利维护，更多时候会采取多种行动为社区居民争取合理的资源，同时要改进社区关系、改变权力分配、提升居民的社会意识；社区工作要实现促进“公民权发展”的功能等，具有一定的政治性。

5. 善于反思和批判

社区工作总是在关注问题，尤其是更加关注在急剧社会变迁中的困弱群体的权益问题，并且试图从根本上找出问题的症结并加以解决。社区工作认为问题的产生并不在于个人本身，而要从社会结构、社会政策、制度和资源分配角度分析和处理个人问题，因而往往引发出对现存社会结构和政策的反思和评判，力争改变造成这种问题的政策或制度。

6. 注重居民参与

社会是人们交互作用的产物，人们在相互交往中必须要参与各类社会事务与活动。社会越是现代化和都市化，人们的组织化程度就越高，其社会参与的意识也就越强。社区工作注重采取各类组织动员的方式，让居民积极主动地参与社会事务，以更好地解决社区问题，提升居民的公共参与意识，增强社区的归属感和凝聚力。

三、社区工作的功能

功能是用来表示一个系统中不同部分之间的相互依存性的概念。这一概念后来被结构功能主义学派采用和发挥。其代表人物帕森斯认为，任何社会系统都是内部分工又相互依赖的整体，依靠从适应到分化再到整合的内部机制，系统的每一部分都对整个系统的存在发挥其功能，从而达到系统的平衡与稳定。社区社会工作是为适应社会发展和人们的需要而产生的，因此，社区社会工作在社区层面发挥着特殊的社会功能。概括起来，主要表现在以下几个方面。

1. 社会福利功能

社会福利从广义上讲应包括所有满足社会成员安全等基本生活需要的社会保障内容；从狭义上讲则专指满足社会成员较高层次生活需求的服务。社区工作的社会福利功能，是指社区工作的社区保障功能以及社区服务功能。社区保障是指社区承担或实施的社会保障工作。在我国，社区保障是社会保障体系的重要组成部分，它以国家的社会保障制度为基础，以社区作为社会保障制度的基本落脚点，以社区居民作为社会保障的对象，以保障居民的基本生活权利和需求为根本任务。社区服务是指立足社区居民的福利需求，开发和利用社区的资源，解决社区的问题，改善社区居民的生活，提高社区居民的生活质量和福利水平。专业社区工作者应在提供服务、争取资源、影响政策改变等与社区工作社会福利功能实现密切相关的诸方面发挥重要作用。

2. 社会服务功能

社会服务，是指国家无力满足或无法直接提供而企业又不愿意以非营利的途径去满足社区居民要求的那些非市场的、社会领域的服务。而满足社区居民的需要，为社区居民提供不以营利为目的的公益性的无偿或低偿的社会服务，是社区工作最基本的社会功能。无偿性服务的买单者是政府、慈善组织及人士，低偿性服务提供给有能力购买这种服务的社区居民。专业社区工作者承担着实现社区工作社会服务功能的主要责任，他们向社区中有各种不同需求的人群，如老年人群、残障人士、遭受家庭暴力困扰的妇女、外来人口等提供专业的服务，以及指导和帮助社区建立所需要的社会服务组织、服务项目及服务机制。

3. 合理配置社区资源，促进人的全面发展的功能

社区资源是指对社区群体或个人有用的社区内部和社区外部所有财富的总和。它既可以是物质的和人力的，也可以是权力的或精神的。对于资源使用者，它可能是直接获得的，也可能是间接提供中介才能拥有或利用的。把资源传递到需求者手中，善用及组织社区的资源，并合理

调配和使用社区资源，是社区工作者的任务，也是实现社会公平的重要途径。社区工作者首先要重视发掘和运用社区内的资源，服务于社区困弱群体。由于困弱群体的经济资源、社会资源以及权利资源都相对短缺，因此，动员社会资源对他们进行援助是十分必要的。援助包括寻找经济资源给予物质上的帮助，利用国家法律保护他们的合法权益，动员存在于社区内的非专业的支持网络（邻居、朋友及亲属等），给予他们照顾、接纳和支持等。同时，社区工作者也要去寻求、发展和开发社区以外的社会资源，因为对于社区工作者来说，资源总是短缺的。社区工作者不仅要去发掘各种社会资源，更需要合理地利用这些资源去更有效地完成社区工作的任务。社区居民个人内在资源的开发也是社区工作的重要目标，社区工作相信社区居民是具有潜能的。在社区工作中，既强调社区的转变，也强调人的改变，即将发展社区的目标与发展个人的目标并重，让居民在过程中得到成长，提升公民意识，使其感受自决的能力，愿意参与社区贡献。

4. 社会控制与社会稳定的功能

社会稳定是社会结构各组成部分之间关系的相对固定状态，是与社会秩序相近的概念。社会控制与社会稳定是紧密相关的概念，社会控制是手段，社会稳定是目标，二者的着眼点都在于维护社会秩序。从某种意义上讲，社区工作就是一种社会控制手段，它通过运用专业方法去预防和解决社会问题，化解社会矛盾与社会冲突，发挥促进社会稳定的功能。一般情况下，社会稳定的破坏、社会混乱与动荡的出现，往往是与社会上相当数量的社会成员的正当需求不能满足相联系的。现实生活中的困弱群体也有满足自己需要的权利，然而他们的这种权利常常为社会所漠视。困弱群体的这些需求得不到应有的满足并逐渐积累起来，就很可能发生社会不安或社会动荡。社区工作可以通过专业介入以及动员“非正式支持体系”，去解决社会困弱群体面临的各种问题，从而缓解社会不公现象引起的社会矛盾，控制潜在的和现实的非稳定因素，实现社区的稳定，并促进整个社会的稳定。

［学习活动 1–3］

社区行——观察社区

［方式］

撰写“观察前报告”、走进社区，把观察到的情况写出来或拍成照片。

［主题］

观察社区。

［活动目的］

通过直接观察社区，培养收集社区信息和发现社区问题以及观察、分析、判断的能力。

［步骤］

1. 观察前的准备。参与者收集和查阅拟观察社区的基本资料以及主要服务对象与服务项目的相关资料，并写出 500 字左右的“观察前报告”（报告内容包括拟观察社区的相关资料、对拟观察社区的印象以及拟提出的问题等）。

2. 走进社区或回忆所生活过的以及了解的社区。

3. 把观察到的情况写出来或拍成照片，一周后提交“观察报告”。报告内容包括三部分：第一部分为观察前报告；第二部分为整理和汇总观察所得到的资料和信息；第三部分为感想。

［提示］

1. 观察前的准备工作是取得理想观察效果的前提条件。引导者要指导参与者认真撰写“观察前报告”。

2. 引导者要提醒参与者在观察过程中时刻表现出对当地人的尊重，并把注意力集中在所观察的事物上；注意联系日常生活以及对应的经验和知识；对相关介绍和信息做简要笔记；踊跃提出疑问，并注意发问时的基本礼节、称谓及表达时的态度与措辞。

3. “观察报告”应重新组织，用自己的表达方式叙述，防止照抄现成资料。注意哪些是“客观的”信息，哪些是“主观的”意见及看法。

4. 引导者要组织参与者分享观察社区后的所见所感。

［时间］

利用教学时间安排（约 4 学时），或参与者自行安排。

注：学习活动中的引导者指教师，参与者指学生。

拓展阅读

根植社区治理　专业服务“零距离”
——重庆城乡社区社会工作室建设观察①

社区是社会治理的基本单元，一头连着居民群众的切身利益，一头连着社会和谐稳定。重庆市在绘制社会工作发展蓝图中，紧紧围绕社区这个“基层社会治理的重心和基础”进行谋篇布局。

早在 2015 年，重庆市社区社会工作就提档加速，短短几年时间，4350 个社区社会工作室广布城乡，实现为民服务“零距离”。见机识变，顺势筹谋。2019 年，重庆市升级建设“区县—镇街—村社”三级社会工作服务体系，一个纵贯到底、横向融合的社区治理服务网络雏形初现。

三级服务体系如何纵贯到底、横向融合

在最基层的社区，各种利益交汇、社会矛盾交织、服务需求集中……社区治理面临巨大挑战，而解决社会矛盾与问题、促进社区融合、增进社区和谐、满足居民个性化服务需求恰是社会工作的优势所在。

正因为看到了社会服务的优势，2013 年，重庆市渝中区委、区政府以居委会换届选举为契机，决定推动社区社会工作服务专业化发展，第二年，社区社工室就实现了全区覆盖，156 名专职社工如期就位。

同样看到社工服务优势的重庆市民政局，于 2015 年印发了《关于加快推进社区社会工作服务的实施意见》，社区社工室建设风生水起。巴南区 301 个村（社区）社工室全覆盖，南岸区、长寿区城市社区社工室全覆盖，国家扶贫开发工作重点县城口县建设社工室 31 个……截至目前，重庆

① 资料来源：闫薇，张燕．根植社区治理　专业服务“零距离”——重庆城乡社区社会工作室建设观察［J］．中国社会工作，2020（31）．

市已建成城乡社区社工室4350个，占全市城乡社区总数的39%。

“社区社工室发挥‘辐射源’的作用，有效解决了城乡社区存在的难点问题，增强了基层社会治理能力，但随着社区社工室覆盖面越来越大，从更高层级进行资源统筹调配、人才培养、组织支持的需求越发强烈，调动起镇街乃至区县层面的力量势在必行。”重庆市民政局副局长邓琳说。

从2019年开始，重庆市民政局在18个区县开展“区县—镇街—村社”三级体系建设试点，推进“一区县一中心、一镇街一站、一村社一室”建设。区县社会工作指导中心负责辖区社会工作统筹规划、资源整合、协调指导和督导评估；镇街社会工作站致力于辖区内社会组织培育、社工服务项目策划，监督指导社区社工室开展服务；社区社工室主要面向居民开展专业服务。

“三级体系职责分明又相互联动，整合资源、组织培育、服务能力都得到提升，同时提高了区县和镇街对社会工作的责任感，社工室发展也更有后劲。”九龙坡区民政局局长周辉胜对三级服务体系的成效深有体会。

“横向融合”的理念和机制贯穿三级服务体系建设始终。记者在江北区铁山坪街道看到，街道协调场地建起了新时代文明实践所，同时把民政的社会工作站功能进行了叠加，又整合了政法、文化、体育、卫健、人社、残联等部门落地街道的项目和资源，委托社工机构运营。“功能整合撬动更多资源，在保证完成各项工作任务基础上还能提升服务质量，让服务成效最大化。”该街道办事处组织委员邹赛霞说。

社区社工室广覆盖的多元化路径

4350个遍布城乡的社区社工室是怎么建起来的？人员从哪里来？资金又从哪里来？

渝中区最早探索建设社区社工室，该区民政局副局长李剑功向记者介绍说，他们在每个社区社工室设置了2名专职社工，享受社区居委会成员同等待遇，人员采取“转化+调剂+公招”的方式，即现有获得社会工作者职业资格或具有社工专业教育背景的社区工作者，直接转任专职社工；对社工专才不足的社区，则采取调剂和公开招聘的方式进行补充。

杨克娜曾是渝中区大溪沟街道双钢路社区居委会的社会救助专员，后转任社区社工室专职社工，她说：“做了社工，意味着要为困境人群开展更贴心、更精准的服务，做了以前想做而做不了的事，很有意义。”

渝中经验是以政府主导为主，而“因地制宜、各显神通、形式多样”

则是重庆市其他区县开展社区社工室建设的鲜明特征。巴南区等地依托村（社区）便民服务中心、社区养老服务设施、市民学校等设立社区社工室，设置专（兼）职社工岗位，以“本土岗位社工（持证社区工作者）+专业项目社工（机构社工）”的方式开展服务；沙坪坝区则以政府购买社工项目方式推进，由社工机构承接实施村（社区）社工室项目。

资金来源多元化保障了社区社工室的可持续发展。有的社工室承接来自市、区、街道不同层级、不同部门的政府购买服务项目，如大渡口区2015年以来以政府购买服务方式，实施社区社工服务项目108个，投入资金888万元。还有社区充分运用慈善资源，如重庆市民泰社区公益事业发展基金会为社区治理提供可持续资金保障，九龙坡区石坪桥街道成立社区阳光基金，支持社会组织和居民参与社区治理。

创新从未止步。2020年3月，重庆市民政局在总结实践经验基础上主导研究制定的《社区社会工作室基本规范》作为地方标准正式实施，社区社工室建设进一步向规范化、标准化迈进。

“零距离”专业服务融入社区治理

“渝中区委、区政府每年委托第三方机构进行居民社区服务满意率调查，以前满意率仅在80%左右，这几年稳定在95%以上。”李剑功认为，这其中社区社工室的建设功不可没。

双钢路社区党委书记杜贤利对此颇有同感：“都说老旧小区改造处处是难题，楼体修缮、拆除不合格防盗网、管线整治、加装电梯等，哪样工作在推进中都免不了磕磕绊绊，可在我们社区，这些都不是问题。”在杜贤利看来，一个重要原因就是，这些年社区社工室对居民服务得很好，居民对社工、社区都很信任和满意。“社工扎根在社区，就在居民身边，跟居民建立了良好关系，能主动发现服务对象，发掘需求，开展更贴心、更精细的服务，帮助居民解决实际问题。”杨克娜表示。

正如杨克娜所言，社工们有一双善于发现社区居民需求的眼睛，并拥有善于满足居民需求的专业能力。比如，双钢路社区老龄化程度高，社工发现社区老年群体文化素质高，渴望自我实现，于是有针对性地设计了诗歌在线、书法课堂、国粹欣赏等活动，颇受老年人欢迎。社工还发现，社区残障人士、困境人群、流动人口及其家庭急需帮助，于是积极培养老年社区骨干，成立多支老年志愿服务队，一起为他们提供生活照顾、心理疏导、社会支持等服务。在社区参与中，老年人的自我价值感也得到进一步提升，一个出入相友、邻里相亲的互助型社区正在形成。

居民的需求是多样化的，南岸区花园路街道南湖社区社工的服务“撒手锏”就是主动培育多样化的社区社会组织。2015 年，社区社会工作服务平台“微益坊”成立。利用“微益坊”，社工孵化、培育、吸引了 45 个社区社会组织，登记居民 6000 余人，占总人口的近 1/3，服务内容涵盖文体、慈善、调解、教育、家政等多个领域。“居民的需求几乎都能找到对应的社会组织。”南湖社区党委书记余建介绍，“微益坊”还成为社区“三事分流”“三社联动”的重要载体，居民通过这个平台参与社区治理，积极为社区发展建言献策。

农村社区社工室则把目光聚焦到乡村治理，助力村民脱贫。民政部“三区”计划社工在城口县鸡鸣乡灯梁村建立了社工室，开展教育帮扶、组织培育、文化发展、产业支持等服务，还发动有手工兴趣的留守妇女组建了女子手工作坊，请来培训师，教授手编凉鞋、小挂件、家庭饰品等技艺，搭建了网络和实体销售平台，开启了体验作坊，帮助部分妇女解决了生计问题。“在家门口免费学到了手艺，又不耽误照顾老人孩子，还有工资拿，我可满足了。”村民张英笑着说。

社工根植社区，“零距离”服务居民，将专业服务融入基层社会治理，充分调动居民主动参与社区建设，正绘制出一幅幅“共建共治共享”的和谐社区画卷。

小 结

本章首先介绍德国社会学家 F. 滕尼斯最早提出的社区概念，并进一步介绍了社区概念的发展以及在社会学和社会工作领域中对此概念不同的理解和认识。概述社区的多种分类方法，重点介绍地域（传统）社区和功能（非传统）社区两种基本分类法，并介绍艾伦·特韦尔威特里“利益社区”的概念。综合不同国家和地区对社区工作含义的理解和认识，总体可概括为：社区工作是社会工作的一种介入方法；社区工作是一个过程；社区工作是一个有计划的改变行动；社区工作鼓励居民自助、互助及自主和自决，提升居民的各种能力；社区工作的主要目标是寻找所需资源，满足社区需要，解决社区问题，培养社区居民的归属感和认同感，促进社区整合，改善社区生活质量；社区工作能促进社会转变，实现社会公正。最后还介绍了罗斯曼和托马斯的社区工作目标两分法以及社区工作的各项具体目标。全章穿插了认识社区、社区工作目标分类和观察社区三个学习活动，以强化对重点内容的理解和掌握。

[关键概念]

社区　社区功能　社区工作　社区工作目标　社区工作功能

[讨论练习题]

1. 中西方社区的概念有何不同？
2. 社区有哪些分类方法和构成要素？
3. 社区工作任务目标与过程目标的区别是什么？
4. 请分析社区工作的主要特征与功能是什么，并举例论证。
5. 从社区社会工作实践的角度看你所观察的社区的需求或问题（举1~2个例子）。

[进一步阅读文献]

甘炳光，梁祖彬，等．社区工作：理论与实践［M］．香港：香港中文大学出版社，1998.

王思斌．社会工作概论［M］．北京：高等教育出版社，1999.

艾伦·特韦尔威特里．社区工作［M］．陈树强，译．北京：中国社会出版社，2002.

周沛，易艳阳．社区社会工作（第二版）［M］．北京：社会科学文献出版社，2019.

徐永祥．社区工作［M］．北京：高等教育出版社，2004.

O. 威廉姆·法利，等．社会工作概论［M］．隋玉杰，等，译．北京：中国人民大学出版社，2005.

殷妙仲，高鉴国．社区社会工作［M］．北京：中国社会科学出版社，2006.

戴维·A. 哈德凯瑟，等．社区工作理论与实务［M］．夏建中，等，译．北京：中国人民大学出版社，2008.

夏建中．社区工作（第三版）［M］．北京：中国人民大学出版社，2015.

滕尼斯．共同体与社会：纯粹社会学的基本概念［M］．林荣远，译．北京：北京大学出版社，2010.

费孝通．社会学讲义［M］．上海：华东师范大学出版社，2019.

「第二章」 社区工作的发展历史

[**概述**] 了解社区工作发展的历史，是全面把握社区工作的内涵和本质的前提。本章首先介绍了社区工作的早期发展和专业社区工作的形成历史，并对西方专业社区工作的发展趋势进行了初步展望；其次梳理了我国社区建设和专业社区工作发展情况，介绍了我国港台地区的社区工作现状。

[**目标**] 通过本章的学习，了解国内外社区工作的发展历史，并思考在社区工作专业化过程中如何实现自己的专业使命。

第一节 西方社区工作发展历史

一、社区工作的早期发展

关于社区工作的缘起，特别是早期社区工作与社会工作的关系问题，在社会工作实务界和学术界有不同的观点。有人认为，社区工作最早起源于 18 世纪德国的汉堡制和爱尔伯福制，或者是 19 世纪 60—70 年代英美的慈善组织会社。但是，一般认为，睦邻组织运动首创了以整个社区为工作对象、以社区服务为主要内容的社区服务机构及社区组织工作方法。

在西方国家，社会工作是为应对早期工业化过程中的严重贫困问题而产生的。但是，围绕如何帮助穷人这一问题，社会工作在发展之初便形成了两种不同取向。慈善组织会社代表了一种个人取向，它认为贫困问题缘于贫困者个人，故而提倡改善个人及家庭适应困难的能力。其观念渊源可以追溯到 1601 年英国伊丽莎白女王时期的《济贫法》。受此观念影响，在很长一段时期，社会工作侧重于补救性危机介入，只重视改变或改善个人及家庭的条件和状况①。而睦邻组织运动则开创了另一种以改变社区及社会环境为重点的社会工作取向。

睦邻组织运动是早期社区工作发展的高峰，它发生在19世纪80年代，是由社会工作者组织发起的社区居民自助互助运动，前后持续近50年。睦邻组织运动的发起人是英国牧师巴涅特（Samuel A. Barnett），他于1884年在东伦敦教区建立了一个大学社区睦邻服务中心，并命名为“汤恩比馆”（Toynbee Hall），由此带动了自19世纪末到20世纪初席卷欧美各国的社区改良运动。这个运动对于现代社团组织及社区组织工作的创立和发展有着重大贡献。随后，许多类似的服务机构在英国及其殖民地相继成立，其他资本主义国家也竞相效仿，北美地区受这一运动的影响最大，开展得也最为广泛。

美国第一个社区睦邻中心建立于1886年。简·亚当斯（Jane Addams）和斯塔尔（Ellen Gates Starr）在1889年创办的社区睦邻中心——赫尔馆（Hull House）后来成为美国最著名的社区服务中心，简·亚当斯则成为美国最著名的社会工作先驱。赫尔馆的宗旨是改善和发展社区居民的福利。与其他社会服务机构的区别在于，它关注的不是单个的服务项目，而是要全面提升社区居民的生活质量。它不仅帮助社区居民解决生活中的困难，还组织一批由律师、艺术家、音乐家、教师、商人等各界人士组成的志愿者队伍为社区居民服务。赫尔馆举办的友谊俱乐部、研讨会、学习班、运动队以及各种业余爱好组，为社区居民学习、娱乐、健身以及发展友谊提供机会。对于比较复杂的个人、家庭或社会问题，赫尔馆聘用个案社会工作者、心理学家、精神病医生、职业顾问等为之解决。

汤恩比馆、赫尔馆等社区服务机构具有共同的特点：其一，服务中心都设在贫民区，备有宿舍。所有工作人员都住在社区内，与贫民共同生活，他们的共同口号是：“工作者与工作对象相亲相爱。”其二，没有既定的工作计划，随时视当地居民实际需要安排工作计划，如举办托儿所、合作社、就业训练班等。其三，尽量发动当地社区的人力，培养其自动自发、互助合作的精神，为地方服务。其四，不但使服务机构成为当地的服

① 阮曾媛祺．从社会工作的两极化看社会工作的本质［M］//何国良，王思斌．华人社会工作本质的初探．八方文化企业公司，2000：116.

务中心，而且尽量设法向当地居民介绍本国和外国的文化，成为当地的文化中心。

睦邻组织运动对于社区工作的贡献主要表现在以下6个方面：一是首创了以社区服务为主要内容的社区机构及社区组织工作方法；二是开创了社区工作与社会调查研究相结合的先河，即充分关注社区居民的需要和问题，将解决问题的工作计划与项目建立在社会调查研究的基础之上；三是注重开发、利用和整合社区内的各种资源，以推动社区计划的实施；四是注重居民的社区参与精神培养；五是将无私奉献的社区活动与社区工作结合起来，并置于社区机构（社区服务中心）的指导之下；六是以整个社区为工作对象，并以促进全面的社会福利为目的。

拓展阅读

英、美的慈善组织协会①

慈善组织协会首先产生于19世纪60年代末的英国，是为了协调各类慈善机构活动而建立起来的该类组织的总称。

英国牧师索理（Reverend Henry Solly）于1868年建议成立一个理事会，以协调政府和民间慈善机构的活动。1869年伦敦成立了“组织慈善救济与抑制行乞会社”，后易名为“慈善组织会社”。这一组织引入了德国爱尔伯福制对济贫事务的管理方法，将伦敦全市划分为若干个区，每一个区成立一个分支机构即志愿委员会，主持救济分配工作。志愿委员会特设咨询部，以方便济贫法监护人、各慈善会社以及个别慈善家搜集有关申请救济者的材料，并对申请救济者派“友善访问员”进行调查甄别。这样，就使同时向许多救济机构求助的“职业乞丐”无法浑水摸鱼。随后，美国和苏格兰的其他大城市纷纷仿效伦敦的做法，也建立了慈善组织协会。

1877年，美国牧师哥尔亭（Rev. S. Humphrey Gurteen）在美国的布法罗也建立起了一个慈善组织协会。哥尔亭曾对伦敦的慈善组织协会进行过考察，效仿其做法，将贫民划分为“值得救济的”贫民和“不值得救济的”贫民以区别对待。他强调对个人和家庭的救济申请进行调查，力求避免慈善机

① 资料来源：徐永祥．社区工作［M］．北京：高等教育出版社，2004：30-31.

构的救济资源浪费。对于“不值得救济的”贫民，哥尔亭主张强迫他们在救济院或习艺所内改变他们的生活方式，促使他们做到自食其力。哥尔亭还在理论上发展了机构间的合作、社区教育、个别化、适当的救济、行乞的抑制、预防性博爱及个人服务7个概念。哥尔亭创办的慈善组织协会后来迅速扩展到美国的其他城市。到1892年，美国已建立起12个慈善组织协会。

慈善组织协会当时在协调促进各个救济机构、慈善组织协同解决社区贫困问题上的做法，为社区工作方法的产生奠定了基础。

二、专业社区工作的形成

在社会工作的三大基本方法中，社区工作形成时间最晚。这里主要以美国为例来看专业社区工作的形成和发展。

19世纪末，睦邻组织运动在美国兴起后，布雷姆纳总结了这一运动的影响，认为在与穷人友好的接触中，睦邻工作者不仅需要知识，还需要充分理解城镇中普通大众的日常生活和遭受的痛苦，而这样的素质只有经过专业学习和训练的社会工作者才具备。1898年，美国纽约慈善学院在纽约成立，开始训练带薪的、有专业化性质的“友善访问员”。但是早期的社会工作教育并不专门教授社区工作。

1909年，美国慈善与矫治大会将“改善邻里与市民状况”作为会议主题，这是社会工作第一次明确将兴趣投向社区组织①。1939年，由美国学者罗伯特·兰尼领导的一个研究小组在美国社会工作会议上提交了一份报告，系统地阐述了社区组织的理论和方法②。1950年，大西洋城举办的美国社会工作大会将社区组织列为社会工作的基本方法之一③。直到1962年，美国社会工作教育协会才正式将社区工作与个案工作、小组工作一起，并列为社会工作的三大方法，社区工作正式成为社会工作教育的基本课程。

第二次世界大战之后，联合国正式倡议开展“社区发展运动”，并试

---

① O. 威廉姆·法利，拉里·L. 史密斯，斯科特·W. 博伊尔. 社会工作概论（第九版）[M]. 隋玉杰，等，译. 北京：中国人民大学出版社，2005：114.

② 关于“社区组织”与“社区工作”两个概念的理解和使用，见第一章第二节内容。

③ 同①：115.

图通过建立社区福利中心来推动经济、社会问题的解决。最初，联合国的社区发展计划侧重点在于发展中国家，尤其是广大农村地区，意图通过扶贫开发促进当地的社会进步与发展。后来，社区发展计划也在发达国家广泛开展，它强调发动社区居民参与，开展各种社区服务。

拓展阅读

联合国倡导的社区发展运动[①]

第二次世界大战后，许多国家尤其是不发达国家面临着新的世界格局和自身的发展问题。要医治战争创伤，解决贫困、疾病、失业、经济发展缓慢等一系列社会经济问题，仅仅依靠政府力量是不够的，必须同时开发社区民间资源，发展社区自助力量，形成政府、社团及居民群众合作的新发展模式。为了推动世界经济的发展和社会进步，联合国成立伊始即对社区发展工作给予了高度重视，希望通过社区发展工作促进第三世界国家经济和社会的进步。1947 年联合国经济社会理事会设立亚洲及远东经济委员会，委员会的中心工作是推动亚洲各国农村社区的发展，以促进亚洲和远东国家的经济与社会进步。

1955 年联合国发表了《通过社区发展促进社会进步的报告》的重要文献。该文献提出了社区发展运动的目标和原则：社区发展的目的是动员和教育社区内居民积极参与社区和国家建设，充分发挥创造性，与政府一起大力改变贫穷落后状况，以促进经济的增长和社会的全面进步。社区发展的 10 条基本原则是：（1）各项活动必须符合社区的基本需要，并根据居民的愿望制订首要的工作方案；（2）全面的社区发展必须建立多目标的计划，并组织各方面、各部门联合行动；（3）在推行社区发展的初期，改变居民的态度和物质建设同样重要；（4）社区发展的目的在于促进居民热心参与社区工作，从而改变地方行政机构的效能；（5）选拔、鼓励和训练社区骨干人才是社区发展计划中的主要工作；（6）社区发展工作应特别重视妇女和青年的参与，以扩大参与的基础并获取社区的长期发展；（7）社区自助计划的有效实现，有赖于政府积极而广泛的协助；（8）制订全国性的

① 本文是作者综合、整理不同的文献资料而作。

社区发展计划必须有完整的政策、行政机构的建立、工作人员的选拔与训练、地方和国家资源的研究与开发、社区发展的实验与考核机构的设立等，这些都应逐步配套进行；（9）在社区发展中应充分利用地方的、全国的和国际的民间资助资源；（10）地方性的社会经济进步必须与全国的发展计划相互结合、协调实施。

最初，联合国的社区发展计划侧重点在于发展中国家，尤其是广大农村地区，通过“扶贫性”的开发促进当地的社会进步与发展。例如，联合国专门设置了土地改革、垦荒、水利建设以及教育培训等项目，以资助一些落后国家农村地区的发展。1957 年以后，联合国的社区援助项目又延伸到一些发展中国家的城市，如城市住宅和贫民区改造计划等。进入 20 世纪 70 年代，社区发展也在发达国家广泛开展，强调经济与社会的协调发展，关注居民以及其他社区成员的社区参与和社区管理水平的提高。在社区发展运动中，无论是发达国家还是发展中国家，发动社区居民参与，开展各种社区服务都是基本的原则和重要的内容。

三、社区工作的发展趋势

有关社区工作的发展趋势尚无定论，但有以下动向值得注意。

（一）全球化的进程和西方福利国家的社会政策变革使社区得以被重新“发现”或复兴

正如安东尼·吉登斯所言，全球化进程的推进使得“以社区为重点”不仅成为可能，而且变得非常必要，这是因为这一进程产生向下的压力。“社区”不仅意味着重新找回已经失去的地方团结形式，它还是一种促进街道、城镇和更大范围的地方区域的社会和物质复苏的可行办法①。在后福利国家时代，西方国家的经济社会政策需要回应全球化的挑战，并在市场与国家之间找寻平衡。政府有责任通过发展型社会政策及社区参与来减少社会排斥，并且要通过建立社区资本、发展社区协作来孕育社会创新。在这一背景下，专业社区工作显现出其价值和功能，在社会政策创新和社区发展过程中扮演着越来越重要的角色。

---

① 安东尼·吉登斯．第三条道路：社会民主主义的复兴［M］．郑戈，译．北京：北京大学出版社，2000：82-84.

（二）专业使命的迷思与反思

如何将社会工作的专业使命真正贯穿、体现到专业服务中，是社会工作者的共同任务，也一直是社区工作者在专业化过程中进行批判性自我反思的基本问题。在后现代主义、新女性主义等思潮的影响下，很多社区工作者不断反思专业化过程的困境和异化问题，并产生“反专业主义”的激进主义观点。在未来发展中，这一趋势将更加明显。

事实上，在北美国家发展社会工作的过程中，对于社会工作的本质问题一直存在着不同理念和分歧。有人认为，人的问题源于个人，故此社会工作应着重个人的改变及辅助；也有人认为，人的问题与其身处的社会环境息息相关，故此社会工作应着重环境的改造及建立共同利益①。这一分歧从社会工作发展的早期即已形成。慈善组织会社提倡改善个人适应困难的能力，而睦邻组织运动则以改变社区及社会环境为重点，二者之间产生分化并相互制约。在美国，社会工作专业虽然没有统一的专业守则以及强大的专业协会，但在专业理论、工作方法上，社会工作者及学者都存在着不少的分歧，改变个人还是改变社区社会的争论从来没有停止过。以改变个人为中心的社会工作者及学者从20世纪20年代起，由于心理分析学派的兴盛及其他相关心理学理论的发展，日趋成为社会工作专业的主流。近年来，政府在政策和财政上支持社区发展的力度减弱，而个人心理健康备受重视，北美国家的社会工作出现放弃社会改革使命的迹象②。

不少社区工作者看到，社会工作在迈向专业化的过程中，由于要引入自然科学模式作为其知识发展的典范，因此强调理论的科学性、与现实的对应性及介入时社会工作者的客观性和中立性，而一切涉及主观色彩的价值关怀都被排斥在理论与介入行动之外。这种发展使得社会工作者沦为科技官僚，成为管理社会福利服务的技术官僚。社会工作越专业化，似乎就越远离它对社会公正的捍卫和追求，与在社会上处于边缘和备受歧视的弱

---

① 阮曾媛祺．从社会工作的两极化看社会工作的本质［M］//何国良，王思斌．华人社会工作本质的初探．八方文化企业公司，2000：116.

② 殷妙仲，高鉴国．社区社会工作：中外视野中的交流［M］．北京：中国社会科学出版社，2006：7.

势社群就更隔膜[①]。正如斯柏（Specht）和格尼（Courtney）对美国社会工作专业化的强烈批判：社会工作者对社会公正和社会改革变得冷漠，若不正视这个变化，专业社会工作者可能会沦为“不忠诚的天使”（Unfaithful Angel）。

面对这种状况，社区工作在继续发展的道路上能否始终保持昔日的使命感与社会关怀而仍然发展其专业技艺？同时，社区工作对于根本扭转社会工作的专业主义异化趋势能有何贡献？这是未来需要社区工作者不断反思的问题。这其中包含两个重要问题：首先，对社区工作者与受压迫者关系的反思。社区工作者是专家，还是受压迫者的伙伴、对话者、同行者？其次，对社区工作者与政府关系的反思。政府已经取代教会和慈善机构成为社会服务和社区工作的主要资助机构。由于在资源分配和价值控制方面扮演着重要角色，政府也经常成为居民组织的抗争对象。因此，社区工作到底是一门谋求社会改革的职业，还是政府和治理阶层的买办、社会控制的中介？[②] 这些都需要社区工作者在未来作出更符合专业使命的抉择。

（三）社区经济与可持续发展

在经济全球化的影响下，全球资本不断流动，资本外移及剥削也随之增加，全球贫困问题日益严重。为解决有关问题，近年来欧美甚至第三世界国家均尝试引入“社区经济发展”（Community Economic Development）的方法来解决上述恶性循环。社区经济发展强调以社区为本，自下而上地参与及动员，发挥社区内居民拥有的未受市场利用的才能、技术与经验，来服务其他社群中的成员[③]。在未来，社区经济理念会不断充实传统社区工作的理论和实践，推动社区的可持续发展。这主要包括：

（1）社区工作将会更加强调能力建设，促进社区资本的培育。

（2）社区工作会更加重视经济发展与社区发展的协调，促进社区服务的转型。

---

① 朱志强．社会工作的本质：道德与政治的实践［M］//何国良，王思斌．华人社会工作本质的初探．八方文化企业公司，2000：90.

② 殷妙仲，高鉴国．社区社会工作：中外视野中的交流［M］．北京：中国社会科学出版社，2006：134.

③ 林国伟．建立可持续发展社区：从香港石水渠街开始［R］．可持续发展与社会工作：实务前瞻——华人社区社会工作专业研讨会，2009.

（3）社区工作将更加强调以社区为本，在可持续生计框架下，促进社会企业的发展。相对于现代企业单纯以最大利润为目标，社会企业则是作为一个让社会基层成员平等参与的生产平台，其生产过程及产品也反映着成员对社会发展所抱持的“可持续发展”（Sustainable Development）理念[①]。

拓展阅读

社会企业项目的发展[②]

自20世纪80年代末期以来，各种各样的社会企业项目在不同的国家迅速发展起来。一种形式是“服务信用”，它流行于美国和日本的许多城市。参加慈善工作的志愿者可以从别的志愿者那里得到以时间为单位的“报酬”。一套计算机系统登记着每一笔“时间-货币”（Time-Dollar）的收支情况，并且定期向参与者提供结算表。“时间-货币”是免税的，并且可以积累起来以支付保健以及其他医疗卫生服务的费用，包括降低健康保险的成本。“纽约时间-货币协会”创建了一个就业机构，它为人们提供获得工作、接受培训和获得帮助的机会。个人可以利用该机构来获取有关的工作信息，并且除了传统意义上的工资外，还能得到支付自己每1小时的工作的时间-货币。这些“钱”可以储蓄起来，用于接受培训或作为失业时的一种资源。1998年启动的一个项目在全世界52个城市建立中心，提供与教育和保健有关的由企业主资助的志愿者项目。这些项目仍然以时间-货币项目为基础，试图采用复杂的计算机技术来建立一种志愿性的时间经济（Time Economy）。

政府应当做好充分的准备，以便为这样的努力作出自己的贡献，并鼓励其他形式的自下而上的决策和地方自主。比如，小额贷款项目就是一种被证明为行之有效的刺激地方经济活力的办法。地方社区可以自行开展某些活动，但这些活动需要得到政府的许可或监督。比如，教育就是这样的

---

① 林国伟．建立可持续发展社区：从香港石水渠街开始［R］．可持续发展与社会工作：实务前瞻——华人社区社会工作专业研讨会，2009.

② 资料来源：安东尼·吉登斯．第三条道路：社会民主主义的复兴［M］．郑戈，译．北京：北京大学出版社，2000：87-88.

一种活动，学校虽然可能已经拥有各种各样的新的权力，但这些权力的使用却必须受到政府的规范。

在城市中心地区的持续性投资可以创造相关的工作机会，使当地私营企业得到发展并为建筑物的维修提供资金。政府不仅可以直接投资，还可以创造相应的激励机制以引导私营公司来进行投资、提供培训项目以及培育地方的主动性。美国的加利福尼亚州拥有正在运行的成功的经济开发区，而其他各州也正在积极筹划这样的开发区。各种进一步的建议书也已经拟就，其中一项建议就是：如果企业把利润转化为由开发区内的居民分享的股份并重新投入生产和经营，就可以免缴资本收益税。另一种建议是：只要收入被重新投入提供技能培训或者其他社区资源建设上的非营利性组织，就可以免税。

第二节 我国社区工作发展历史

一、我国古代社区建设思想与实践

中国社会一直有从社区建设出发、实现社会和谐发展的传统①。早期的《周礼·司徒篇》和《礼记·礼运大同篇》等文献已充分表达了人们对互助共济、和谐相处的理想社区生活的追求。公元11世纪，北宋思想家张载提出了“民胞物与”思想，较为系统地提出了社区建设思想。在此后数百年的时间里，这一社区建设思想传统得到不断发展和完善，并对近代的乡村建设运动产生深远影响。中国古代的社区建设主要是由知识分子、宗教团体和政府推动的，其主要内容可以概括为以下三个方面：以道德主义为特征的社区文化建设、以宗族自治为核心的社区组织发展、以互助互济为内容的社区福利供给。

（一）社区文化建设

中国古代社区建设思想和实践的主要内容是以儒家伦理为核心的社区

① 宣朝庆．社区建设的本土视野［J］．泰山学院学报，2005（4）．

文化建设。儒家理论关注的主要问题是如何在以人为中心的世界中建立和谐的社会秩序①，这一社区文化建设最重要的体现就是乡约。乡约是儒家理论的实践化，它主要是社区成员的一种日常行为规范。在乡约中，社区成员的日常行为依靠“礼”（即固定的社会行为规范）来约束。

公元 11 世纪，北宋思想家张载在《张载集·乾称篇》中提出了“民胞物与”思想：“乾称父，坤称母；予兹藐焉，乃浑然中处。故天地之塞，吾其体。天地之帅，吾其性。民吾同胞，物吾与也。大君者，吾父母宗子；其臣者，宗子之家相也。尊高年所以长其长，慈孤弱所以幼其幼。圣其合德，贤其秀也。凡天下疲癃残疾，惸独鳏寡，皆吾兄弟之颠连而无告者也。于时保之，子之翼也；乐且不忧，纯乎孝者也。”这些思想的核心是“民吾同胞”。所谓“同胞”，并非特指具有血缘关系的亲属，而是一种情感体验，指生活在一个社区中的成员，因长期共同生活和经常的社会互动而形成社区共同意识、归属感和集体记忆，它是社区建设的心理基础。张载的“民胞物与”思想勾勒出一幅理想社区的图景：人居住在以自然环境为基础的社区之中，社区特有的物质条件环境影响着一个人的生理健康，社区特定的社会结构最终决定了一个人的心性结构。社区中的居民因为长期共同生活、和谐互动，形成融洽和谐、平等友爱的同胞关系，人与人之间尊老爱幼、团结互助、患难相恤，社区由此成为一个如家庭般温暖的地方，被人视为一个扩大的家庭。在社区中，那些残疾孤寡的困难群体可以得到很好的庇护和照料，过着无忧无虑的幸福生活②。

张载的社区文化建设思想对后世影响很大。他的学生吕大忠、吕大防、吕大钧、吕大临兄弟据此制定《乡约》，在家乡建立起一个德业相劝、过失相规、礼俗相交、患难相恤、邻里和睦、尊长爱幼、安居太平的新型社区。后来，朱熹进一步撰成《增损吕氏乡约》，流传于世。

张载及其门生的社区建设思想在明代得到了继承和发展。16 世纪，明朝的乡治、政教制度日益废坏，社区治安不宁，危机四伏。王阳明在抚定南赣后，为了振弊利国、重整社区文化，制定和推行了《南赣乡约》。按照其规定，乡约是全民必须参与的社区重建组织，以地区分约，每约设约

① 金耀基．金耀基自选集［M］．上海：上海教育出版社，2002：95.

② 宣朝庆．社区建设的本土视野［J］．泰山学院学报，2005（4）．

长一人、约副二人、约正四人、约史四人、知约四人、约赞二人，均由公选，每月邀请约中的有知识者与会，共同讲习诗礼等人文学问与个人修身致知等问题，由公正果断的约史主持讨论约中会员日常言行要事，表扬善人善行，纠正错误言行。后来，在总督两广、平定田州后，王阳明又把重建社区文化的理想实施于此。通过倡行乡约，当地社区的治安为之一变，社会调和，人心醇正，遵纪守法、孝悌仁爱蔚然成风。受此影响，王阳明的弟子也在各地推行乡约，其中以季本在揭阳、永丰等地及程文德在安福的实践效果最佳。这一时期的乡约经过王阳明等人的改造，在保持民间发起、自愿结合、自我服务等特色的同时，又增加了互相监督的功能①。

宋明时期的乡约制度对后世影响深远，梁漱溟在乡村建设实验中曾专门论及传统乡约实践的意义和功能："乡约这个东西，它充满了中国人的精神——人生向上之意，所以开头就说'德业相劝'、'过失相规'。它着眼的是人生向上。"② 现代社区工作的最终目的是形成社区共同意识，培养居民的社区归属感，实现居民的社区参与和自治。中国古代以乡约为主要载体的社区文化建设，通过培养人的道德与精神，加深居民之间的互动和情感，凝聚人心，从而为社区发展建立坚实的伦理和心理基础。这种思想认识与专业社区工作的理念有很多共通的东西，对于我国当前的社区发展和社区工作仍有启发意义。

（二）社区组织发展

中国传统社会的基本社会组织是家，传统乡村社区即是一种以家族和宗族为核心的"自治共同体"，士绅阶层在乡村社区的政治权力金字塔中居于上层，是联结国家与社区居民的中介③。正如梁启超在《新大陆游记》中说的，"吾国社会之组织，以家族为单位，不以个人为单位，所谓家齐而后国治"，在中国传统社会中，社区组织主要是以血缘和地缘关系为纽带的家族或宗族组织。不少儒家知识分子通过和合宗族的社区组织实践，尝试在社区范围内解决贫富分化等社会问题，实现社会和谐的理想。

和合宗族的实践始于北宋中期的范仲淹，他曾买田十余顷设立义庄，

---

① 宣朝庆．社区建设的本土视野［J］．泰山学院学报，2005（4）．

② 梁漱溟．梁漱溟全集（第2卷）［M］．济南：山东人民出版社，1981：321-322.

③ 吴晗．皇权与绅权［M］．天津：天津人民出版社，1988：117-137.

用所得租米，供宗族上下“衣食及婚嫁丧葬之用”；同时，又设义学，给社区年轻人提供公平的教育机会[①]。义庄和义学措施发展了宗族组织的功能，是一种以社区组织的方式解决社会问题的新尝试。

16世纪中后期，明代阳明心学的一个重要支派——泰州学派探索了新的宗族形式。这主要包括：①王襞创建的“宗会”。王氏原为盐场灶丁，至王襞时已经“不下数百门，数千食口”，存在着贫富不均的问题。王襞建宗会，规定每月全族聚会两次。宗会置义田，设立义学，以赒恤贫乏，使“老者有养，少者有教；富者有施，贫者有赖；嫁娶凶葬者有赡”。其目标是“以联一家和睦之亲”，“永俾吾族为慈孝忠厚之族，而吾乡为仁善和义之乡”[②]。②何心隐主持创办的“聚和堂”。其影响最大。“聚和堂”是一个以宗族为单位，既管教化又管经济，并统一向官府交纳赋税的自发的社会基础组织形式。它实行义务教育，全族子弟不分远近、贫富都住在一起，伙食统一，过着待遇完全平等的集体生活，而且学生的生活起居都有规章制度。“聚和堂”内部对鳏寡孤独者实行集体救济，族人的冠、婚、丧、祭、赋役等事项均统一组织办理。经过数年实施，社区“一方几于三代遗风”，社会贫富差距明显缩小，多数族人的生活条件得到了改善[③]。此外，还有颜钧以家族为核心，组织“三都萃和会”；罗汝芳在家乡设立义仓，创立义馆，建宗祠，置义田。总之，泰州学派的知识分子在“溺世”中修身齐家，践行儒家理念，他们通过平民家族组织建设，目的在于实现一个孝与义的和谐社区[④]。这一和合宗族的思想和实践对于今天的社区组织发展仍有借鉴意义。

（三）社区福利供给

我国古代社会福利的思想和实践源远流长，内容十分丰富。例如，《周礼·地官司徒第二》中就提出：“以保息六养万民。一曰慈幼，二曰养老，三曰赈穷，四曰恤贫，五曰宽疾，六曰安富。”《礼记·礼运第九》中主张：“大道之行也，天下为公，选贤与能，讲信修睦。故人不独亲其亲，

---

① 王处辉，宣朝庆．中国小康社会观论略［J］．社会学研究，2004（2）．

② 同①.

③ 同①.

④ 宣朝庆．平民儒学与乡村建设——以明代泰州学派为中心的分析［J］．孔子研究，2007（3）．

不独子其子，使老有所终，壮有所用，幼有所长，鳏寡孤独废疾者皆有所养。男有分，女有归。货恶其弃于地也，不必藏于己。力恶其不出于身也，不必为己。是故谋闭而不兴，盗窃乱贼而不作。故外户而不闭，是谓大同。”可以说，大同思想基本涵盖了现代社会福利的主要内容。在社会福利的供给来源方面，除了政府、宗教团体之外，社区的互助共济占有特别重要的位置。孟子较早就提出了“小康之家”的思想，其内容主要是：“制民之产”，一个社区的住户按八家为一组，把小组拥有的土地划分成面积相等的九份，每家得自留地一份，约一百亩，留出公田一份，公田的产出用来交国家的赋税或作社区的公共开支。平时八家“出入相友，守望相助，疾相扶持”，一同出工劳作，救急应困；农忙时则耕作互助，以抢农时。这样，“百亩之田，匹夫耕之，八口之家可以无饥矣”①。

社区福利供给是中国古代社区建设的重要内容。这里的社区福利除了包括社区居民的日常互助之外，更主要的是由家族组织提供的义仓、义田、义馆、义学等制度化福利。这些社区福利举措和设施在满足人们的生活需求，特别是在扶危济困、帮助社区困难居民方面发挥着重要作用，同时还承担着通过家族组织内的兼爱互恤，以重建伦常孝悌等社群价值的功能。

二、我国近代社区建设思想与实践

（一）乡村建设运动

近代中国的农村改良运动，最早可以追溯到清末的“村治”及“五四”运动以后的“新村”和平民教育。这里讲的乡村建设运动所涉及范围起于河北省定县翟成村米迪刚倡导的农村建设和晏阳初在同一地带办的平民教育实验，止于1937年抗日战争爆发，在大约10年的时间里，我国各地出现了一个持续的乡村建设运动的热潮②。

乡村建设运动的出现与20世纪二三十年代中国的社会危机紧密相关。由于外侵内战，中国农村经济萧条、民生凋敝的状况日益严重，一批有识之士纷纷为拯救中国农村而加紧奔波，代表人物包括梁漱溟、晏阳初、黄

① 王处辉，宣朝庆．中国小康社会观论略［J］．社会学研究，2004（2）．

② 善峰．梁漱溟社会改造构想研究［M］．济南：山东大学出版社，1996：246.

炎培、陶行知、俞庆棠、高践四等人。他们或注重农业技术传播，或致力于地方自治和政权建设，或着力于农民文化教育，或强调经济、政治、道德三者并举，殊途同归，旨在为破败的中国农村找寻一条出路。

据美国学者拉穆利（Harry J. Lamley）统计，到1934年，我国各地从事诸种建设活动的公私团体共有691个。杨懋春教授根据申报年鉴统计，1925—1934年，全国各地兴办的乡村建设、农村改造、民众教育、自治实验计划共63处[①]。其中比较著名的有河北定县的平民教育实验区、江苏的乡村教育、梁漱溟等人创立的河南村治学院和山东邹平乡村建设研究院等。这些由知识分子推动的建设运动力图通过改造乡村社区促进社会变迁，对社区发展运动作出了杰出的贡献。

1. 河北定县的平民教育实验区

以晏阳初为首的相当数量的知识分子于1920年前后发起的平民教育运动，使知识分子到农村去成为一种时尚。其办的定县实验区，把原来以市民、农民和士兵为主的平民教育，转变为以农民为主要对象的平民教育。晏阳初举家迁居定县，平教会总机关和全体成员及其家属也同时迁往定县，有些同事直接搬到乡村里去住，更有外省外县的同事与定县姑娘结为终身伴侣扎根安家。参加定县平民教育实验区的工作人员约400人，其中国外留学且学有专长的约20人，国内大学毕业的约40人。“茫茫海宇寻同志，历尽了风尘，结合了同仁。共事业，励精神，并肩作长城。力恶不出己，一心为平民。”（《平教同志歌》）这表达了他们共同的心声。

晏阳初把挖掘劳动人民的潜力形象地比喻为开发“脑矿”。他说，中国有金矿、银矿，这矿、那矿，但最主要的是开发“脑矿”。世界上最大的“脑矿”在中国，把亿万人民的“脑矿”开发出来是对人类的最大贡献。怎样开发“脑矿”呢？晏阳初认为，就是发动平民教育运动，以“除文盲、做新民”为宗旨，以“民惟邦本，本固邦宁”为核心，以文艺、生计、卫生、公民“四大教育”为手段，以学校、社会、家庭教育“三位一体”连环进行和整体推行为特征，以铲除“愚、贫、弱、私”四大劣根、提高大多数农民的“四力”（知识力、生产力、健康力和团结力）、打造一代“新民”为目标。平民教育整体计划的重点内容是“四大教育”和

① 善峰．梁漱溟社会改造构想研究［M］．济南：山东大学出版社，1996：246.

“三大方式”，即以文艺教育救愚、以生计教育救穷、以卫生教育救弱、以公民教育救私。学校式教育以青年为主要对象，通过开办各种平民学校来进行；社会式教育以组织农民为对象，在农村举办一系列的有益活动，把教育实际化；家庭式教育是对其中不同地位的成员用横向联系的方法组织起来进行教育。攻愚，开发知识力；攻穷，开发生产力；攻病，培养健康力；攻私，发扬团结力。其目的是把平民培养成“四力”兼具的“新民”。

平教会定县实验区取得了显著的效果：一是促进了定县经济的发展和人民生活的改善。平教会开办巡回学校，提倡“表证农家”，传授切实可行的农业技术，改进农业生产工具，研究高产的优良品种，引进培育生长快、瘦肉型的“波支猪”并发展成为闻名全国的“定县猪”，引进苹果树和小白杨树使定县成为保定市引进苹果最早、发展最快的县和建成白杨防护林带的县；实施多种文字方法的文艺教育，使定县成为无文盲县；卫生教育普设保健网，使定县较早消灭了天花，并提出了节制生育、控制人口增长的口号。二是对社会科学研究的贡献。平教会社会调查部编写的《定县社会概况调查》，是中国历史上首次以县为单位的实地社会调查，晏阳初称其为“改革中国的第一把钥匙”。三是定县实验区的国际影响。晏阳初先后把定县平教经验推广到亚洲、非洲、拉丁美洲等40多个国家和地区，为世界的乡村建设作出了贡献。

2. 梁漱溟的乡村建设运动

在20世纪30年代的各种乡村改造运动中，梁漱溟主持的邹平乡村建设活动影响最大，是为数不多的有系统理论指导的实验点之一。梁漱溟努力从对世界未来文化发展的判断及中西社会结构的分析出发，提出了一个全面的乡村改造的理论方案，这使得他成为整个乡村建设运动中真正的理论家和精神领袖①。

为什么一定要走乡村建设之路？梁漱溟认为原因有三：首先，中国社会是“以乡村为基础，并以乡村为主体的”，但近代以来，因为中国农村屡遭天灾人祸已破败不堪，“所以中国近百年史，也可以说是一部乡村破坏史”。因此，他希望采取改良的建设办法来拯救乡村，并希望通过乡村建设来拯救整个中国，“乡村建设运动实是图谋中国社会积极建设的运

① 善峰．梁漱溟社会改造构想研究［M］．济南：山东大学出版社，1996：256-257.

动”。其次，中国传统社会有其特殊性。梁漱溟认为，较一般的社会，中国的特殊性体现在两个方面——伦理本位和职业分立。所谓“伦理本位”是指中国社会中，人与人之间的根本关系是人伦、情谊和义务关系，伦理关系的温情充斥了社会生活的各个层面。而所谓“职业分立”，是指中国没有阶级对立，只有职业分立，“无论为士、为农、为工、为商，各有前途可求，贫富贵贱升沉无定”。中国传统社会的这些特点决定了通过改良的办法，而非暴力革命之途，就可以实现拯救农村（乃至整个社会）的理想。最后，20 世纪中国旧社会构造崩溃的原因是中国文化的失败，这具体表现为缺乏科学技术和团体组织。梁漱溟认为，应当着力于传播科学技术，并培养农民的团体精神，以儒家文化中的精义来塑造“新农民”。基于以上认识，中国的前途必然是乡村建设，“必走乡村建设之路者，即谓必走振兴农业以引发工业之路，换言之，即必从复兴农村入手”。

乡村建设运动中主要为农民做些什么呢？梁漱溟概括为八字内容：“团体组织、科学技术。”“团体组织”即把分散谋生的农民组织起来，主要是组织合作社。“科学技术”即改良农业品种、提倡植树造林等。梁漱溟在邹平提出“大家齐心向上，学好求进步”的口号就是这八字精神的具体体现，“大家齐心向上”是提倡团体精神，“求进步”指生产技术和良好风尚。

梁漱溟特别强调发挥传统伦理精神在培养农民新政治习惯时的作用。他认为，中国伦理是从情谊出发，以对方为重，人与人之间的关系可以做到联系密切、融合无间的地步。中国从前有“五伦”之说，现在再添一伦，就是团体对个人、个人对团体，互相尊重、互有义务。梁漱溟通过编定的《村学乡学须知》来要求大家各尽自己的义务，使自己的行为符合伦理情谊。

乡村建设的具体组织形式是“政教合一”的乡学村学，这一机构的特殊性表现在：达到领袖与农民的结合及政事与教育的结合，并寓事于学，把“人生向上”之意蕴含其中。梁漱溟乡村建设的构想是一个政治原则和伦理原则的混合体，充满了儒家的理想色彩。他认为，今日乡村组织必须是一个教学组织，最根本的是要提倡农民“求进步”“向上学好”，因此，应废掉乡镇公所而成立乡学村学。乡学在行政上受县政府的领导，同时接受乡村建设研究院的指导，是“政教合一”的机构。全乡组织董事会，推出乡中德高望重、有文化、年龄较长的人当学长，学长由县政府下聘书，实际大都是地方乡绅学者名流担任。乡学里还设有教导主任一人，负责管理教育工作。再有研究院直接派来的辅导员一人（大多是研究院的学生），负责指导协助乡理事和教导主任在各项工作中贯彻乡村建设理论思想。乡学内设以下组织：乡队部、户籍室、卫生室。各村的村学组织与乡学差不多。乡学村学中的成员包括全乡全村的农民，统称为学众①。

3. 江苏的乡村教育

与河北定县、山东滨州市邹平镇相呼应的是江苏省的乡村教育与乡村建设实验，它们由中华职业教育社、中华教育改进社和江苏省立教育学院分别主持推行。

中华职业教育社是黄炎培、江恒源等人发起的。1926 年中华职业教育社在江苏省昆山县徐公桥以乡为单位设立乡村改进试验区，1934 年扩大到以昆山县为自治试验区。中华职业教育社认为，农村教育绝不能脱离农业而独立，如果不全力建设一个新的环境，则教育就无从实施；如果农村经济没有改进、农村生产没有增加，则教育不易进步。同时，非农村组织健全、有自治能力，则农村建设事业不能长久保持。因此，他们致力于农村事业，努力使农民“无业者有业”“有业者乐业”，以教育为一切农村改进事业的中心，从经济方面做起而以农村自治为终结。以陶行知为首的中华教育改进社于 1927 年在南京设立了乡村师范学校，即著名的“晓庄师范”，其宗旨是教育推进和改造乡村的生活。为达到这一目的，他们实行生活即教育、社会即学校以及“教学合一”的办学方针，强调教学与实际工作的结合。1928 年，俞庆棠等人成立江苏民众教育学院，后改称江苏教育学院，也以民众教育为手段，以乡村建设为目的。他们认为，民众教育不走向乡村建设的目的，会流为空泛无用；而乡村建设不取道于民众教育，一切也无从下手。民众教育之所以能成为乡村建设之路，是因为它是一种工具，可以启发民众、引出问题，使民众有组织、有力量，能自觉自动地起来谋求解决问题之路②。

梁漱溟、晏阳初、陶行知、黄炎培等乡村建设先驱的贡献是世界性

---

① 吴树罡，仝丙昌 . 梁漱溟乡村建设试验及对社会主义新农村建设的启示［J］. 安徽农业科学，2007：8.

② 善峰 . 梁漱溟社会改造构想研究［M］. 济南：山东大学出版社，1996：255-256.

的，他们的实践提供了很多宝贵的社区组织工作经验，更重要的是，他们的社会改革理想和信念、勇于担当的社会责任感和奉献精神以及知行合一的品格，成为中国社区工作最珍贵的精神财富。

（二）中国共产党的乡村社区重建运动

中国共产党发动的新民主主义革命走的是农村包围城市的道路，革命主要是在农村中进行的，主要解决的是农村和土地问题。因此，中共革命中不仅包括武装军事斗争，还有一项非常重要的内容——农村社区重建和根本改造运动。这一农村社区重建实践从20世纪20年代后期的土地革命时期就已经开始了。在苏区，党在军队支持下进入村庄，粉碎原先的全部政权组织、经济结构和社会组织，建立党领导的农民组织，没收全部土地，重新分配；创建党的基层组织，重建政权；以党组织为纽带，联系各个村的党政机构，组建中央苏区的国家。这是一种新社会的建构[①]。通过这种方式，中国共产党的力量成功进入并控制了乡村，“一盘散沙”的乡村社会结构被高度组织起来，原有的政治秩序和权力格局被彻底改变。这种乡村社区重建还包含了妇女解放、婚姻制度变革、文化建设、社区经济发展、社会救济、社区公共设施建设等内容，很多经验值得当代社区工作者总结和借鉴。

三、我国当代社区建设实践与社区工作发展

（一）城市社区建设与社区工作发展

20世纪80年代中期以来，中国大中城市兴起社区服务活动，继而发展成内容广泛的“社区建设”运动，到2013年前后，党中央大力倡导社区治理，这进一步为我国社区的发展注入了更强有力的动力，其目标是社区治理体系和治理能力的现代化[②]。

20世纪80年代中期，我国开始进行城市社区服务，即在城市街居制的辖区内开启了服务领域的现代化变迁。1986年，随着经济改革工作的重点由农村向城市转移，民政部及时提出了开展以社区各类困弱群体和优抚

---

① 谢遐龄. 1930年代中央苏区的农村社区重建——中国当代社会建构之一［M］//复旦社会学论坛（第一辑）. 上海：上海三联书店，2005：24.

② 夏建中. 从社区服务到社区建设、再到社区治理——我国社区发展的三个阶段［J］. 甘肃社会科学，2019（6）.

对象以及普通居民为服务对象的城市社区服务的工作要求，民政部部长崔乃夫首次提出在城市开展社区服务工作的构想。1987 年，在大连市召开的社区服务座谈会上，崔乃夫将社区服务定义为："在政府的倡导下，发动社区成员开展互助性的社会服务活动，就地解决本社区的社会问题，这就是社区服务。"同年 9 月，民政部在武汉召开的全国城市社区服务工作座谈会上，把社区服务界定为："在社区内为人们的物质生活和精神生活所提供的各种社会福利与社会服务。"1989 年，民政部在杭州召开了全国城市社区服务工作会议，推广交流试点经验，进一步有力地推动了社区服务在全国更大范围开展。1989 年 12 月，第七届全国人民代表大会常务委员会第十一次会议通过了《中华人民共和国居民委员会组织法》，第一次将"社区服务"列入了法律条文。

早在社区服务进行的 20 世纪 90 年代初，民政部就提出了在城市调动社会各方面的力量开展"社区建设"的概念和工作思路。1999 年，民政部启动了"全国社区建设试验区"工作。经过各地的试点和探索，2000 年 11 月，中共中央办公厅、国务院办公厅下发《关于转发〈民政部关于在全国推进城市社区建设的意见〉的通知》，这一文件确定了社区建设的指导思想、基本原则和主要内容。我国的社区建设在一定程度上吸收、借鉴了联合国组织和世界各国的"社区发展"概念、理论和实践，但又不等同于外国的社区发展。它是社会转型时期具有特定内涵的社区发展过程，是一种自上而下的"政府领导型"社区建设实践①。

我国城市社区建设是在 20 世纪 80 年代以来经济社会转型的背景下开展的。从中华人民共和国成立到改革开放的这段时期，几乎全部的社会生产和社会生活都被组织进各种各样的单位组织或单位体系。党对社会的领导是通过党对社会的有效组织和整合来实现的，这塑造了以集政治、经济和社会功能于一体的单位组织为基本构成要素的社会结构形式。单位是一种"大而全、小而全"的功能社区，是一个独立的小社会、小社区，它满足了体制内城市居民的生活需要。只有待业青年、"三无"老人、没有工作的家庭主妇等没有单位的社会成员才由所在的街道办事处、居委会或家

① 殷妙仲，高鉴国．社区社会工作：中外视野中的交流［M］．北京：中国社会科学出版社，2006：25.

委会提供照顾。但是，随着改革开放的深入和市场经济的建立，我国的社会结构发生了极为深刻的变化，城市基层管理体制也面临从单位到社区的转变。这主要表现在以下两个方面：第一，随着国有企业改革和经济多元化，城市基层社会管理和服务体制面临巨大挑战。这主要包括，大量下岗、失业人员从“单位人”自愿或被迫地变为“社会人”，他们回到了社区；社会流动人口不断增加，大量农村进城务工人员散居于城市社区；许多不具有传统的“单位”体制特征的行业和组织增长很快，其从业人数也不断增加；城市居民的闲暇时间不断增多；社会的老龄化程度不断提高。原有的以“单位”组织为主体、街居组织为辅助的城市基层管理体制已无法适应这些变化，社区已逐渐成为城市基层社会管理和服务的重心。第二，企事业单位职能分化，其社会整合的功能日益弱化，并开始为功能专业化的组织所取代。政府部门不断将社会管理和服务的职能下放给街道办事处和居委会，原来由企事业单位承担的社会管理、社会福利与服务的功能大量转至社区，由此引起众多新的经济组织、社会中介组织、新社会团体在社区中产生，城市社区正在经历一个社会组织重组的嬗变过程。新旧世纪之交启动的城市社区建设是对传统的街居制管理体制进行的现代化变革①。根据《民政部关于在全国推进城市社区建设的意见》，城市社区的范围一般是指经过社区体制改革后作了规模调整的居民委员会辖区。在政府的社区建设理念和实践中，城市的市辖区、街道和居委会均属于社区建设的工作区域或“社区建设的对象实体”。社区建设的指导思想是：“改革城市基层管理体制，强化社区功能，巩固党在城市工作的组织基础和群众基础，加强城市基层政权和群众性自治组织建设，提高人民群众的生活质量和文明程度，扩大基层民主，密切党群关系，维护社会政治稳定，促进城市经济和社会的协调发展。”

2004—2012 年，和谐社会与和谐社区建设是社区建设工作的主线。2013 年前后，我国社区建设实践情况出现更新的变化，创新社区治理体制、推进社区治理体系和治理能力现代化成为直至今天仍然在进行的主要工作。2012 年 11 月，党的十八大报告指出：“在城乡社区治理、基层公共

① 夏建中．从社区服务到社区建设、再到社区治理——我国社区发展的三个阶段［J］．甘肃社会科学，2019（6）．

事务和公益事业中实行群众自我管理、自我服务、自我教育、自我监督，是人民依法直接行使民主权利的重要方式。”这是我党第一次将城乡社区治理的基本思想和理念写入重要文献中。2013 年 11 月，党的十八届三中全会通过的《中共中央关于全面深化改革若干重大问题的决定》明确提出：“全面深化改革的总目标是完善和发展中国特色社会主义制度，推进国家治理体系和治理能力现代化。”要“加强党委领导，发挥政府主导作用，鼓励和支持社会各方面参与，实现政府治理和社会自我调节、居民自治良性互动”。社会治理和社区治理概念的提出，是党的社会建设理论与实践的重大创新。因为此前一直讲的是“加强社会建设和管理，推进社会管理体制创新”。比较社会管理，社会治理更具现代化的特征，虽然只有一字之差，但两者区别的含义相当大，体现了执政理念的变化。2017 年 6 月，中共中央、国务院颁布了《关于加强和完善城乡社区治理的意见》。这是我国有关城乡社区的工作领域中第一个由党中央和国务院联合发布的纲领性文件，明确指出城乡社区是社会治理的基本单元，并提出了我国城乡社区治理的总体要求，规定了完善社区治理体系、提升社区治理能力、补齐社区治理短板等内容①。2018 年 12 月，第十三届全国人民代表大会常务委员会第七次会议对《中华人民共和国城市居民委员会组织法》进行了修改。

我国城市社区发展从社区服务到社区建设、再到社区治理的三个阶段，对专业社区工作的迅速成长具有重要意义，不仅为专业社区工作开拓了越来越广阔的空间，还提供了发展动力和需求。如何解决困难群体救助、未成年人保护、妇女权益保障、老年人服务、家庭暴力、家庭建设、居民协商自治、公共安全风险等问题已成为当前城市社区治理的重要内容，这需要大量专业社区工作者介入其中，提供服务。但是，社区治理与专业社区工作的关系值得进一步思考。当前城市社区治理在实践中还是基于各级党委、政府自上而下的主导和推动，延续了行政化、体制化目标。而专业社区工作更强调自下而上的民众参与，它通过组织区内居民参与集体行动去确定社区需要，合力解决社区问题，改善生活环

---

① 夏建中．从社区服务到社区建设、再到社区治理——我国社区发展的三个阶段［J］．甘肃社会科学，2019（6）．

境及提高居民素质。在参与过程中，促使居民建立对社区的归属感，培养自助、互助及自决的精神，加强居民的社区参与及影响决策的能力和意识，发挥居民的潜能，培养社区骨干才能，以实现更公平、公正、民主及和谐的社会①。因此，民众对社区决策的参与以及社区公共空间的建立，是社区发展的基石，也是专业社区工作努力实现的价值和目标。如果缺少了社区参与这一基石，社区治理的目标就很难达到。专业社区工作者如何很好地平衡行政主导和民众参与之间的张力，需要作出策略选择。

（二）农村社区工作发展

随着我国社会工作的重建和发展，以及社会组织对农村发展的参与，中国农村社区工作也开始起步。最初，专业社区工作在农村的介入只限于在一些地区以发展项目的形式进行，这些项目由国外或我国香港地区非政府组织资助，国外或我国香港的社会工作教育者与内地的社会工作教育者、“专业社会工作者”与“社会工作者”（政府或准政府农村工作者）以及一些政府和非政府组织合作开展②。项目内容涉及农村妇女能力建设、参与式扶贫、小额贷款、社区康复、农村自治组织建设、农民工培训等领域。例如，从2001年3月起，香港理工大学应用社会科学系、云南大学人文学院社会工作系和云南省某县人民政府三方共同推行“探索一个中国农村减贫的能力建设模式——以云南为例”项目，该项目在云南省某县的一个村庄——绿寨进行（项目背景资料详见本书第五章）。这是一个典型的少数民族贫困山寨，全村有很多户人家或靠粮食救济或靠贷款买粮度日，也有很多孩子因贫困而失学。在这一社区工作项目中，“专业社会工作者”和“现实社会工作者”合作，以村庄为基础，持守社会公正、社会关怀和真诚信任的伦理情怀，以重建政府和农民间的信任关系和农民的自信、自尊和权利意识为根本宗旨。它通过村民的广泛参与和增能，倡导政府的社会政策改进或使政策更符合农民的真实需求，减少社会冲突，维护农村社会稳定；通过村民合作组织的发育，达到村民团结互助，以便共同应对市场压力；通过非正规教育和医疗保健等项目的推行，村民获得与其生活相

① 甘炳光，莫庆联．社区工作：理论与实践［M］．香港：香港中文大学出版社，2006.

② 张李玺．妇女社会工作［M］．北京：高等教育出版社，2008：149.

关的知识，提高他们应对社会变迁的能力；通过对村民提供个人、家庭、小组等直接支持和服务，改善他们的人际关系和沟通能力，以适应社区重建的需要，最终通过个人及社区能力的增强而实现可持续发展的目标①。近年来，农村社区工作秉持参与式发展的理念，在理论和实务方面不断积淀，服务议题扩展到了精准扶贫参与、乡村共同体营造、社区协商治理、促进城乡融合发展等方面。

当前，乡村振兴战略的实施对社区工作是一个重大的发展机遇。实施乡村振兴战略，是党的十九大作出的重大决策部署，是决胜全面建成小康社会、全面建设社会主义现代化国家的重大历史任务，是新时代“三农”工作的总抓手。社会工作与乡村振兴战略之间存在价值亲和，乡村振兴战略的实施需要专业社区工作的参与和服务②。“五社联动”就是一种广泛调动社会力量参与乡村振兴的新机制，专业社区工作者可以充分发挥专业方法和角色优势，推动实现巩固拓展脱贫攻坚成果同乡村振兴有效衔接，助力乡村产业兴旺、生态宜居、乡风文明、治理有效、生活富裕。

四、我国港台地区社区工作发展

（一）我国香港地区经验

我国香港特别行政区的社区工作由政府及志愿机构推动。由民众主动去策划及组织的社区工作，可追溯至一百多年前成立的“东华三院”（1870 年）及“保良局”（1893 年）等社区组织。热心的社区骨干出钱出力，赈济灾民，赠衣施药，保持社会稳定。另外，香港地区主推的基层社区工作始于 1949 年成立的街坊会。之后，政府部门从事社区工作的，除了政务总署，还有社会福利署、廉政公署和警务处。

1. 志愿机构的社区工作

尽管民间推动的社区组织可追溯至 19 世纪末期，但是由志愿机构雇用专人负责的社区工作从 20 世纪 60 年代才逐渐得以发展。当时的工作

① 民政部社会工作人才队伍建设领导办公室．中国社会工作理论与实践探索［M］．北京：中国社会出版社，2007：40.

② 陈涛．社会工作在乡村振兴中大有可为［J］．中国社会工作，2017（34）．

集中于较贫困的社区，如木屋区、迁徙安置区等，组织居民进行文娱康乐的活动及改善环境卫生的工作。志愿机构初期的工作主要是鼓励居民参与社区事务，互相帮助，同心协力，共同解决社区问题。20 世纪 70 年代，志愿机构除了协助社区满足其需要外，更加关注不合理的社会政策和制度对市民的不良影响。工作的重心也从地域性的社区问题扩展到香港市民关心的社会政策。而工作方法也较多元化，包括采用较激进的冲突模式，例如静坐、游行示威等活动，如 1972 年的仁义村事件，1977—1979 年的艇户事件等。进入 20 世纪 80 年代，由于代议政制的发展，志愿机构社区工作者除了继续原来的工作外，还着手进行居民骨干的培训，以增强居民的公民意识，提高居民对地区政治的敏感度。同时，香港地区社会日趋富裕，社区工作者更关注社会资源的合理分配及改善市民的生活素质。

进入 20 世纪 90 年代，志愿机构的社区工作仍然集中在两个方面：一是邻舍层面社区发展计划。志愿机构以邻舍层面（相对于机构层面）去推行社区工作，从 20 世纪 60 年代已经开始，但是由政府全面资助邻舍层面实施的社区发展计划则是 1978 年的事。二是社区中心。志愿机构负责的社区中心多设于人口较集中的地区，主要为社区服务、小组服务及温习阅览室的服务等。社区中心同时为其他的福利服务提供场地，例如托儿所、老人中心及文娱活动等。社区中心的重点在于推动基层参与社区问题，发掘居民的领导才能，培训义工及加强社区的认同感。除了以上两项社区工作外，个别志愿机构也开展一些试验性的创新计划，例如社区健康计划、劳工服务及工业社区工作、私人住宅的社区工作以及公民教育等。

在基层社区工作的服务对象中，女性占了相当多数。香港地区的社区工作向来十分重视为妇女提供服务，并使之成为整个社区服务的一部分，例如仁爱堂社区中心开展的妇女工作等。1984 年，由各机构代表成立“妇女服务工作小组”，共同研究推行各种有助于提高妇女素质的活动计划，如 1991—1992 年的“共显英姿”妇女社区参与训练计划，目的是推动妇女参与社区事务，发展其领导才能，培养妇女的公民及社会责任感，巩固现行的妇女服务。1988 年，明爱社区推行“筲箕湾妇女发展计划”，是香港地区第一个全部采用社区工作手法组织的基层妇女社区工作队。该计划的主要特色是：以妇女为发展中心，将妇女群体视为功能社区，通过为妇女提供参与机会，促使妇女共同探索和开拓“以妇女为本”的发展性服务。香港地区妇女工作基于女性主义思想，认为应该针对两性不平等的社会成因，“以妇女为本”开展社会服务活动，最终消除角色定型、男尊女卑的观念，改变不平等的社会结构（包括政治、经济、社会、文化等），使社会走向性别平等。为此，社区在改善妇女的处境时，不仅注意从微观个人层面介入，而且注意从宏观制度和政策层面积极介入，为妇女创造良好的生存和发展空间。

2. 政府负责开展的社区工作

（1）政务总署。其工作一方面协调政府各部门的活动，另一方面关注社区组织工作。政务总署的社区组织工作有系统、有规模地扩展，是在民政主任制度出现之后开始的。1966—1967 年的暴动，使政府感觉到官民之间的沟通不够。1968 年，香港政府在市区内 10 个区域成立民政署，委派民政主任。民政署在社区层面的工作主要有两个方面：一是政治沟通，要做到下情（民意及市民需要）上达及上情（政策和措施）下达；二是社区组织，鼓励市民参与公众事务，协力解决社区问题。

（2）社会福利署。其社区工作是社会福利的一部分，由社会工作者负责推动。社会福利署前身为隶属于华民政务司署的社会局，在 20 世纪 40 年代末期开始街坊会的组织工作。1958 年，社会福利署成为一个独立的政府部门，在 1960 年以“黄大仙社区中心”（政府从联合国世界难民年获得捐款建成的第一间社区中心）作为基地，正式开展社区工作。社会福利署的社区工作目标主要是社会福利白皮书中所要求的社区发展总体目标：鼓励个人和团体参与社区事务，互相合作，促进个人间的社会关系，提高社会责任感，加强社区凝聚力，改善社区素质，将香港建设成为一个“人人互相关怀、互相照顾”的社会。社会福利署与志愿机构在社区工作的目标和方式上有许多相似之处。

（3）廉政公署。廉政公署成立于 1974 年，设有三个部门，即执行处、防止贪污处和社区关系处。其社区工作主要是通过社区联络、社区教育和社区参与，建立“肃贪倡廉”的社会风气。除了鼓励市民协助反贪污之外，还尝试改变市民对贪污的看法和态度，提倡廉洁的美德。社区关系处大部分的工作人员是从大专院校吸收的，也有部分成员是政府其他部门有经验的社区工作者转调过来的。

（4）警务处。其于 1974 年设立警民关系主任计划，并委任了第一位警民关系主任。警民关系主任由富有经验的总督察担当，数位警长及警员协助其工作。警务处的社区工作主要是与基层组织和社区居民联络与合作，预防犯罪，培植及加强社会对警队的支持。

［学习活动 2–1］

资料分析

［**方式**］

小组讨论，大组分享。

［**主题**］

了解我国香港特别行政区是如何开展社区工作的，并分析政府与志愿机构在其中的作用。

［**步骤**］

1. 分小组讨论，将讨论结果记录下来。
2. 大组分享小组讨论结果。
3. 归纳、总结。

［**材料**］

框下附。

［**时间**］

50 分钟。

附：学习活动 2–1 材料①

1. 邻舍层面社区发展计划

1977 年，香港地区政府组织了“邻舍层面社区发展计划委员会”，成员包括民政署、社会福利署、房屋及香港社会服务联会。1978 年，委员会通过每年推行六项邻舍层面社区发展计划，全面资助六队社区发展队，由

① 材料来源：莫邦豪．社区工作原理和实践［M］．香港：集贤社，1994.

志愿机构负责推行。推行的地点主要是一些社区设施贫乏和环境恶劣、人口介于3000~15000人的社区，例如木屋区、临时房屋区、早期的迁徙安置区等，目的是为区内居民提供社区建设及社会福利服务。1982—1984年对该项计划的评估中政府确认邻舍层面社区发展计划有六大建树：①从社区调查和社区探讨中找出社区需要；②从文娱活动中促进居民相互交往；③从社区教育活动中加强居民的社区归属感；④从培训和实践工作中培养社区骨干；⑤发展义工，为社区组织活动；⑥提供一些社会服务，如青少年的补习班、个人辅导、老弱人士服务等。

2. 互助委员会的成立和发展

在政务总署推动的社区组织工作中，互助委员会的成立和发展特别值得介绍，因为它是政务总署推动的最大规模的基层社区组织工作。

最早的互助委员会于1973年在市区的多层大厦成立，1974年后扩展至公共屋邨及新市镇。互助委员会的扩展极快，1974年共有1214个互助委员会成立；至1976年，其数目增至2061个，涉及的人口达170万之多；至1993年，互助委员会的数目为4100个。

互助委员会的目标由民政署制定。长远目标在于促进大厦内居民感情并形成互助精神。具体目标则围绕3个方面展开：①协助推动清洁香港运动；②协助反罪恶运动；③改善大厦的管理。这3个具体目标均在于改进每一座大厦内的环境卫生、治安及各方面的管理。

负责互助委员会组织和发展的是民政署特别雇佣的社区工作员（兼职），由联络主任监督和领导。社区工作员多为大专学生、教师，受雇后接受基本的社区组织训练，特别是有关互助委员会的目标、功能及组织的程序。每一个互助委员会的组织过程如下：社区工作员先到大厦探访住户，解释互助委员会的功能和对住户的作用。若有20%的住户有兴趣，便会召开居民大会，选出互助委员会的主席、秘书及财务员。以后有需要时，可选出其他委员，推动文娱活动。

互助委员会的成立和发展普遍受到香港社会大众的欢迎。根据媒体的报道，很多互助委员会的委员及大厦居民都赞扬其工作，认为大大改善了大厦的清洁及治安情况，并能促进居民之间的关系。但市民对互助委员会的反映也不完全是正面的，而且互助委员会的发展也并非全无困难。

总之，互助委员会是由政府主导的、由上而下策划的居民组织。作为政府咨询架构的一部分及鼓励居民参与大厦管理的一个途径，互助委员会受到的评价可以说毁誉参半。但不可否认的是，互助委员会是香港政府有史以来进行的最大规模的基层社区组织活动，涉及的地域和人口也最多。

从香港地区社区工作的发展过程看，香港的经济发展、政治改革和社会变迁深刻影响着社区工作的基本内容、工作手法和发展方向。也可以说，社区工作是对香港地区的经济发展、政治改革和社会变迁所引致后果的一种回应。

（二）我国台湾地区经验

我国台湾地区于1964年引进“社区发展”的概念，1965年将其纳入所谓“民生主义现阶段社会政策”中的七大项之一，并明确社区发展是整个社会政策的实践方法。但最初此项政策仅是政治口号，缺乏具体措施和成效。

1968年是台湾地区正式推动社区发展工作的开始。首先，在立法方面，拟定“社区发展工作纲要”，作为推行社区发展工作的准则。其次，在政策实施方面，同年公布“社区发展八年计划”，依照地理特性和居民生活的共同需要划分为4893个社区，预计在8年之内全部完成社区的基础建设，再依次推动生产福利建设、精神伦理建设。最后，在相关研究及人才培训方面，1970年成立了“社区发展研究训练中心”，展开对社区发展工作研究和观念的宣传倡导工作，并培养相关人才。

由于财政吃紧，再加上各部门配合度不足等因素，1975年另颁“社区发展十年计划”来取代“社区发展八年计划”。比较这两项计划的内涵，主要有4个差异：一是延长社区建设的年限；二是将原计划发展的社区减少为3890个；三是强调基础工程、生产福利和精神伦理三大建设不能偏废；四是在基层普遍成立“社区理事会”之后，于1991年修订“社区发展工作纲要”，使以往由村、里、邻长组成的社区理事会改为依人民团体法人组织形态运作，并积极鼓励基层民众本着自治和互助精神成立社区发展协会，作为执行社区发展业务的主要社区组织。

相关研究表明，我国台湾地区从正式推动社区发展至今，各界积极参与合作，在改善社区生活环境、缩短城乡差距、提升基层民众生活品质等方面已获得相当丰硕的成果。

［学习活动 2–2］

资料分析

［方式］

小组讨论，大组分享。

［主题］

我国台湾地区社区工作的主要工作内容及对大陆社区工作的启示。

［步骤］

1. 分小组讨论，将讨论结果记录下来。
2. 大组分享小组讨论结果。
3. 归纳、总结。

［资料要点］

我国台湾地区“社区发展十年计划”确定的三大目标是：

1. 推动社区基础工程建设，以消灭脏乱，美化环境。
2. 实施社区生产福利建设，以消灭贫穷，改善民生。
3. 推行社区精神伦理建设，以端正风气，重建道德。

具体工作内容包括：

1. 公共设施建设。包括设立社区中心，修路造桥，绿化环境，完善排水系统，添置路灯、路标、社区标志等。

2. 生产福利建设。包括开办农业技艺训练、手工艺训练，促进妇女就业，改善居民生活；通过储蓄互助计划、妇婴老残保健计划，为居民生活提供保障；进行居民住宅的规划与重建，改善居住环境。

3. 精神伦理建设。通过建立图书馆、文化中心，提高读书风气及弘扬民族文化。提倡全民体育运动，弘扬敬老爱幼的风尚，推广民俗技艺，达到社区活动“文、康、体兼备，动静皆能”的目标。

［时间］

40 分钟。

小　结

社会工作的早期发展过程中形成了两种不同的取向。一般认为，睦邻组织运动首创了以整个社区为工作对象、以社区服务为主要内容的社区服务机构及社区组织工作方法，它是早期社区工作发展的高峰。1950 年，在大西洋城举办的美国社会工作大会上，社区组织被列为社会工作的基本方法之一。1962 年，美国社会工作教育协会将社区工作与个案工作、小组工作，并列为社会工作的三大方法，社区工作正式成为社会工作教育的基本课程。欧美国家社区工作的发展趋势大体可概括为三个动向：全球化进程和福利国家社会政策变革使社区得以被重新“发现”；专业使命的迷思与反思；社区经济与可持续发展。

我国一直有着从社区建设出发、实现社会和谐发展的悠久思想传统。北宋时期的思想家张载就较为系统地提出了社区建设的理念。在此后数百年的时间里，这一思想传统不断得到丰富和完善，对近代乡村建设运动产生了深远影响。我国古代社区建设思想的主要内容可概括为：以道德主义为特征的社区文化建设、以宗族自治为核心的社区组织、以互助互济为内容的社区福利。

在近代，中国共产党和一大批知识分子开展了农村社区建设的探索。尤其是近代乡村建设运动先驱们的思想贡献是世界性的。他们的理念和实践成为当代专业社区工作者最可珍贵的精神财富和思想资源。

我国当代的城市社区建设、社区治理、乡村振兴战略实施等对于专业社区工作的迅速成长具有重要意义。它们为专业社区工作创造了现实的发展空间，提供了发展动力和需求。我国香港地区和台湾地区也积累了丰富的社区工作发展经验。

[关键概念]

睦邻组织运动　乡村建设运动　社区发展　社区建设　社区治理

[讨论练习题]

1. 试述睦邻组织运动的内容和意义。

2. 如何看待西方社区工作专业化过程中出现的问题?
3. 我国古代社区建设有哪些重要内容?
4. 试述我国近代乡村建设运动的内容和意义。
5. 如何看待我国社区治理与社区工作的关系?
6. 如何理解社区工作的专业化与专业使命的关系?

[进一步阅读文献]

甘炳光,梁祖彬,等. 社区工作:理论与实践[M]. 香港:香港中文大学出版社,1998.

侯钧生,陈钟林. 发达国家与地区社区发展经验[M]. 北京:机械工业出版社,2004.

莫邦豪. 社区工作原理和实践[M]. 香港:集贤社,1994.

王思斌. 社会工作概论[M]. 北京:高等教育出版社,1999.

徐永祥. 社区工作[M]. 北京:高等教育出版社,2004.

夏建中. 社区工作[M]. 北京:中国人民大学出版社,2009.

殷妙仲,高鉴国. 社区社会工作[M]. 北京:中国社会科学出版社,2006.

詹长智. 港台社区工作的源流与走向[J]. 海南大学学报(人文社会科学版),2003(2).

詹秀员. 社区权力结构与社区发展功能[M]. 台北:洪叶文化事业有限公司,2002.

周沛. 社区社会工作[M]. 北京:社会科学文献出版社,2002.

艾伦·特韦尔威特里. 社区工作[M]. 陈树强,译. 北京:中国社会出版社,2002.

戴维·A. 哈德凯瑟,等. 社区工作理论与实务[M]. 夏建中,等,译. 北京:中国人民大学出版社,2008.

O. 威廉姆·法利,等. 社会工作概论[M]. 隋玉杰,等,译. 北京:中国人民大学出版社,2005.

「第三章」 社区工作价值观和基本原则

［**概述**］ 价值观和基本原则是社区工作者在实践工作过程中需要遵循和践行的理论依据。价值观是社区工作的核心和灵魂，也是社区工作者投身于社区工作的主要动力和评判工作成效的主要标准，而基本原则是社区工作者的行动指引，决定着解决问题的方式。本章从价值观的内涵及特点入手，探讨社区工作者需要遵循的价值观和基本原则，并就社区工作的价值与伦理冲突作简要分析。

［**目标**］ 通过学习，学生掌握并内化社区工作的价值观，理解并灵活运用社区工作的基本原则，能够理解、诠释并解决实践中可能遇到的伦理冲突。

第一节 社区工作价值观

社区工作的内涵有多种，但无论是把它看成一种介入方法，还是一种社会服务，都有一个问题值得思考：社区工作的价值观是什么？在讨论这个问题之前，我们首先思考一下什么是价值观。

一、价值观

（一）价值观的内涵

价值观是指主体看待个体以及评价其重要性或社会意义所依据的观念系统，是一些内在的期望，是个人或群体对所秉持的偏好行为的系统表述，它喻示了对生活的特定手段、目标和评判的一般取向，常伴有强烈的主体感受。价值观的内容，一方面表现为价值取向、价值追求，凝结为一定的价值目标；另一方面表现为价值尺度和准则，成为人们判断事物有无价值及价值大小、是光荣还是可耻的评价标准。思考价值问题并形成一定的价值观念，是人们使自己的认识和实践活动达到自觉的重要标志。

学者们关于价值观的概念及其重要性的研究较为深入且基本达成共识。美国人类学家克拉克洪（Kluckhohn）认为，价值观是有关什么是"值得的"的看法，体现个人或群体的差异特征，影响人们行为方式、手段及目的的选择[①]。罗克奇（Rokeach）指出，价值观是依据一定的逻辑，依赖于一定的价值系统而存在，价值系统则按照价值观的重要程度依次排列而成[②]。霍夫斯泰德（Hofstede）指出，价值观体现为社会群体所共享的对事物及行为的意义、效用的评判标准，是影响个体决策的根源性因素[③]。许多哲学家把价值观理解为对什么事情感兴趣和好奇，但是约翰·杜威（John Dewey）注意到价值观包含一些评价和偏好因素。大多数社会科学家都沿用杜威的定义，认为价值观是选择好的和想要拥有的行为的指南或标准。雷蒙德·威廉斯（Raymond Henry Williams）认为，价值观"是对事物作出偏好或抉择的标准，或者是充当评判提议行为或实际行为的尺度"。皮更斯和米肯（A. Pincus and A. Minahan）认为，"价值观是一些人对本身是好的、较理想的信念取向或假设。价值观不能用科学方法来验证对错，它们能否获得接纳，全赖于信念的基础上"。一般而言，我们只能够把某一价值观置于某一套被认为是标准的价值体系或伦理观之下，才可以判断对与错。严格地讲，价值观是无法验证的，只能说是接受与否。

（二）价值观的分层

价值观是有层次区分的，包括社会价值观、个体或个人价值观以及专业价值观等不同的层次。一般来讲，不同层次上的价值观是相互补充的，但有时也会存有冲突。

价值观是社会意识形态的范畴。社会价值观是建立在社会的基本政治经济制度基础上的意识形态，其形成受到特定的社会经济基础、社会文化

① KLUCKHOHN C. Values and Value Orientations in The Theory of Action: An Exploration in Definition and Classification [M] //Parsons & Shils. Toward a General Theory of Action. Cambridge MA: Harvard University Press, 1951.

② ROKEACH M. The Nature of Human Values [M]. New York: Free Press, 1973.

③ 杨宜音. 社会心理领域的价值观研究述要 [J]. 中国社会科学，1998（2）.

制约。社会价值观由复杂多样的价值观进行长期反复的整合和消解，形成体现社会价值理念的价值体系，任何社会的价值体系都是该社会价值观的集合体，反映了处于一定经济关系中的人们的利益和需要，它决定着人们的思想取向和行为选择。社会的价值体系包括核心价值体系和一般价值体系，其构成具有层次性。核心价值观对其他层次的价值观起着支配性的作用，各个层次的价值观依据核心价值观来确定其内涵。各个层次的价值观互相影响、互相渗透，各个层次的具体价值观内涵会随着社会的发展和时代的变迁而调整或变化。核心价值体系是一个国家全体人民或大多数社会成员共同认可、普遍遵循、自觉践行的主导价值观念和主导价值追求。在任何社会中，不同时期的社会主流价值观都是不同的。

价值观是一个文化群体对行为规范和制度合理性的确认，它决定了一种文化对什么是有意义的以及什么是重要的这两个重大问题的判断。比如，在西方文化中，个人、个性、自由对一个人或一个社会有重大的意义，是人生和社会最重要的价值。但是在中国文化中，集体、社会地位以及权力关系对人生和社会更为重要。美国跨文化传播学者萨莫瓦（Larry A. Samovar）和波特（Richard E. Porter）对价值观的文化意义有一个很通俗的说法："价值观界定什么值得为之死，什么值得保护，什么令人害怕，什么适合于学习或嘲笑，以及什么样的事件能把个体团结成集体，更为重要的是价值观既指导认知又指导行为。"

个体价值观是个体在与家庭、社会互动过程中逐渐形成的，由于每个人的先天条件和后天环境不同，人生经历也不尽相同，因此每个人都有自己独特的价值观。专业价值观是基于社会价值、文化、专业特点而形成的价值准则，是进行专业实践的哲学信念，指导着专业实践的开展。

拓展阅读

社会主义核心价值观

2012 年 11 月，党的十八大明确提出"三个倡导"，即"倡导富强、民主、文明、和谐，倡导自由、平等、公正、法治，倡导爱国、敬业、诚信、友善，积极培养社会主义核心价值观”，确定了社会主义核心价值观的具体内涵。党的十九大指出：“把社会主义核心价值观融入社会发展各个方面，转化为人们的情感认同和行为习惯。”由此可见，党和国家对培育和践行社会主义核心价值观提出了更高的目标和要求，要把社会主义核心价值观融入日常生活的方方面面，进一步落实、落细、落小。社区是人们衣食住行的重要场所，通过社区这一生活化的载体，能够将社会主义核心价值观贯穿人们生活的始终，潜移默化地影响人们的价值取向、思想观念、行为习惯。

思考：新时期社区工作者如何践行社会主义核心价值观？

二、社区工作价值观

价值观是社会工作实务的基础，是一套完整的和被认可的理念，它贯穿社会工作实务的全过程。《美国社会工作者协会专业伦理守则》的前言指出：“社会工作专业的使命植根于一套核心价值观中。”价值观在专业社区工作中的重要性主要表现在以下三个方面：第一，价值观界定了社区工作使命的本质。价值观是社区工作实践的灵魂和方向，也是社区工作者投身于社区工作的主要动力和评判工作成效的主要标准。第二，价值、理论和技巧是社区工作知识的三个重要组成部分，通常被称为社区工作的“铁三角”。理论、方法和技巧可以归为操作层面，而价值属于理念层面，是最核心的部分。第三，价值观界定了社区工作者与服务对象、同事和社会的关系。社区工作实践就是从价值观到行动的过程，价值观影响社区工作服务方法的选择。

社区工作的价值取向涵盖的范围相当广泛，主要包括人的价值和尊严、正义和自由、制度取向、平等、民主、群众参与、互助合作与互相依赖等。以下将重点介绍社区工作的基本价值观。

（一）尊重人的价值和尊严

尊重人的价值与尊严是社会工作专业非常重要的价值观。有人认为，社会工作与社区工作的区别在于前者较后者更加注重这一个信念。然而，事实上并非如此。社区工作虽然以“社区”为研究对象，但它所关怀的始终是人的处境。社区问题以及制度改变的哲学基础，也与人的价值和尊严密切相关。

社区工作从根本上维护个人的价值和尊严。社区工作相信，人的价值和尊严要在一个有足够支持、关怀，以及重视个人发展和以人为中心的社会制度下才能实现。社区工作以“社区”为介入单位和对象，通过居民的集体参与从根本上维护人的价值和尊严，从而实现“集体增权”。维护个人的尊严最基本的就是承认每个人生来平等，每个人都有追求自由平等、自我发展、自我决定的幸福生活的权利，要维护好个人的各项权利。社区工作在强调个人尊严和权利的同时，也强调个人对他人、对社区以及对社会的责任和义务。

（二）维护社会公平和社会公正

社会公平和社会公正是社会和谐发展的基本要求和目标，也是每一个文明社会进步的标志。社会公平和社会公正的目标，就是实现机会和资源在社会成员间的公平分配。金·戴维斯（King Davis）提出：“社会公正是民主社会的动态目标或基本状态，它包括所有群体和个人有权平等地使用社会设施、资源、机会、权利、物品、服务和担负责任，不会因为年龄、肤色、文化、性别、收入、语言、国籍、种族等差异而受限制。”

社会公平与社会公正属于同一个层次上的概念。社会公平着重反映社区成员分享社区资源和发展机会上的平等性，如同样的教育机会、就业机会、参与权以及知情权等；社会公正则着重强调社区成员在问题解决、社区服务、社会福利等方面的无区别性和无歧视性，如不管什么层次的社区成员，都能得到社区内的公益照顾，任何问题都能和他人一样得到公平的解决，都能享受应该得到的社会福利等。

如果一个社会没有社会公平，那么就没有社会公正可言；同样，如果缺乏社会公正，也不可能做到社会公平。社会公平和社会公正既是对真、善、美事物和现象的支持和爱护，又是对假、恶、丑事物和现象的反对和憎恶；既能平等面对社区群众，又能公平、公正地解决社会问题，还能弘扬社会正气，这正是社区社会工作的目的之所在。

社区工作的宗旨是建立正义的社会，而建立正义的社会就要改善社会关系，具体体现在三方面的工作上：第一，强调公民有平等参与决策的权利；第二，在工作实践中，要推动有关部门完善社会政策并促进各项福利政策得到彻底的贯彻执行等；第三，社区工作者作为基层社会治理的骨干力量，应该关注特殊群体，为他们伸张正义，提高他们自身的能力，争取提供较平等的社会资源分配，弥补他们在财富、权利、知识和组织资源上的不足。在理想的情况下，当所有社会资源和福利都得到了公平分配，人人都得到了应当分配的东西，这就意味着实现了社会公正。这些资源既包括有形的钱和工作等，也包括无形的身份、地位等标记。社会正义意味着保证人们的平等机会和权利，保证人的价值和尊严。而社区工作者的责任就是通过扩展机会和资源来实现社会正义的理想，尤其是通过推动建立公正的社会和经济政策来提供充分的教育、扩大政治参与、实现经济自给、扩大福利保障等。

拓展阅读

社会正义

社会正义是诸多价值观信念中最具有争议的一个。社会正义是什么？“正义”一词早见于中国的文献，《荀子》一书说“不学问，无正义，以富利为隆，是俗人者也”，在这里，正义是指正当的品德和远大的理想。正义通常有公平、合理和平等的意思，可分为报应性正义（retributive justice）和分配性正义（distributive justice）两类。前者是指违法或违背公理的行为与其后果是否相应。举例来说：为非作歹是否得到应得的报应？犯了法是否得到制裁？所谓伸张正义、维护公理就是指这种正义。而分配性正义是指在不同的社会情况下，各个社会、法律、经济和政治组织是否合理、平等地分配资源。分配性正义可按照三种不同的准则进行，即数量上的平均分配、按照才能及功绩分配、按个人需要分配。第一个准则数量上的平均分配是指按照人头计算分配同等均量的资源，这种分配由于个人需要不同，可能会造成资源的浪费。第二个准则按照才能与功绩分配，就是平时说的论功行赏和多劳多得，但这里有个问题：用什么标准来衡量功绩与贡献？第三个准则按个人需要分配也存在一个疑问，什么是需要呢？用什么标准来决定需要的多少？

思考：根据以上材料，你如何理解公平正义？

（三）制度取向

所谓制度取向，就是把健全的社会福利政策视为在现代社会中帮助个体自我实现和增强社会功能的最主要途径或手段，将机会平等和社会福利看作公民的基本权利。因此，为了确保个体的自我实现得以完成，国家应逐步健全公共福利制度，完善基本公共服务体系。

社区工作重视社会制度对社会成员提供的平等机会和福利责任。这主要包括：第一，从制度取向视角来看，个人的生活处境并非个人所能完全控制的，个人、家庭和社区所面对的问题是不公平的社会制度的产物，是社会变迁产生的不良后果；第二，制度取向认为，服务和福利的提供不是一种慈善的恩赐，而是一种社会再分配的补偿或权利；第三，制度取向从需求满足的角度出发，强调教育、养老、医疗等基本社会服务、社会参与机会，并非只是针对困难人群而言，而是每位有需要的公民都有权利获得。

思考与讨论

举例分析个人、家庭、社区所面临的问题中哪些来源于个人，哪些是由社会因素决定的？解决这些问题，政府应该承担什么责任、扮演什么角色？

（四）民主和群众参与

民主是现代政治文明的普遍价值追求，也是现代政治社会不可或缺的制度安排。民主不仅仅是具有形而上色彩的抽象概念，更是根植于特定国家的社会结构、历史传统与时代背景等要素的具体安排。党的二十大报告把发展全过程人民民主确定为中国式现代化本质要求的一项重要内容，对“发展全过程人民民主，保障人民当家作主”作出全面部署、提出明确要求。

全过程人民民主是社会主义民主政治的本质属性，是最广泛、最真实、最管用的民主。健全人民当家作主制度体系，扩大人民有序政治参与，保证人民依法实行民主选举、民主协商、民主决策、民主管理、民主监督，发挥人民群众积极性、主动性、创造性，巩固和发展生动活泼、安定团结的政治局面。

群众是全过程人民民主最直接的参与者、行动者和实践者。要充分尊重人民群众主体地位，丰富形式载体，畅通民意渠道，完善制度体系，不断激发人民群众的主人翁精神，提升群众参与基层社区治理的积极性，围绕乡村振兴、文明创建、环境保护等涉及自身利益的实际问题，积极发表意见建议，持续进行广泛协商，推动全过程人民民主在基层落地生根。

民主参与体现了人的尊严和社会正义，也是实现人的尊严和社会正义的途径。社区工作者相信人民的民主权利需要通过社会参与来实现，参与制定涉及自身利益的政策措施是不同社区成员的基本权利。只有通过参与，社区居民的真正需要和社区存在的问题才能被真实地反映出来，社区成员的积极参与在一定程度上能够提高社区居民的生活质量。另外，民主参与本身具有丰富的社会功能，能提升个人、团体乃至整个社区的政治意识、合作意识和解决问题的能力。

（五）互助和社区关怀

社区工作强调居民建立邻里关系、强化互相照顾、建立和谐社区的重要性。社会工作者认为，当人的社会角色萎缩时，便对他人和社区公共事务态度冷淡，导致社会解体、越轨和个体异化现象，同时与人的基本需要（爱和关怀）背道而驰。建立社区内的互助网络是社区发展的重要环节，通过社区内的关系网络，可以增强居民对他人的信赖，提高社区凝聚力，从而促进社区发展。互相依赖、互相合作和加强归属感，能使个体获得更大的满足感和安全感。

（六）社会责任感

社会责任感可从两方面来说：首先是对政府的要求，要求政府承担责任，其施政需向市民交代及有所承担，而且能回应社会及一般市民大众对各方面发展的需要。其次是对社区工作者的要求，社区工作者应该对其服务对象和服务机构负责，应该为服务对象谋取最大的福利，并在工作期间为达到有关目标而努力。社区工作者也有责任检讨自身的工作，并提出改善工作的有效方法。

- 社区工作者在介入工作时，必须有一套专业价值理念。
- 社区工作的价值观是社会的产物，将随着时代条件和社会情景的改变而变化。

- 社区工作者应当对自己的专业价值观念不断进行反思和批判，为判断是非和采取行动提供可靠的价值准则。

第二节 社区工作的基本原则

社区工作原则是指社区工作本身所要求的工作标准，是社区工作者在开展具体的工作时所需要遵守的准则，是根据社区工作的价值取向来制定的，它是由社区工作的客观要求和基本目标决定的。从本质看，社区工作的原则是社区工作的一般性或普遍性的客观要求。基于各国学者对社区工作基本原则的总结和各国社区发展的经验，可以将社区工作的基本原则概括为以下几点。

一、以人为本原则

以人为本是社区工作实践中所遵循的最基本原则。在一个社区里，人的发展是社区发展的前提和最终目标，只有居民对社区事务有参与感和责任感，并建立起持久的集体力量，才能影响政策制定和社会资源的分配。社区工作就是要促进社区居民的发展，满足社区居民的需要。社区工作以整个社区及社区中的居民为服务对象，必须充分考虑社区的利益主体——社区居民的权利和需要，积极促进社区发展，提高社区福利水平，要为社区居民着想，为他们参与社区发展创造条件，积极为他们解决问题。在实际的社区工作中，一方面要满足社区居民的物质需要，提高其生活质量，改善其生活环境；另一方面要提高社区居民的精神素养，强化他们自觉参与社区事务的意识，发挥他们的内在潜能。

二、致力于社区发展的原则

社区工作的宗旨是“助人自助”，但其根本目标应该是通过直接和间接地帮助社区成员解决他们遇到的实际困难来促进社区的健康发展。社区工作的基本原则就是以社区综合发展为目标，坚持这个原则，就是在社区工作实践中，要把解决居民的实际问题与社区发展、社区治理紧密联系起来。社区工作者要深入社区，了解居民的实际困难，调动一切可利用的社区资源来为他们排忧解难；同时也要变“输血”为“造血”，动员和组织社区民众以积极参与社区治理的方式来改变自己的不利条件，把个人问题的解决和条件的改善与整个社区的发展结合起来。

三、居民自助参与原则

居民参与社区治理有着诸多积极意义。居民参与是社区工作的灵魂，没有居民的广泛参与，社区工作就没有方向和动力。居民参与社区治理是对平等、公平、民主等价值的追求以及对居民公共精神的塑造，可以为政策制定者提供更多的信息和支持，提升政策的相关性和可行性，增加居民对政府的理解和信任。有了居民的广泛参与，社区工作者才能真正了解社区的现实需求，从而开展有针对性的项目；只有社区居民广泛、直接地参与和治理，才能逐步培育居民对社区的归属感、认同感，使社区的各类资源得到有效整合和充分利用。

社区居民参与积极性越高的社区，在实践中越能动员资源、取得成效；而在缺乏公共精神的社区中，很多利民项目都无法开展。应从社区文化塑造、社区制度、社会组织等方面促进居民参与。居民所在社区的环境是否公平有序、邻里关系是否融洽、社区资源分配是否合理，社区互帮互助的传统、独特且让居民认同的文化背景，社区内是否有精英或积极分子带动居民参与等，都是影响居民参与的重要因素。

拓展阅读

成都金堂县引导居民参与社区治理

2021 年，央视《焦点访谈》栏目对成都金堂县动员居民参与城乡社区发展治理方面进行了专题报道。红旗村是金堂县的一个丘陵乡村，地势狭长、村民散居，曾经都是制约红旗村发展的不利条件。面对村民们渴求改变乡村面貌的愿望，村两委通过广泛调研打造了“周末公益集市”。每月第三周开市，吸引了大量城市的游客参加活动并购物，帮助红旗村的农户销售柚子、葡萄、辣椒、豆角等农副产品80余万千克，村民从“旁观者”变成了“主力军”，红旗村慢慢地发生了变化，后来获评为省级“四好村”、市级“百佳”示范社区。

金堂县通过成立“社区发展基金会”“社会组织（企业）服务中心”，为社会力量参与城乡社区发展治理提供了智力支持、资金支持和技术支持，实施了“牵手计划”“育苗计划”“星火计划”，启动“社区公共空间美学”营造项目，打造“移动430课堂”“说事明理”“百姓星期天”“企业开放日”等社区议事活动品牌，引导居民广泛参与社区发展建设。据统计，金堂县共有9. 8万余人深度参与城乡社区发展治理，他们当中既有社区工作者、社区党员、网格员、综治队员、居民骨干，也有社会企业、两新党组织、社会组织、志愿服务队伍人员。（资料来源：成都“微网实格”治理创新案例）

四、社区自决原则

社区工作的目标是使人们对自身所处的环境有较多的自决能力，也就是说，让社区居民能够自己决定自己的事情。因此，使社区居民自己选择和决定社区事务，采取适合他们的行动，是社区工作的重要原则。社区工作者要采取社区自决原则，以保证在社区工作中，减少和杜绝先入为主的主观主义作风，不以社区工作者的喜好和价值观去左右社区居民的行动，让社区居民充分发表自己的观点、意见和看法，以利于实事求是地开展社区工作。

五、遵循因地制宜原则

社区工作是有计划的社会变迁或社会行动，必须根据特定的社区背景和条件制定工作策略。不同的社区有不同的需要和发展目标，而不同社区的居民又有不同的处世方法和能力。因此，社区工作者应当充分了解社区的状况，因地制宜地选择工作方式。

六、开展广泛合作原则

党的十九届四中全会提出，建设人人有责、人人尽责、人人享有的社会治理共同体，应促进社区、社会组织、社会企业、社会单位等在基层社区治理中发挥更大作用，着力提升群众参与基层社会治理的能力，加快推进基层社会治理现代化。社区发展需要广泛的团结合作，协力解决那些非少数人所能解决的难题。这不但包括与社区组织和居民之间的合作、协调，与社区内政府部门的合作，也包括社区同外在环境的协调，特别是同资源占有者的合作。

拓展阅读

为解决居民参与社区治理不足的问题，四川省成都市新津县平岗社区开设了“议事茶亭”。社区专门找了一个院落，利用门板做“茶几”，庭院加以简单装修，布置成一个茶亭，茶亭的边上还有一个图书室。平时，居民可以在茶亭喝茶、聊天和看书。社区居委会负责人也经常参加，通过喝茶聊天这样轻松的环境听取居民意见，邀请居民参与社区大小事务。通过问需于民、问计于民、问效于民，最大限度地凝聚群众智慧和力量。作为全国基层政务公开标准化、规范化试点单位，社区决策过程通过居民委员会会议、党支部会议、议事代表会等进行公开，实施过程通过居民监督委员会、社区自组织监督会公开。

以上原则规定了社区工作的主要目标、策略、方法和过程。这些原则之所以能成为社区工作中普遍接受的准则，是因为它们建立在一些基本的假定之上。需要注意的是，价值观和工作原则都是社会的产物，由于社会的客观情况是不断发生变化的，因此需要社区工作者不断地反思、反省，对这些价值观和工作原则作出相应的调整，使这些价值观和基本原则不至于成为教条，而是具有创新性，更有利于社区工作的实践和满足服务对象的福祉需求。

第三节　社区工作价值与伦理冲突

价值观是在作伦理决定过程中的核心要素，澄清个人和群体的价值观以及社会和专业价值观能够使社会工作者更清楚地意识到这些价值观之间可能会遇到的冲突，以及这些冲突对伦理决定的潜在影响。认识个人的价值观和当事人、机构、社区以及卷入各种实际工作情境中其他人的价值观，是为伦理决定做准备的重要一环。

“伦理”（ethics）一词根源于希腊语的 ethos，最初的意思是习俗、惯例或习惯，当今的用法指的是道德上正确的行动、事情应当怎样做。一般的伦理明确了一个人对另一个人所承担的义务。伦理是从价值观中推导出来的，必须与价值观协调一致。两者的不同之处在于，价值观关注的是好的和想要拥有的东西，而伦理关注的是对的和正确的东西。

一般来说，可以把伦理分为个人伦理、专业伦理和社会伦理三个层面。个人伦理是人们对个人行为的特别控制和调适，其标准可能低于或高于社会伦理标准。严于律己、宽以待人、注重对社会的贡献、轻视回报等为道德的楷模；而放纵自己、苛求他人、故意损害公共和他人权益以满足私欲则会受到舆论的谴责。社会伦理是人们在社会交往中所持有的共同的、最基本的行为期望。专业伦理是源于个人自愿选择成为一个专业人员而具有的特殊义务。专业伦理澄清了专业实践中与伦理有关的问题的处理方式。

所谓困境，指的是人所面临的鱼与熊掌难以兼得的处境，即必须在两个同等重要的价值之间作出抉择。社区工作伦理困境涉及的主要问题是：在特定的实践工作情形下做什么才是正确的？在同一情形下社区工作者怎样做才能避免有悖于伦理的行为？专业社区工作实践建立在价值和伦理原则基础之上，因此社区工作者经常要面对伦理抉择问题。在实际的工作情境中，社区工作者对不同对象承担着不同的责任，包括社区工作者对服务对象的责任、对其他受到服务对象影响的人的责任、对所在社会服务机构的责任、对社区的责任等。社区工作者在“忠于谁的问题上”，即所承担的各种责任之间经常会发生冲突，从而导致价值和伦理选择上陷入困境。

一、伦理难题

（一）保密问题

有效保护服务对象的隐私使其不受伤害，是社会工作伦理的基本原则，但有时并不容易把握。社区工作者有责任在尽可能与法律要求和服务对象意愿保持一致的情况下，保护服务对象的隐私。但是，如果披露服务对象的资料能够防止对社区、对他人造成伤害，社区工作者就面临伦理抉择：为服务对象保密还是披露资料？

（二）情理法问题

“情”更多表达的是人与人之间的情感联系；“理”的内容是指伦理道德的原则规范，“理”实际上就是“礼”，理与礼出于情，又要节制、指导情，这便是情与理交融统一的情理；“法”是国家制定和颁布的公民必须遵守的行为规则。中国社会关系的“乡土性”“熟人性”特质以及中国人自古以来就深刻烙印的传统文化背景，工作中自然容易考虑情理，而社区工作者强调“感同身受”“同感共情”，更容易注重情理，但“情”“理”如果与社会工作专业伦理以及法律法规产生冲突，又该怎样做？

（三）价值中立问题

所谓价值中立，是指社区工作者在提供服务过程中不强迫服务对象接受专业价值观和个人价值观。而价值介入则是指社区工作者应当在维护服务对象权益的前提下劝说或主动要求服务对象接受专业价值观或社会价值观，以便提高服务效率或改善服务效果。虽然社会工作的本质要求社会工作者把维护社会公平和正义放在首位，但在具体工作过程中常常不容易作出伦理选择。坚持价值中立的社会工作者认为，服务对象自决原则和不评判原则表明服务对象受到了充分的尊重。但是，坚持价值介入的一方则认为，在服务对象迫切需要社区工作者给予价值支持的时候，应当尽其所能履行专业服务职责。

（四）自决原则和知情同意

自决原则和知情同意只适合那些与服务对象利益攸关的选择和决策。社区工作者利用这个原则谋取私利的所有行为都是被禁止的，不管服务对象是否出于自愿。但有时也会面临伦理难题，如社区工作者明确服务对象的决定对个人或社区是有风险的，而社区工作者根据自己的知识和能力也确实可以判断出自己的决定优于服务对象，且决定的后果不涉及重大利益，那么是否可以打破服务对象自决原则？

二、伦理冲突的处理原则

（一）保护生命安全原则

这是首要原则，既适用于保护服务对象的生命安全，也适用于保护所有其他人的生命安全。社区工作者应将保护所有人的生命安全作为开展工作的首要前提，特别是面临着各种伦理冲突时，应优先考虑生命安全。

（二）完全平等与差别平等原则

如果各服务对象的实际需要都相同，而社区工作者所能提供的资源和服务又非常充分，那么可以给予各服务对象平等的服务；如果资源不足，则可以区别对待。这一原则提出所有人在相同条件下应该得到相同的对待，即同等情况下有权得到平等对待；而不平等对待的益处大于平等对待的益处，或者不平等对待会推动更多平等对待时，则可以采用差别对待原则。

（三）自主和自由原则

服务对象有自主和自由的权利，应该得到社区工作者的充分尊重。但如果服务对象的自我决定涉及对自身或他人的伤害时，社区工作者要进行干预，并设法将干预风险降到最低。也就是说，保护生命安全原则要比这一原则有优先权。

（四）最小伤害原则

这一原则认为，当面临的困境有可能对人造成伤害时，社区工作者应尽可能避免或防止这样的伤害。当不可避免会伤害到与问题牵连的一方或另一方时，社区工作者应该选择造成的伤害最小、带来的永久性伤害最少或伤害最容易得到弥补的方案。如果已经造成了伤害，社区工作者应尽可能弥补。若必须向公众披露一些信息，尤其是那些与服务对象利益密切相关的信息，应遵守最小暴露原则，以便减少对服务对象的伤害。

拓展阅读

社会工作专业伦理知识①

一、社会工作专业伦理的作用

社会工作专业伦理是指社会工作者的职业道德操守，它们是由社会价值和专业价值决定的，可以帮助社会工作从业人员认识到如何在实际工作中做到道德上正确无误，学会在任何专业工作情形下思与行皆符合伦理上的要求。

社会工作专业伦理的作用主要有以下几点：

（1）社会工作者自我约束和自我鼓励的道德规范。

（2）社会工作者对服务对象的准则，也是服务对象要求社会工作者协助的依据。

（3）社会工作者与服务对象之间共信的保护和保障的标准，也是与其他专业者共信互信的媒介。

（4）社会公众评价的标准。

（5）社会工作专业文化的重要组成部分，是从业人员团结合作的基础。

社会工作是建立在人文主义和民主理想之上的，专业社会工作者致力于为改善人类的福利而服务，经过专业训练合理地运用现存的关于人性和人际互动的知识，整合社区资源，平等公正地提高人类的生活质量和状况。

社会工作实务是得到公众广泛信任的职业活动，因此，它需要从业人员正直、热情，相信人具有尊严和价值，尊重人的个体差异，全身心地投入服务，追求真理；需要从业人员经过专业教育和实践，掌握一个完整的知识体系和专门的技巧；还需要认识到我们目前所具备的知识和技巧的局限性，最终的追求就是提供公正有效的服务。

二、社会工作专业伦理的特点

1. 服务对象利益优先

社会工作强调人人平等，人人应当受到尊重，但服务对象的利益应当

① 全国社会工作者职业水平考试教材编委会．社会工作综合能力（中级）［M］．北京：中国社会出版社，2023.

优先考虑。社会工作者要尽量保护和发展服务对象的权益，这是社会工作专业伦理区别于其他专业伦理的最重要的特点。

2. 专业价值高于个人价值

一般而言，能够认同社会工作价值观并投身于专业实践的人，其个人品德修养也较高。但是，在社会工作实践中处理具体案例时，可能会产生个人价值和专业价值之间的冲突。也就是说，专业的要求可能有悖于社会工作者的个人价值。

3. 约束和鼓励并重

社会工作者肩负着变革社会和提升人类福利的特殊使命，其工作常常涉及敏感、复杂的人际关系、心理、行为、政治和文化内容，工作态度和道德行为对工作成效和专业形象至关重要，所以社会工作专业对该专业成员的伦理行为一定要从严要求，既严格限制与专业价值相悖的言行，又积极鼓励与专业价值相符的表现和知识创新。

4. 权威性

社会工作专业伦理所包含的价值观和具体行为规范都是经过系统和严格论证并获得行业组织通过的，相对于其他专业领域，社会工作专业伦理是一种自律规范，但相对于社会工作者和服务对象之间的专业关系而言，这种专业伦理就属于强制规范了。

小　结

社区工作的专业价值观界定了社区工作使命和本质，是社区工作实践的灵魂和方向，也是社区工作者投身于社区工作的主要动力和评判工作成效的主要标准。社区工作应该遵循的价值观有尊重人的价值和尊严、社会正义、制度取向、民主和群众参与、互助和社会关怀以及社会责任感等。

在社区工作实践开展时应遵循以人为本、致力于社区发展、居民自助参与、社区自决、因地制宜、广泛合作等基本原则。社区工作的基本原则是时代的产物，有可能随着时代条件和社会情景的改变而变化，社区工作者应当基于当前实践不断反思，为判断是非和采取行动提供可靠的指导准则。

社区工作者对不同对象承担着不同的责任，这些责任之间经常会发生冲突，因此社区工作者有可能要面对是否保密、情理法冲突、价值中立还是价值介入、自决原则和知情同意等价值和伦理抉择问题。处理伦理冲突时一般应遵循保护生命、完全平等与差别平等、自主和自由、最小伤害、改善生活质量等原则。

［关键概念］

社区工作价值观　社区工作伦理　社区工作基本原则　伦理冲突

［讨论练习题］

1. 你认为社会价值观对个人价值观的形成具有什么影响？
2. 学完本章内容，你认为专业价值观在社区工作中发挥着什么作用？
3. 你认为实践中社区工作者应如何回应并解决价值伦理冲突？
4. 小组讨论：当社区工作者的专业价值观与服务对象的价值观发生冲突时，社区工作者应该如何处理？

［进一步阅读文献］

夏建中．社区工作［M］．北京：中国人民大学出版社，2015.

甘炳光，梁祖彬，等．社区工作：理论与实践［M］．香港：香港中文大学出版社，1998.

王思斌．社会工作概论［M］．北京：高等教育出版社，2003.

O. 威廉姆·法利，等．社会工作概论［M］．隋玉杰，等，译．北京：中国人民大学出版社，2005.

拉尔夫·多戈夫，等．社会工作伦理：实务工作指南［M］．隋玉杰，等，译．北京：中国人民大学出版社，2005.

埃伦·内廷，等．宏观社会工作实务［M］．刘继同，隋玉杰，等，译．北京：中国人民大学出版社，2006.

戴维·A. 哈德凯瑟，等．社区工作理论与实务［M］．夏建中，等，译．北京：中国人民大学出版社，2008.

「第四章」 社区工作者

［**概述**］我国最初提出“社区服务”的概念是20世纪80年代中期，至今以社区服务为核心的社区建设已有40多年的发展历程。在这一过程中，社区工作者的含义、素质以及所扮演的角色都在不断发展、变化。本章主要探讨现阶段我国社区工作者的含义、基本素质以及社区工作者的角色。本章内容与我国社区工作发展、实践的现状联系密切，应将社区建设实践与国际专业理论和实践结合起来理解。

［**目标**］了解社区工作者的基本概念及人员队伍构成；掌握社区工作者的基本素质要求以及社区工作者的角色及其影响因素。

第一节 社区工作者的含义

一、社区工作者的定义

在社会工作较发达的国家及地区，社区工作者一般是指受雇于志愿机构或政府部门的专业注册社会工作者，他们通常根据受雇机构的背景、要求介入社区，运用专业方法和技巧开展工作。也就是说，社区工作者是指在社区中工作的社会工作者，他们或者受雇于政府机构，或者在非营利的社会福利机构，是在社区中运用社会工作方法，组织社区居民、动员社区资源、解决社区问题、促进社区进步和发展的专业社会工作者。作为专业社会工作者的社区工作者，必须具有一定的职业资格，具备社会工作的专业价值观和理念，运用社会工作的专业方法和技巧开展工作。

由此可见，社区工作者具有以下特征。

(1) 社区工作者的服务对象主要是社区和社区居民。

(2) 社区工作者的任务是通过运用社会工作的方法来解决社区的具体问题，满足居民的多元需求，并通过这一过程带动居民对社区事务的关心，培养居民的参与精神，形成对社区的认同，从而达到增强社区的凝聚力、提升居民生活质量的目标。

(3) 社区工作者大部分受雇于社会福利机构，这些机构或者是政府主管的（公部门），或者是独立的非营利组织（私部门）。受雇于社会福利机构的社区工作者，其工作的空间主要在社区，一般有两种形式：一是在社区的服务设施中服务，即社区工作者所服务的机构在某社区设有服务设施，如社区党群服务中心、儿童活动中心、老年人日间照料中心等；二是在社区发展的项目中服务，即由机构将社区工作者组成一个项目工作组，深入社区工作，这类社区一般是有突出社会问题亟待解决的“问题社区”，或者是社区有亟待满足的需求，如社区特殊困难老年人的入户服务。

我国的社区工作起步不久，其运作机制还在探索之中，与社区工作相关的组织机构主要有乡镇人民政府、街道办事处、村（居）委会、社区党群服务中心及社会工作站。由于我国实际的社区工作是由政府通过基层政权组织加以运作的，非政府的社会组织发展不足，很少介入其中，所以实际的社区工作者更多的是指基层政权组织的管理和服务人员，包括：乡镇人民政府、街道办事处主管社区建设工作的民政干部；村（居）委会主任、主任助理、委员；社区服务中心（站）主任、主任助理及专职服务人员；社区福利机构管理及服务人员等。他们是实际的社区工作者，具有以下基本特征：第一，大部分人员在社区基层组织或机构中从业，其工作是社区事务和社区生活的重要组成部分；第二，从事的主要是社区治理及服务性或福利性工作，不以营利为目的；第三，掌握一定的专业知识和方法，这些专业知识和方法可以是结合本地经验或情况发展起来的（如民政工作），也可以是由国际通则所认定的（如社会工作）。

在我国，实际的社区工作者与专业的社区工作者并不相同，实际的社区工作者可以包括专业的社区工作者，但不是所有的实际社区工作者都是专业的社区工作者。当然，实际的社区工作者如果具备社会工作者的任职资质，就有资格成为专业社区工作者。

二、社区工作者的人员队伍构成

在发达国家及地区，社区工作者的身份很明确，就是指受雇于政府部门或社会组织的专业社会工作者。目前由于我国正处于社会工作的职业化、专业化建设阶段，专业社区社会工作还在探索之中，因此，政府对社区工作者的人员队伍构成的界定与对社区工作的认识密切相关，经历了一个发展变化的过程。1999 年民政部发布《全国社区建设实验区工作实施方案》，其中提到的“社区建设的工作队伍”包括：①职业化的工作者队伍，即居委会干部队伍；②社区志愿者队伍；③社会中介机构；④专职、兼职相结合的理论工作者队伍。2000 年发布的《民政部关于在全国推进城市社区建设的意见》提出，要建立“专业的社区工作者”队伍，从社区居委会干部中选聘。根据 2003 年发布的《中共中央组织部、民政部关于表彰全国优秀社区工作者的决定》，表彰的优秀社区工作者均为各社区的党支部书记、副书记及居委会主任、副主任。2006 年党的十六届六中全会通过的《中共中央关于构建社会主义和谐社会若干重大问题的决定》提出了建设宏大社会工作人才队伍的任务。2008 年出版的全国社会工作者职业水平考试教材中指出：“在现阶段的中国城市社区，社区社会工作人员队伍主要由三部分构成，即专职社区工作者、社会工作者和社区志愿者。社会工作者是经过社会工作专业训练，并通过社会工作职业资格考试，以社会工作的方法为社区居民提供专业服务的从业人员。社区志愿者是在不为任何物质报酬的情况下，不受私人利益的驱使、不受法律的强制，基于道义、信念、良知、同情心和责任感而从事公益事业，为改进社会提供服务、贡献个人的时间及精力的人员。”2011 年中共中央组织部、政法委、民政部等 18 部门联合发布的《关于加强社会工作专业人才队伍建设的意见》提出，努力建设一支高素质的社会工作专业人才队伍，为构建社会主义和谐社会和巩固党的执政基础提供有力的人才支撑。其中特别提出，“以基层为重配备社会工作专业人才。城乡基层特别是城市社区要注重配备和使用社会工作专业人才，提高社会服务专业水平，促进社会服务业发展。适应社会主义新农村建设要求，加大为农村特殊群体和困难群众提供服务的社会工作专业人才培养力度，在乡镇和有条件的农村社区探索吸纳和使用社会工作专业人才。创造条件引导和鼓励社会工作专业人才到农村社区开展服务”。2017 年出台的《中共中央 国务院关于加强和完善城乡社区治理的意见》明确要求，“将社区工作者队伍建设纳入国家和地方人才发展规划，地方要结合实际制定社区工作者队伍发展专项规划和社区工作者管理办法，把城乡社区党组织、基层群众性自治组织成员以及其他社区专职工作人员纳入社区工作者队伍统筹管理，建设一支素质优良的专业化社区工作者队伍”。

整体而言，社区工作者的专职化、专业化越来越受到重视。近年来在社区治理体制改革过程中，专职社区工作者是在公开招聘、统一考核的基础上，经居民委员会组织法规定的法定程序选举产生的社区居民委员会专职工作人员。从具体实践看，社区工作者由两部分组成：一是依法选举产生的社区党支部、居委会成员；二是通过统一组织的面向社会公开招考被聘用的人员。如《北京市社区工作者管理办法（试行）》明确规定，社区工作者是指在社区党组织、社区居委会和社区服务站专职从事社区管理和服务，并与街道（乡镇）签订服务协议的工作人员。

从学术界的理论研究看，一种观点认为，社区工作者有别于社区志愿者，“所谓职业化的社区工作者是指在社区中从事特定社会服务和管理的工作人员，他们包括：社区居委会成员及助理人员；社区性公共服务机构（如社区党群服务中心、卫生中心、文化站、治保会、老年公寓等）的工作人员；从事社区服务的专业社会工作者。社区志愿者队伍是搞好社区工作的重要力量，但他们有别于上述职业化的社区工作者”。另一种观点认为，社区工作者有广义和狭义的区别，广义的社区工作者指任何从事公共事务和服务的工作人员，包括专业的居委会干部、社区服务人员等，也包括社区志愿者，甚至包括民政部门、社会福利事业单位、街道有关主管部门的相关工作人员；而狭义的社区工作者仅指社区社会工作者，即针对社区进行专业化社会工作的专职人员。

由于社区志愿者的主要特征是自愿性、无偿性、公益性，他们并不从社区工作中获取赖以生存的工资收入或补贴费，不是专职的，也不要求受过严格的训练或专业的教育，因此可以认为，社区志愿者不是社区工作者人员队伍的组成部分。在现阶段，社区工作者正处于专业化、职业化的发展过程中，其人员队伍由两部分构成：专职社区工作者和社会工作者。而

“作为专业社会工作者”的社区工作者是其未来发展的趋势，到那时，社区工作者的职业身份与专业身份是统一的。

［学习活动 4-1］

了解社区志愿者

［方式］

材料分析。

［活动目的］

1. 了解社区志愿者对社区工作的贡献。
2. 区分社区志愿者与专职社区工作者的异同。

［步骤］

1. 教师给出材料。
2. 小组讨论，题目如下：

（1）社区志愿者对社区工作有哪些贡献？

（2）社区志愿者与专职社区工作者的异同有哪些？

3. 大组分享。
4. 师生归纳总结。

［时间］

40 分钟。

［材料］

见框下附。

附：学习活动 4-1 的学习材料

社区志愿服务蔚然成风　人人争当志愿者①

社区是城市的细胞，在全国文明城市创建中，不少社区充分调动辖区居民的积极性，从身边小事入手，通过志愿者的带动作用，老人、小孩甚至残疾人都参与志愿服务，形成了人人参与、人人奉献的浓厚氛围。中国

① 资料来源：万婉．中国青年志愿者网，http：//www.zgzyz.org.cn/，2017-05-24.

社区网聚焦社区志愿者，一起看看这些社区都是怎样做的。

残疾人志愿者：在奉献中坚强

在社区，有这样一群残疾朋友，他们本身是特殊群体，但他们热爱生活，乐观坚强，不断发光发热，不仅照亮了自己的生活，更温暖了身边的居民。

上海市普陀区甘泉街道有一支社区党建服务中心志愿者服务队，于2005年成立，最初由4名残疾人组成，他们开着残疾车游走在各个小区；十多年来，这支队伍的志愿者扩展到10人，坚持为居民提供修钟表、修家电、修伞、磨刀、理发、法律咨询等免费服务。

在甘泉街道为民服务活动中，年过七旬的孔玲发从不缺席，许多居民都是冲着他来的。坐在钟表修理台前，他熟练摆弄细如发丝的机件，专注得如同正在创作的艺术家。

老孔说，印象最深的是上中学的时候，因为自己腿脚不好，有两位同学每天背着他从曹家渡走到学校，为的是不让拐杖磨破他的双臂。工作时，他每天乘坐13路公交车，司机也为他开设“特殊临站”，在最近的地方放他下车。这样的恩情他铭记在心，决心用自己的特长回报社会。

小小志愿者：小身躯也有大能量

我们印象中的志愿者，有职场里的中青年，有尚未毕业的大学生，也有已经退休的老人——总之，都是成年人。但实际上，现在的一些志愿活动里也会见到少年儿童的身影，他们也像“叔叔阿姨”“爷爷奶奶”们一样，戴着小红帽和红袖章，有模有样地做起志愿服务。

福建省厦门市集美区杏滨街道锦鹤社区有一支“小红帽”志愿服务队，这支队伍是2017年3月5日成立的，注册登记的志愿者从最初的20余人发展到110余人，他们不仅有队旗，有奖惩制度，还建立了“小红帽志愿服务小屋”。

这支“小红帽”志愿服务队队员的平均年龄只有12岁，他们年龄虽小，但能量可不小。他们帮居民们搭建图书漂流站，管理社区的公共图书角、探望孤寡老人，化身小记者，将居民们的意见汇总，为居民们出谋划策解决问题……

“小红帽”志愿服务队成立两个多月来，一共发放了300多份社区文明倡议书，采访到128条社区建设意见，征集了132位居民在文明公约上签名。小小志愿者们的志愿服务，赢得了社区居民的认可和称赞。

老年志愿者：老有所为 发挥余热

在武汉百步亭社区16万居民中，志愿者比例高达30%，注册志愿者4.5万，建立横到边、纵到底的志愿服务组织，将志愿服务做进苑区、做进楼栋、做进家庭，实现社区志愿服务的全覆盖。百步亭社区的特色志愿服务队有200多支。其中，“贴心关爱服务队”由72岁的老人余洪芝在2004年牵头成立，“贴心关爱服务队”的成员大多是老年志愿者，他们虽然多数已经退休，但仍在社区坚持从事志愿服务，积极发挥余热，服务社区居民。13年来，“贴心关爱服务队”与社区居民、空巢老人、残疾人结成关爱对子，老年志愿者们关爱居民、服务居民不计其数。在余洪芝的带动下，“贴心关爱服务队”社区志愿服务活动蓬勃展开，邻里之间亲如家人。

结语：

他们，因“志”而行，不为酬劳服务居民，从点滴小事中，传递着正能量；他们，因“愿”而动，不求回报帮助他人，在平凡善行中，为社会汇聚爱的光芒。社区志愿者，让我们向他们致以崇高的敬意。

第二节 社区工作者的素质

一、社区工作者素质的含义

所谓素质，是指一个人在政治、思想、作风、道德品质和知识、技能等方面，经过长期锻炼、学习所达到的一定水平。它是人的一种较为稳定的属性，能对人的各种行为起到长期的、持续的影响甚至决定作用。对一个人来说，素质有多方面的内容和要求，如政治素质、思想素质、道德素质、心理素质以及业务专长、技能素质等。这里所说的社区工作者的素质主要是指社区工作者个体在生理素质基础上，通过长期锻炼、学习所获得的，在从事社区工作过程中对社区工作者的行为起到长期、持续性影响的内在要素的总和。

社区工作涉及的问题、服务对象、工作场域、介入模式和工作技巧等相当复杂，社区工作者在开展社区工作时可能会遇到各种各样的问题，因此，社区工作者只有具有全面的素质和能力才能够适应社区工作的要求。一般来讲，一名合格的社区工作者必须具备专业的价值观、系统的知识结构和良好的技术能力三个方面的素质。

二、社区工作者的基本素质要求

（一）专业价值观

社区工作的价值观既是社区工作实践的灵魂和方向，又是社区工作者投身于社区工作的主要动力和评判工作成效的主要标准。面对纷繁复杂的社会现象和社会问题，无论从预防和解决这些问题的实践角度，还是从学科探讨研究的角度，都离不开专业价值观的指导。从某种意义上说，社区工作价值观决定着社区工作者开展社区工作的成效。因此，社区工作的价值观是社区工作者必备的素质要求，要想成为一名合格的社区工作者就需要始终坚持社区工作的专业价值观，包括重视人的尊严和价值、追求社会公平与正义、以制度为取向、强调民主与参与、强调互助与社会责任感等。

社区工作专业价值观在行动上具体体现为：第一，社区工作者要以人为本。这要求社区工作者从社区居民的需要出发，运用专业的社区工作方法开展工作。第二，社区工作者应具有社会责任感。社区工作的宗旨和目标是帮助社区解决社会问题，使社区获得应有的福利和能力，而不是为社区工作者个人或小团体赚取金钱或私利。因此，社区工作者必须具备很强的社会责任感，应对自己在社会中所处的地位和应有的职责具有清楚的认识，以务实的方法致力于满足服务对象的需要，服务社区，奉献社会。第三，社区工作者应重视社区居民参与。居民的广泛参与是社区工作取得成效的根本保证。社区工作者应注意掌握居民参与的动机，提升居民的参与意识，将居民的被动性参与转变成主动性参与。

［学习活动 4-2］

社区工作者的价值观

［方式］

歌曲赏析。

［活动目的］

了解社区工作者的价值观。

［步骤］

1. 播放歌曲《社区工作者之歌》，给出歌词。
2. 小组讨论，题目：社区工作者的价值观是什么？
3. 大组分享。
4. 师生归纳总结。

［时间］

30 分钟。

［歌词］

《社区工作者之歌》①

风雨中为你撑起一片蓝天
冰雪中我就是那火红的炉碳
没有豪言壮语
没有惊天壮举
有的只是小草的奉献
啊
光荣的社区工作者
光荣的社区工作者
走家串户送上
党和政府的温暖

① 资料来源：张学武作词，张维善作曲，社区工作者之歌，http：//www.kuwo.cn/play_detail/49162315.

披星戴月只为
只为和谐平安
千家万户幸福团圆
那就是我们最大的心愿
黑夜中为你点亮指路的灯火
困境中我用我心把你的手儿牵
没有豪言壮语
没有惊天壮举
有的只是润物的雨点
啊
光荣的社区工作者
光荣的社区工作者
顶风冒雨自有我坚强的信念
呕心沥血只为心中无憾
华夏大地国泰民安
那就是我们最大的心愿
啊
光荣的社区工作者
光荣的社区工作者
顶风冒雨自有我坚强的信念
呕心沥血只为心中无憾
华夏大地国泰民安
那就是我们最大的心愿
那就是我们最大的心愿

（二）知识结构

知识结构是指人们通过学习所形成的文化理论程度、境界，是做好工作的能力基础。社区工作既不是技术工作，也不是行业性的工作，而是综合性很强的社会基础工作，涉及社区党建、社区建设、社区治理、社区服务、社区文化、社区教育、社区经济等。这就要求社区工作者掌握各类相关知识。

1. 专业知识

社区工作作为社会工作的主要方法之一，其理论基础和知识体系在很大程度上受社会工作学科的影响。因此，社区工作者必须很好地掌握社会工作的相关知识。这些知识涉及社会工作的发展历史、功能、哲学基础与价值体系、基础理论、工作方法等多个方面的内容。

社会工作的发展历史可以帮助社区工作者大致了解当代社会工作以及社区工作产生的社会背景和发展过程等，并可以对中国不同历史阶段的相应社会工作特性有所了解。社会工作功能的相关知识可以使社区工作者充分认识和发挥社会工作的功能作用，使之更好地为社会服务。社会工作的价值体系决定了社会工作专业与其他应用性学科的区别，因此，社区工作者还应该具备关于社会工作价值体系的相关知识，这方面的知识包括专业社会工作的价值体系、社会的福利理念、社会工作的伦理守则、价值冲突及处理原则等。在发展过程中，社会工作从相关学科中吸收了许多理论和方法，并形成了自己的基础理论，而社会工作的理论是社会工作实务的重要依据，因此，社区工作者需要掌握社会工作的相关理论。社会工作是一门实践性很强的学科，在社会工作专业体系中，社会工作方法占据着举足轻重的地位。社区工作者既应该掌握包含个案工作和小组工作的微观社会工作方法，也应该掌握包含社区工作和社会工作行政的宏观社会工作方法。

2. 相关行为科学及社会科学的知识方法

现代社会工作在专业化过程中吸收了各种现代科学成果。如果说从事个案工作和小组工作更需要掌握一些精神医学、文化人类学知识的话，那么社区工作也需要社会学、管理学、心理学等学科的知识。

（1）社会学。社区工作的对象主要是社区及社区居民，而社区是社会的细胞载体，是一个浓缩的社会，社区中各种问题的发生都是各种社会因素相互作用的结果。因此，社区工作者对社会的充分认识有助于他们对问题的认识和了解，也有助于问题的解决。

社区工作者需要掌握的社会学知识包括：一是社会学相关理论，

包括经典社会学家涂尔干、斯宾塞、韦伯等有关福利学说以及当代社会学理论对社会工作专业领域的影响。二是有关社会结构的知识。社会结构主要是指各主要社会群体在社会中的地位、关系，即不同阶层、职业群体、性别和年龄群体等在社会中的地位，主要是从静态角度来分析社会形态。社区工作关注的焦点就是社会的不平等分配结构中的弱者或困弱阶层的处境，并希望通过各种途径和方法来改变这种处境。掌握社会结构的知识有助于社区工作者了解和分析社会资源、社会利益分配的格局，也有助于解决宏观性的社会问题。三是有关社会变迁的知识。社会变迁是指一切社会现象发生变化的动态过程及其结果，是关于社会的动态的、宏观的理论。社区工作者可以借助这种理论对某一类社会问题有一个一般的认识，并使之成为解决具体问题的参照。另外，社区工作者也可以通过分析社会变迁对社区及社区居民的影响，阐述通过推动社会变迁来解决社区的具体问题。四是有关社会问题的知识。社会问题是社会学研究的重要领域之一，是指社会关系失调，影响社会大部分成员的共同生活，破坏社会正常活动，妨碍社会协调发展的社会现象。社区工作的任务目标就是要解决社区实际存在的问题，所以需要通过运用社会学的理论和方法来了解社会问题的成因、变化过程及规律，进而对社区问题作出客观、正确的认定，并设计出合乎实际的、有效的解决问题的方案。

（2）管理学。在我国，社区组织中一直存在“行政化”的倾向。随着社会主义市场经济体制的建立，政府职能有了很大的改变，一部分职能转移给市场，另一部分行政职能则采取了逐级下放的措施，这就使得街道办事处和社区居委会的行政工作日趋增加，需要通过管理来提升工作效率和效益。因此，社区工作者应当掌握社区管理理论，学习现代管理知识，提高管理水平。对社区工作者行政和管理能力的要求来自以下两方面：一是作为社区工作，本身的工作重点（如与社区内团体、组织、政府部门等建立关系，与社区居民建立关系并取得信任，推动和建立居民组织，资源的挖掘、掌握和运用，设立良好的资讯、沟通网络，建立动员系统等）要求社区工作者具有一定的行政知识和管理能力。二是伴随社会服务整合化的趋势，“以社区为本”的综合服务日益增多。这种综合服务强调要将鼓励社区居民参与的社区工作手法运用于不同的服务中，要将社区内各服务机构之间所拥有的各类资源进行更有效的调动，避免重复、浪费或遗漏等情况的出现。这种互相协调的工作模式要求社区工作者具有计划、组织、人事、财政及服务等多方面的行政协调能力和管理学的知识。

（3）心理学。2018 年国家卫健委、中央政法委等 10 部门出台了《全国社会心理服务体系建设试点工作方案》，提出依托村（社区）综治中心等场所，普遍设立心理咨询室或社会工作室，为村（社区）群众提供心理健康服务。以村（社区）为单位，心理咨询室或社会工作室建成率达 80%以上。社区工作的服务对象虽然是宏观层面的社区或社区群体，但在工作过程中主要还是与社区中的不同个体打交道，这就需要社区工作者掌握一定的心理学知识，特别是学习社区心理学的理论和知识，将心理学的已有成果应用于社区工作领域，提高社区工作的质量和成效。

（三）技能能力

（1）组织协调能力。社区工作是一种运用专业的方法对社区进行干预或互动的过程。在此过程中，社区工作者往往运用组织动员手段来协助居民认识社区的整体需要和目标，通过计划方案和专门机构的协调来整合社区成员、团体或机构，挖掘利用社区内外资源，满足社区需要、实现社区工作目标。因此，社区工作者的组织协调能力，一方面表现在社区工作者有足够的组织能力将居民动员、团结起来，鼓励居民参与社区事务，形成社区的凝聚力，通过共同参与解决社区问题，实现社区的发展目标；另一方面表现在社区工作者应当熟悉各种资源，善于将各种要素有机组合在一起，通过社区工作者的协调，使社区内外的资源更有效和公平地运用于社区。

（2）人际交往能力。由于工作性质，社区工作者在工作过程中会涉及各种各样的问题。在开展工作时，社区工作者既要与社区内外的组织机构打交道，也要与社区成员沟通、合作，可能会面对各种类型的服务对象和合作伙伴，这要求社区工作者有较强的社会交往能力。良好的人际交往能力有助于社区工作者与服务对象的有效沟通、关系维系和问题解决，同时也有助于提高社区工作团队成员的满意度、增强团队的凝聚力、提高团队的工作效率。因此，社区工作者要遵循沟通与合作的原则，运用相应的知识技巧，不断提高自己的人际交往能力。

（3）表达能力。表达是内在思维的外化，社区工作者应具备良好的表达能力。首先，社区工作者在发动群众、宣传政策、阐明观点时主要是运用口头语言将信息传递给受众，面对社区中各种类型的服务对象和群体，良好的口头表达能力必不可少。对于社区工作者而言，口头表达能力主要包括各种会议上的主持、演讲能力，对于不同群体的动员、游说能力以及面对复杂情况的答辩能力等。其次，社区工作者还需要具有较高的文字表达能力。社区工作者在工作中要经常处理各种文字材料，包括社区服务计划的制订、社区服务方案的撰写以及总结评估等，良好的文字表达能力有助于社区工作者更好地总结经验教训和处理文件、材料，保证工作效率和工作质量。

（4）社会政策分析能力。近年来，随着我国社会保障制度的完善，政策的执行已基本落实到街道和社区层面，社区成为政策实践的重要场域。以最低生活保障制度为例，目前城市困难家庭的实际经济状况的调查和审核都由社区居委会承担，还有许多新的社会政策不断出现，因此要求社区工作者掌握社会政策并具有分析能力，学习从不同的角度分析社会政策的优劣，以便更好地执行社会政策，并为社区居民争取更加合理的政策。

（5）综合服务能力。在中国，随着市场经济体制改革的开展，部分原属于企业和各级单位的服务功能回归社区，社区的职能逐渐由行政性转向服务性。社区居民迫切需要社区工作者为他们提供各类专业的社区服务，包括社区照顾、社区康复、社区矫治等。这就要求社区工作者必须具备综合服务能力，面对社区中不同需求的服务对象，能够及时、有效地提供专业服务，帮助服务对象解决问题、实现自助自立，并能够使其参与社区事务，化解社区矛盾和冲突，维护社区和谐稳定。

［学习活动 4-3］

社区工作者模拟招聘

［方式］

情景模拟：假设有若干人员应聘社区工作中的某个岗位，并通过笔试进入面试（通过人数依据参与者人数而定）。针对面试过程进行情景模拟。

［活动目的］

体会社区工作者需要具备的素质。

［步骤］

1. 阅读文献资料。

2. 引导者说明面试背景、基本流程和注意事项。

3. 分组

将参与者按一定比例分为“主考官”“出题人”“应聘者”三组。

4. 任务准备

（1）“主考官”组负责制定“面试标准”。“面试标准”满分 100 分，要求详细规定具体分值分配。制定出来后集体讨论、修改，无异议后，复印若干份，分给各位主考官，作为此次面试的执行标准。

（2）“出题人”组负责出面试题。题型主要包括知识题、能力题、案例分析题。每个题型至少出 8 道题，要求有对应答题要点。题目出好后，复印若干份，分给各位主考官。另有一份将题目和答案分开，做成纸条形，交给某位主考官，作为抽题处。

（3）“应聘者”组抓阄确定面试顺序，然后准备应对面试。

5. 面试

面试建议：

（1）几位主考官轮流主持。

（2）首先要求应聘者作自我介绍，然后考官提示应聘者到抽题处抽 3 道不同题型的题目。应聘者回答问题，时间不超过 8 分钟。面试结束后，主考官参照面试标准给应聘者打分。之后，其他应聘者依次上场。

（3）最后，主考官综合所有打分成绩，计算出平均成绩，根据所定比例，确定录取人员名单。

6. 总结（15 分钟）

主考官、出题人、应聘者、引导者分别总结。

[提示]

1. 根据参与者人数分配主考官、出题人和应聘者人数比例。
2. 引导者注意把握好各个环节的时间。

[时间]

60 分钟。

[参考资料]

框下附。

附：学习活动 4-3 的参考资料①

山东省济南市历下区 2021 年度公开招考社区工作者公告

为进一步优化社区专职工作者队伍，根据《中共济南市委济南市人民政府关于深入推进城乡社区治理的实施意见》和《济南市社区工作者管理办法（试行）》等有关规定，公开招考城市社区专职工作者，现将有关事宜公告如下：

一、招考计划

本次招考岗位为社区服务岗，人数共 133 人，分为三类情况：A 类面向社会招考 49 人，B 类面向历下区专职网格员招考 45 人，C 类面向历下区第十二届村“两委”成员招考 39 人。每位考生只能报考一个岗位。

① 资料来源：济南市历下区人民政府，http：//www.lixia.gov.cn/art/2021/1/26/art_38531_4767015.html，2021-01-26.

二、报名条件

（一）A 类报名条件

1. 拥护中国共产党的领导，遵守国家的法律、法规。

2. 志愿从事社区工作，有较强的群众观念和奉献精神，热爱社区公益事业，热心为居民群众服务。

3. 具有济南市历下区户籍。济南市辖其他区（县）的现任社区党组织书记，以及具有中级及以上社会工作师资格的中共正式党员，放宽到济南市户籍。

4. 道德品行良好、身体健康、形象气质佳。夏季衣物无遮盖处无文身（包括但不限于面部、脖颈、双肘及双膝以下部位）。

5. 年龄在 40 周岁及以下（1980 年 2 月 29 日以后出生）。

6. 报考人员应具有全日制普通高等院校大学专科及以上学历，且具备 2 年及以上工作经历或 1 年及以上社区工作经历。工作经历（社区工作经历）年限按足年足月累计，相关证明材料可为单位证明、劳动合同、社会保险缴纳记录或社区“两委”成员当选证书。高校毕业生在校期间的社会实践、实习、兼职等不作为工作经历（社区工作经历）。

7. 在职人员报考需征得所在单位书面同意。

（二）B 类报名条件

1. 拥护中国共产党的领导，遵守国家的法律、法规。

2. 志愿从事社区工作，有较强的群众观念和奉献精神，热爱社区公益事业，热心为居民群众服务。

3. 具有济南市历下区户籍。

4. 道德品行良好、身体健康、形象气质佳。夏季衣物无遮盖处无文身（包括但不限于面部、脖颈、双肘及双膝以下部位）。

5. 年龄在 40 周岁及以下（1980 年 2 月 29 日以后出生）。

6. 报考人员应具有全日制普通高等院校大学专科及以上学历。

7. 报考需征得所在街道书面同意。

（三）C 类报名条件

1. 拥护中国共产党的领导，遵守国家的法律、法规。

2. 志愿从事社区工作，有较强的群众观念和奉献精神，热爱社区公益事业，热心为居民群众服务。

3. 具有济南市历下区户籍。

4. 道德品行良好、身体健康、形象气质佳。夏季衣物无遮盖处无文身（包括但不限于面部、脖颈、双肘及双膝以下部位）。

5. 年龄在50周岁及以下（1970年2月28日以后出生）。原村“两委”主职干部每任职满一届，年龄再放宽2岁；连续任职满三届及以上，或受到市委、市政府及以上表彰奖励，本人身体健康且能承担社区工作任务的，不受年龄限制。

6. 报考人员应具有大学专科及以上学历。

（四）不得报考情形

1. 曾因犯罪受过刑事处罚和曾被开除公职的不得报考。

2. 被列入“失信执行人”的不得报考。

3. 在公务员或事业单位招考中被认定有违纪违规行为的不得报考。

4. 全日制普通高等院校在读学生不得报考，也不能用已取得的学历作为报考条件报考。

5. 历下区在职社区专职工作者、现役军人以及法律法规规定不得录用的其他情形人员不得报考。

三、报名和资格初审

报名和资格初审均在网上进行。通过济南市历下区人民政府网（http：//www. lixia. gov. cn）政务（招考信息）栏和山东华杰人力资源管理有限公司网站（http：//www. huajierenli. com）公开发布招考信息。

（一）报名时间和方式

本次报名采取统一时间、网上报名、网上初审的方式进行。

（二）报名注意事项

1. 报考人员必须使用有效期内的二代居民身份证进行报名，报名与考试时使用的身份证必须一致。

2. 报名时，报考人员须在报名网站仔细阅读本招考简章并同意《考生诚信承诺书》，按要求填写信息、提交材料。为避免网络拥堵，请报考人员尽可能提早报名，逾期不再受理。

（三）资格初审

招考工作承办单位指定专人负责网上资格初审工作，根据报考人员提交的个人信息资料，对报考人员进行资格初审。报考人员须及时查询报名资格初审结果。通过资格初审的人员，不能再报考其他岗位，报名资格尚未审查或未通过审查的人员，可以修改报名信息。

（四）打印准考证

网上资格初审通过人员于笔试开考前，自行登录报名网站下载打印《笔试准考证》。打印笔试准考证时间：2021 年 2 月 1 日 12：00 至笔试开考前。

四、考试

本次考试采取笔试和面试相结合的方式，均采用百分制计算成绩。

（一）笔试

1. 笔试采取统一命题、统一考试、统一标准、统一阅卷的方式进行，成绩采取百分制计分。

2. 笔试考试内容包括公共基础知识、社会工作专业知识等。

3. 笔试时间、地点和其他事项详见报名网站和《笔试准考证》。

（二）面试

1. 根据三类考试人员笔试成绩，分别由高分到低分依次排名。A 类和 B 类按招考计划与考试人数 1∶3 比例确定进入面试范围人选，C 类按招考计划与考试人数 1∶2 比例确定进入面试范围人选。如某一类存在达不到规定比例的情况，则相应核减该类岗位招考计划。

面试人选确定后，在济南市历下区人民政府网站政务（招考信息）栏和山东华杰人力资源管理有限公司网站上公布。面试人选须在规定时间、地点进行资格审查，逾期不进行资格审查的，视为自动放弃。

2. 面试资格审查贯穿招考工作的全过程。进入面试范围的人员，需在招考公告规定的时间内，按要求携带相关证明材料（原件及复印件）参加现场资格审查。

3. 面试人选在现场资格审查通过后，现场领取《面试通知书》，逾期不领者视为自动放弃，由此产生的空缺按照笔试成绩由高分到低分依次递补，并在济南市历下区人民政府网站政务（招考信息）栏和山东华杰人力资源管理有限公司网站公布。

4. 面试采用结构化面试方式进行，主要测评报考人员在综合分析、组织协调、应急应变、沟通表达等方面的素质能力。面试结束后，当场宣布考生面试原始成绩。

本次面试为同一岗位多个考场，为最大限度实现公平竞争，采用面试成绩“修正系数”办法，计算考生的最终面试成绩。具体计算方法说明如下：

面试修正成绩（面试最终成绩）=考生面试原始成绩×修正系数（社区服务岗位全部考生面试原始成绩平均值÷考生所在考场全部考生面试原始成绩平均值）。

5. 面试结束后，按笔试成绩占40%、面试成绩占60%的比例百分制计算考试总成绩。根据招考岗位，由高分到低分按1∶1的比例分别确定拟录用人员。出现考试总成绩并列的，按面试成绩由高分到低分依次录用，若出现面试成绩也并列的，则对成绩相同者重新组织面试，最后面试的成绩为考生的最终成绩，分数高的录用。

6. 面试时间、地点等具体事宜见面试通知书。

五、体检和考察

（一）体检

1. 体检在区级及以上综合性医院进行，体检标准和项目参照《关于修订〈公务员录用体检通用标准（试行）〉及〈公务员录用体检操作手册（试行）〉有关内容的通知》（人社部〔2016〕140号）执行，体检费用由拟录用人员承担。

2. 拟录用人员在体检中有意隐瞒影响录用的疾病或者病史的，经查实后给予不予录用的处理；拟录用人员在体检过程中有串通体检工作人员作弊或者其他作弊行为的，取消报考资格。拟录用人员不按规定的时间、地点参加体检的，视作自动放弃。对按规定需要复检的，只能进行一次复检，结果以复检结论为准。

（二）考察

按照招考简章要求和济南市城市社区专职工作者任职条件开展考察工作，重点考察拟录用人选有无违法、违纪、失信等情况，以及是否存在不得或不宜担任城市社区专职工作者的情形。

六、管理和待遇

（一）录用。经体检和考察合格的，确定为社区专职工作者录用人员，公示3个工作日。在职人员被录用的，入职前，与原单位办结解除劳动关系手续，并提交相关材料，逾期取消录用资格。

录用的社区专职工作者不纳入机构编制管理，不具有公务员或事业单位人员身份。

（二）人员递补。因录用人员主动弃权或体检、考察不合格造成的空缺，从相应类别招考人员中，按照考试总成绩由高分到低分依次等额递补。

（三）人员待遇。录用人员实行试用期制度，试用期按照国家有关规定执行，试用合格的予以留用。经城市社区“两委”选举，录用人员依法依规当选城市社区“两委”专职成员的，从当选次月起按照《历下区社区工作者管理办法（试行）》落实岗位等级对应的薪酬待遇，主要包括基本工资和绩效工资。

（四）成绩时效。本次招考考试成绩有效期为一年，在集中招考后一年内部分岗位出现用人需求的，从相应类别招考人员中，按照考试总成绩由高分到低分顺位递补相应岗位。

第三节 社区工作者的角色

根据社会学的解释，角色通常指某种地位或身份的外在表现，即与某一个特殊身份（地位）相联系的预期行为。所谓社区工作者的专业角色，是指社区工作者所处的社会位置及与之相适应的一整套行为模式。

在社区工作过程中，社区工作者扮演着重要的角色。从社区工作的发展历史来看，社区工作者的角色功能是随着社会环境的变化而发展的。就中国而言，社区工作者的角色也是不断发展、变化的。

一、实际社区工作者的角色

《中华人民共和国城市居民委员会组织法》第三条赋予了居委会六大任务，主要包括：（一）宣传宪法、法律、法规和国家的政策，维护居民的合法权益，教育居民履行依法应尽的义务，爱护公共财产，开展多种形式的社会主义精神文明建设活动；（二）办理本居住地区居民的公共事务和公益事业；（三）调解民间纠纷；（四）协助维护社会治安；（五）协助人民政府或者它的派出机关做好与居民利益有关的公共卫生、计划生育、优抚救济、青少年教育等项工作；（六）向人民政府或者它的派出机关反映居民的意见、要求和提出建议。

作为传统的社区工作者，即基层政权组织的管理和服务人员，要履行法律规定的上述职责和任务，由此决定了他们在社区工作中扮演的角色主要是：(1) 教育者的角色，教育居民要遵纪守法，履行应尽的义务，爱护公共财产，开展多种形式的社会主义精神文明建设活动；(2) 管理者的角色，负责管理本社区的公共事务、公益事业、处理民间纠纷、维护社会治安；(3) 服务者的角色，协助人民政府或者它的派出机关做好与居民利益有关的公共卫生、计划生育、优抚救济、青少年教育等项工作；(4) 倡导者的角色，向人民政府或者它的派出机关反映居民的意见、要求和提出建议。传统社区工作者通过自己的工作，实现了居委会自我管理、自我教育、自我服务的基层组织功能，受到社区居民的拥护。但是用社区工作专业的眼光来看，传统社区工作者的角色在挖掘社区居民内在潜力、激发居民参与社区事务的积极性方面还明显不足。

二、专业社区工作者的角色

与传统的治理社区的居委会工作人员不同，专业的社区工作者是在社区工作的理论和原则指导下，运用一定的专业技巧和方法，与社区居民一起，相互合作、共同努力实现预期目标的。

在社区工作中，专业的社区工作者与实际的社区工作者所扮演的角色不尽相同。即使是相同的角色类型，其角色特征也有所不同。具体论述如下。

（一）使能者

使能者的角色主要表现在地区发展模式中，社区工作者发挥作用的方式是促进社区居民认识自己的问题与需要，动员社区居民团结一致，通过有组织的方法，运用其本身的能力和资源来有效地解决问题。在使能者的角色中，社区居民的努力是推动社区问题改善的关键，而社区工作者的责任是帮助社区居民实现社区问题的解决和社区环境的改变，其工作的最终目的是帮助社区居民获得更大的对生活空间的掌控能力和信心，以及促进环境资源和机会的运用。社区工作者的使能者角色是社会工作“助人自助”理念的最好体现。

在使能者的角色下，社区工作者帮助居民的方式有以下几种：一是鼓励居民表达自己的利益诉求，并提供机会使他们的感受可以被社区组织或相关部门认识。二是促进居民交流和沟通，尤其是当社区居民有共同的问题或麻烦时，通过交流和沟通可以帮助他们走向团结一致并尝试组织起来共同解决问题。社区工作者在组织居民的过程中，要充分表达对居民的信任，相信并鼓励他们能够通过自己的努力达到目标，并向居民承诺愿意与他们一起工作，共同面对和解决问题；要帮助社区居民建立良好的人际关系，使他们能够进行合乎逻辑的讨论并作出理性的决策；还要通过寻找共同目标，帮助社区居民把握工作的共同基础并促进他们合作意识的提升。

（二）教育者

教育者的角色是指社区工作者提供相关机会、各种培训及进行能力建设，使社区居民，特别是社区骨干掌握特定的社会技能和领导能力，从而更有效地发挥社区主人的功能。在社区工作中，通过社区工作者的教育者角色可以传授给社区居民一些解决问题的办法和技能，例如整合资源、谈判、游说等；可以促进社区居民的行为改变和意识提升，如教育社区居民认识到个人所面对的问题可能也是其他人面对的，居民所遭遇的问题不完全是个人原因造成的，而是社会结构转型和社会制度不公平带来的，通过改变社会政策可以改变个人的境遇；可以预防问题的形成和发展，例如通过反对家庭暴力、艾滋病知识宣传、妇女健康知识讲座、环境保护宣传等，增进社区居民对社区问题的关注，鼓励他们参与问题的讨论，提高社区居民环保与促进公共健康等的社会意识，达到抑制社会问题产生和发展的目的。

（三）服务提供者

服务提供者的角色主要表现在社会策划模式中。一般而言，在社区工作的社区工作者是以“机构人”身份进入社区的，即是通过其所服务的机构来满足社区的需求、维护社区的利益。社区工作者作为社会福利机构的工作者，承担服务的调查及需求评估者、规划者、实施者、监督者、协调者、居民反馈意见收集者等角色。其工作内容主要包括：一是要评估社区及社区居民的需求及其所拥有的资源，以便能够通过规划来确定服务的优先次序，选择出需优先服务的项目，满足社区居民的需求；二是通过对社区需求和资源的评估与分析，有针对性地设计服务计划和方案，并组织具体实施；三是监控和评估服务计划的执行情况，通过监督、反馈意见的收集，促进服务项目的实施与改进。通常情况下，社区工作者可以提供的服务计划有老年人服务计划、残疾人康复计划、单亲家庭支持计划、遭受家暴妇女服务计划等。

（四）中介者

社区工作者的中介者角色主要是充当社区内各个群体、组织内部、组织之间以及社区之间各种信息沟通和矛盾、隔阂化解的媒介，同时也充当社区居民与其所需资源之间的主要联系人。社区工作者可以为社区居民提供相关的福利服务，或寻求外界的帮助来支持社区团体及社区居民，尤其是当社区居民需要服务但又不符合一些政策要求的资格，同时又缺乏资源支持时，社区工作者的中介者角色是非常重要的。例如，为了化解各种矛盾，社区工作者要进行广泛的信息研究、社会政策研究；为了解决一些社区居民面临的问题，社区工作者要设法获得各种社会支持网络的帮助。如一个反对家庭暴力的社区工作者应懂得与警察、律师打交道，并协助警察与受害人建立良好的联系；对于一些缺乏资源支持的群体，社区工作者应努力发掘这些居民可运用的资源或寻求社会政策的特别支持。

（五）倡导者

在社区中，社区工作者所扮演的中介者角色往往不能满足社区居民的需求，尤其是在利益问题上。因此，需要社区工作者代表社区居民，运用专业知识和技术维护社区居民的利益，向政府或权威机构倡导一种符合社会整体利益的新理念，维护社区居民，特别是社区困难群体的利益。在这种倡导者角色的扮演过程中，社区工作者一般会直接代表社区中的困难群体或利益受损群体，实现对其利益的保护。例如，通过与社区内有关部门打交道，改变他们不关注困难群体的问题、不愿意提供服务的现状等。倡导者角色还包括影响社会政策制定或改变的活动，一方面发现社会政策的不合理之处，提出改善和修订的意见；另一方面通过具体的服务活动了解社会政策没有涉及的问题领域，推进新的社会政策出台。

由于介入的层次影响了介入的方法和技巧（从个人的到制度的），所以倡导的可能性的范围是层次和模式变量的结合。范围的不同方面如下所述。

（1）自我倡导：一个希望组建服务对象群体的社区工作者必须说服机构负责人相信这个项目是有价值的。

（2）个人倡导：社区工作者帮助服务对象设法争取被拖欠的儿童抚养费。

（3）群体倡导：社区工作者代表服务对象在有关实施家庭保健援助的听证会上发言。

（4）社区倡导：社区工作者帮助社区居民让地方公安部门引入一种新的社区治安服务计划。

（5）政治或政策倡导：社区工作者在听证会上作为居民服务改革研究小组成员提出有利于社区居民的意见和建议。

（6）倡导系统变化（制度倡导）：社区工作者说服学校系统动用相关资源，使学生辍学率得以降低。

除了上述角色，社区工作者在社区工作中还可能扮演组织者、社会活动家、促进者、研究者、专家、导师等角色。

［学习活动 4–4］

社区工作者的角色

［方式］

案例分析。

［活动目的］

了解社区工作者扮演的角色。

［步骤］

1. 教师给出材料。

2. 小组讨论：案例中社区工作者扮演了哪些角色？

3. 大组分享。

4. 师生总结。

［时间］

40 分钟。

［案例］

某村地处西部山区，以传统的农业收入为主，但是人均耕地很少，多数男劳动力外出打工，剩下老年人、妇女和儿童留守。每到农闲时节，村民们没有农活可干，大多在院子里打牌，空余很多劳动力。

社区工作者在了解情况后，与村民共同解决问题。社区工作者通过调查、召开村民会议的方法，了解到该村面临的最急需解决的问题就是生计问题。而经济收入偏低，又带来了其他一系列社会问题，如年轻男性找不到对象、儿童教育受影响等。社区工作者通过联系当地乡镇干部与农业专家，评估与论证后认为当地具备养羊的条件，然后召集村民开会，向村民宣传发展副业的好处，把养羊项目介绍给村民，并先扶持几户思想开放的村民养羊，等他们收入提高了以后，其他村民见到了实在的效益，主动加入养羊行业。为了更好地促成这个项目的开展，社区工作者还寻找相关资源对村民提供技术指导和培训，并协助该村成立了养羊项目小组，召集大家相互协作、共同发展项目。最终，通过该项目的带动，村民的养殖技能得到提高，该村经济状况有所好转，生活得到改善。

三、影响社区工作者角色扮演的因素

在社区工作中，社区工作者扮演的角色是多元化的，既包括中立性角色，也包括倡导性角色。在具体的社区工作实务中，社区工作者角色的扮演是一个复杂的过程，这不仅是因为社会环境的错综复杂，也是因为人们所持有的价值观很不相同。因此，不会有唯一正确的行动目标和方案可以让社区工作者遵从，社区工作者在扮演角色时经常要认真考虑那些可能影响选择角色的一些因素。

（一）社区工作者的价值体系和目标

社区工作者作为社会中的个体，有自己的个人价值体系。我们不得不承认，受遗传和社会环境影响，每个社区工作者所具有的个人价值体系都是独特的。所以，社区工作者在扮演工作角色时也不可避免地受到个人价值体系的影响。那些思想相对保守，认为通过地方社区骨干和公民参与等渐进或微小改革的途径来改善社会问题的工作者，会比较倾向于扮演助人者和使能者的角色。而那些思想激进、认为要大刀阔斧地改革现行制度、计划和政策的社区工作者，会倾向于扮演激进的角色，如倡导者和组织者。而在社区工作过程中，不同类型的工作者对社区问题有不同的理解，社区工作者的目标也会对其所扮演的角色产生明显的影响。这里并不是指角色选择过程有问题，而是指确定目标方向的方式可能存在问题，所以社区工作者可以提出建议，进行倡导和促进工作。最为重要的是，最后的决定应留给社区居民及其团体。

（二）社区工作的介入模式

美国著名的社区工作学者杰克·罗斯曼（Jack Rothman）提出社区社会工作的模型包括：地区发展模式、社会策划模式等。不同模型的工作目标、工作原则与工作方法有很大的差异。罗斯曼认为，社区工作者的角色与社区工作实践的方式有密切关系，在不同的介入模式中，社区工作者的角色也不同。例如，在地区发展模式中，社区工作者的角色倾向于是使能者、教育者和协调者。使能者的角色，协助居民表达对社区问题的不满，鼓励及协助居民组织起来，以及催化和促成共同目标的形成；教育者的角色，协助训练居民解决问题的技巧，培养居民积极参与和自助互助的精神；协调者的角色，协调各方面的团体及个人，促进他们之间的沟通和合作。在社会策划模式中，社区工作者的角色是专家、政治家。专家的角色包括社区诊断、研究、资讯提供、组织运作、评估等；政治家的角色在实际工作中需要主动推销建议、动员和游说，以取得各方支持、协调各方利益。可见，在受特定主题和方法控制的社区工作介入模式里，社区工作者会被指定扮演能够配合这种模式的重要角色。

（三）工作阶段

社区工作是一种过程性或阶段性工作，其工作过程一般包括社区分析阶段、计划制订阶段、计划实施阶段和评估阶段。在社区工作过程的不同阶段，社区工作者所要扮演的角色可能会有所不同。社区工作者的角色可能会根据介入社区的不同时期而变化，或者根据特殊的情况和事件作出调整。例如，在针对某社区妇女开展的健康教育活动中，活动初期妇女群体出于缺乏信心、保护隐私等原因并不愿意进行集体介入，这时的社区工作者应积极建立联系和提供建议，扮演服务提供者角色，并在讨论政策和策略的会议中保持一个非指导性的角色，以避免让社区居民过分依赖社区工作者。而在具体实施工作阶段，社区工作者应以他所理解的人们的需求为基础，扮演中介者，为健康出现问题的妇女争取医疗资源，并扮演使能者角色，帮助社区妇女找出健康隐患及解决方法。

（四）服务对象的类型

社区工作的服务对象包括社区也包括社区中的不同群体和社区居民，社区工作者所扮演的角色也受到服务对象的影响。如以社区居民为服务对象时，社区工作者采取直接或间接的干预方式，形成许多不同的角色功能，像鼓励者、引导者、促成者或专家。而以某些社区团体或正式组织为服务对象时，社区工作者常以催化者、倡导者或谈判者的角色出现。

（五）所在机构和资助人

社区工作者都是“机构人”，所在机构的性质、宗旨也会影响社区工作者的角色扮演。一般来讲，社会福利机构的经费主要来自政府和捐款人，这些赞助人通常也会对社区工作实践的角色产生重要影响。由于赞助人作为社会福利机构的董事会成员，担当着决策服务方案的角色，所以社区工作者介入什么样的社区、何种情况的社区被界定为问题社区、如何解决这些问题以及采取什么实践角色，都会受到赞助人指令和期望的影响。一般而言，那些依靠政府资助的计划争议会比较少，但政府通常要求采取循序渐进的方针和运用共识策略；如果赞助人就是受助人自己，或者是受助人自己花钱来雇用机构的社区工作者帮助他们自己的话，社区工作者通常有较大的自由去咨询社区居民并以保障他们的利益为目标。

拓展阅读

980 名“全能选手”上岗
都江堰探索推行社区工作者“全岗通”机制①

12 月，正值都江堰市冬季旅游旺季，银杏街道壹街社区居民伍明想在勤俭路开一家面馆。近日，伍明到社区办理健康体检需要的介绍信时，负责食品安全的社区干部申国祥正好外出办事，负责民政的居委会委员张丹为他办好了。“本来以为办不了，结果社区的干部都可以办。”

“一专多能、一人在岗、事项通办。”近年来，针对群众办事难、多趟跑等社区治理痛点、堵点问题，都江堰市打破社区传统岗位职责限制，探索推行社区工作者“全岗通”工作机制，推动社区干部“一专多能、全岗都通”，目前，980 人取得“全岗通”证书，成为“全能选手”。

怎样上岗：“全科医生”要有“上岗证”

“来领证书喽，你们以后都是‘全科医生’了。”壹街社区党委书记王利手里拿着一摞“全岗通”证书，挨个送到社区干部手里。“‘全岗通’不是嘴上说行，需要经过严格的等级考试。”都江堰市委组织部相关负责人介绍，该市常态化开展“全岗通”综合业务培训，统一编制“全岗通”等级考试题库，实行考试评级。目前，全市 1280 名社区工作者全部参加考试，其中 980 人取得证书。对未取得证书的社区工作者，实行轮岗锻炼，通过日常实践提升其业务水平。“每位社区书记必须持证上岗，新履职社区‘两委’干部应在一年内持证。”

取得证书也不意味着“一劳永逸”。该市通过对社区干部进行综合测

---

① 资料来源：赵武，陈昊．摄影 吴聃．四川在线，http：//scdfz. sc. gov. cn/gzdt/zyhy/content_81363，2021-12-29.

试、履职情况分析，每两年对证书年检一次，对年检不合格者，取消“全岗通”资格，并退出相应岗位。同时，该市建立激励机制，对考核优秀的社区干部给予绩效奖励。

该负责人说，“‘全岗通’就是让社区干部具备全方位服务群众的能力，同时让办事群众‘一次’就能解决全部问题”。该市对党务工作、社会事务、综合治理等5大类28大项128小项常用服务事项梳理细化，将之纳入“全岗通”服务范畴。同时，编制《社区工作者“全岗通”指导手册》和《居民“百事通”办事手册》，使之成为社区干部提升政策业务水平的“指南针”和群众办事的“百科全书”。

如何推进：服务送到居民“家门口”

“儿子户口在外地，不知道在都江堰上幼儿园有什么政策，想不到在楼下就问到了。”8月，银杏街道王家桥社区租住户王青俊来到楼下的党群服务点，小区党支部书记董泽文问明其来意后，当场就联系了附近的中信幼儿园。

“原来的王家桥社区有很多老的村组，有些基层党组织的组织力较弱。”银杏街道王家桥社区党委书记张颖表示，推行“全岗通”后，社区干部下沉抓组织建设、区域共建等基层治理事务更细更实，小区（院落）治理有了很大改观。“我们鼓励取得‘全岗通’证书的社区工作者、居民小组长等担任小区（院落）党支部书记，目前全市已建立小区（院落）党支部395个。”市委组织部相关负责人说，该市还在街区商家等处设立380个便民服务受理点，社区干部驻点现场办理社保验证、代办老年优待证和生育服务证等。

通过整合镇街、社区、小区（院落）三级服务站点资源，都江堰市优化调整乡镇街便民服务中心，结合实际开通“全岗通”综合窗口，在社区便民服务代办站设置“一站式”受理岗或综合服务窗口，在小区（院落）和公共服务场所设置“家门口”的居民服务受理点，为群众提供办理、代办、咨询等业务。“深化推行‘全岗通’，实现了从镇街、社区到小区（院落）的‘三站通’服务延伸，为群众提供‘全天候、全方位、全过程’的便捷高效服务，实现变‘群众跑’为‘干部跑’。”

带来什么：社区干部走访“更安心”

“一名社区干部可以干几个人的事，其他干部就有更多时间和精力下沉走访群众、巡查社区。”都江堰市幸福街道岷江路社区党委书记欧显龙说。岷江路社区位于都江堰市的主要商圈，常年流动人口就有2万人，推行“全岗通”后，大部分社区“两委”成员可以下沉，大大缓解了“人手问题”。

在都江堰市灌县古城核心区——南桥社区，旅游旺季每天接待游客超10万人次。为了加强服务，南桥社区建立了“游客呼叫—商家响应—街长前端协调处置”的快速反应服务机制。今年国庆长假，一位外省游客的5岁女儿走丢了，社区商家第一时间了解情况后，通过社区和商家的快速联动，不到15分钟就找到了小孩。

都江堰市依托“全岗通”优势，建立了“社区发现问题、镇街研究呼叫、部门积极回应”的社区事务直通快办机制，社区服务岗位只需1~2名工作人员留守值班，其他社区干部就可以下沉小区（院落），深入了解群众需求。“这样一来，社区干部对居民诉求把握更准确，服务群众也更细致周到，基层党组织在党员群众中的组织力、凝聚力、号召力也明显提升，从而激发了基层治理活力，助力基层治理升级。”

小　结

本章从社会工作专业发展的角度，结合我国社区工作的具体实践，介绍了社区工作者的定义及人员队伍构成；社区工作者应具备的专业价值观、系统的知识结构和良好的技术能力等基本素质要求；专业社区工作者主要扮演使能者、教育者、服务提供者、中介者、倡导者等角色；社区工作者的价值体系和目标、社区工作的介入模式、社区工作的工作阶段、服务对象的类型以及所在机构和资助人等因素会影响专业社区工作者的角色扮演。

[关键概念]

社区工作者　社区工作者的素质　社区工作者的角色

[讨论练习题]

1. 志愿者是不是社区工作者？

2. 社区工作者的技能有哪些？

3. 结合我国社区工作实际，谈谈社区工作者的基本素质。

4. 专业社区工作者在社区工作中扮演了哪些角色？受哪些因素影响？

[进一步阅读文献]

周沛，易艳阳．社区社会工作（第二版）[M]．北京：社会科学文献出版社，2019.

韩秀记．社区社会工作案例评析[M]．北京：中国社会出版社，2017.

邹学银．社区社会工作服务指南解读[M]．北京：团结出版社，2017.

张和清，杨锡聪．社区为本的社会工作实践：理论、实务与绿耕经验[M]．北京：社会科学文献出版社，2017.

张永理．社区治理[M]．北京：北京大学出版社，2014.

「第五章」 社区工作的基础理论

[**概述**] 本章主要从社区工作的基础理论和基本理论视角两个层面论述社区工作的理论体系，其中基础理论主要论述功能学派理论、社会冲突理论、社会交换理论、社会资本理论以及需要理论；基本理论视角简要论述生态系统理论、社会支持理论、发展性社会工作理论、女性主义视角、优势视角和赋权理论等。

[**目标**] 了解社区工作的理论分类；掌握社区工作的基础理论和基本理论视角。

理论是由一系列逻辑上相互关联的概念和判断组成的知识体系，这些知识体系能够揭示出事物和现象的本质和发展规律，是对经验知识的抽象概括。特纳（Turner）认为，理论是对事实建构一系列的命题，即提供一个事实的模式，其目的是帮助人们认识那是什么和如何达成。理论是人类社会思维和行动的有用、有效的工具，它能够指导人类了解和认识事物和现象的存在、变化和发展以及总结人类活动的一般规律，能够帮助人们解决认识论中的问题，并能够指引和规范人们的行为。

社会工作的理论是关于人与社会现象的存在、发展和变化规律以及关于如何介入人与社会现象中的问题的一系列知识体系的总称。特纳指出，社会工作理论的主要目标是帮助了解人在情境中的复杂性的事实。美国社会工作者大卫·豪（D. Howe）将社会工作的理论分为“为社会工作的理论”和“社会工作的理论”两部分，前者是对人与社会本质、人的行为与社会运行机制的解释，后者是关于社会工作实践本身的性质、目的、过程、方法和原则的说明。社会工作的理论不仅让人们知道人类行为和社会环境是什么和为什么，更为重要的是让人们知道做什么、为什么这么做和如何做。按照埃文斯（Evans）的观点，可以将社区工作的理论分为“实践理论”和“实务理论”。“实践理论”可理解为对社会工作宏观环境的分析，是引导社会工作者介入工作的最高层次的认识工具；“实务理论”是社会工作一些具体的介入模式，是较狭义的工作手法、技巧以及有关的原则、规范等。本书认为，涉及社区工作理论时需要讨论社区工作的基础理论、实务理论以及相关理论视角。基础理论是关于社区分析以及社区工作发展规律的知识体系；实务理论是关于社区工作的基本原则、模式以及方法与技巧的知识体系，主要涉及罗夫曼的三大模式；相关理论视角是关于社区工作具体介入策略的知识体系。本章将主要介绍社区工作的基础理论和社区工作的理论视角，社区工作的实务理论将在后面章节详细论述，此处不作论述。

第一节　社区工作的基础理论

社区工作的基础理论主要指来自社会学、经济学、政治学、管理学、心理学、人类学和教育学等学科中与社区工作相关的社会科学理论。通过这些理论可以帮助社区工作者认识和理解其工作环境（如社会结构、政治经济制度、文化传统）、工作对象（如居民的行为方式、社区组织的功能特征），选择适当的工作策略（如采取冲突方法、协调方法或合作方法）。

一、功能学派理论

功能学派是从社会学产生以来就一直存在的、历史最悠久的理论流派之一。这一流派的创始人是斯宾塞，其后发展成为结构功能主义理论，20世纪40—60年代达到高峰，主要代表人物有帕森斯（Talcott Parsons）和默顿（Merton）。功能学派考察了社会组织和社会群体在日常生活中是如何分工合作的，并对为什么有着特殊个人需求和利益的个体会相互合作这一问题作出了解释。这个学派认为，社会是一个具有自我适应力的活的有机体，社会组织的每一部分都具有一定的合乎目的性的功能，执行一定目的性的各个部分构成社会结构。

在功能理论的发展上，社会学家塔尔科特·帕森斯是关键的人物。帕森斯提倡的结构功能主义，在很长时间内主导着美国社会学的发展。

他将社会看作一个由各个部门相互连接而形成的巨大网络，而每个部门都参与协助并维持整个体系的工作。在他看来，社会系统乃至整个行动系统都面临着一些大致相同的基本功能要求，满足这些要求是系统生存的先决条件。

在功能学派看来，社会问题产生的根源在于个人与社会之间出现分歧，无法达成共识，各部分不能充分发挥其功能，从而造成变异的心态和出轨的行为，最终形成社会问题。要解决社会问题，使社会系统恢复稳定和平衡，就必须从组成系统的个人、组织或者部分入手，诊断各组成部分功能无法发挥的原因，然后对症下药，加以治理，使社会系统的内部运行机制重新焕发活力。

美国社区理论大师华伦（Warren）最早、最系统地运用结构功能理论来定义和分析社区。华伦认为，地理社区就是结构化地组织在一起为它的成员提供一些功能。哈里森（Harrison）也认为，结构和功能在一个社会系统里不可或缺地编织在一起，正是有诸如学校、教堂、政治单位，才有所谓的教育、领导和倡导等功能的发挥。所以，社区分析和研究主要应该是分析社区的结构体系，以及它们各自发挥的功能能否满足社区的需要。可以认为，当今主流的社区规划、社区改良和社区服务等社区工作大多是基于结构功能主义的观点。另外，功能学派理论在开展社区问题分析和需求分析时也具有重要作用。

[学习活动 5-1]

文献阅读——功能学派理论在社区工作中的应用

> **[方式]**
>
> 文献阅读。
>
> **[活动目的]**
>
> 了解功能学派理论在社区工作中的应用。
>
> **[步骤]**
>
> 1. 查阅并阅读相关文献。
> 2. 小组讨论，题目：功能学派理论如何应用于社区工作中？

3. 大组分享。

4. 师生归纳总结。

[时间]

30分钟。

[文献链接]

唐洁，康璇，陈睿，顾纬洲．综合型养老社区功能空间模式及指标体系研究［J］．城市规划学刊，2015（2）．

郑广永．论城市社区文化的功能及限度［J］．北京联合大学学报（人文社会科学版），2018（1）．

二、社会冲突理论

一般情况下，社会成员追求社会秩序的稳定与和谐，而不愿意看到社会冲突或对立。然而，失调和冲突也是人类社会生活不可避免的方面。社会冲突理论是社区工作者的重要理论工具之一，社区工作者可以从中发现社会改革和社会变迁的依据。

社会冲突理论形成于20世纪50年代中后期的美国社会学界，是继结构功能主义学派之后有重大影响的社会学流派之一，主要代表人物有：美国的L. A. 科瑟尔、L. 柯林斯，德国的R. 达伦多夫，英国的J. 赖克斯等。社会冲突理论认为，由于所处的社会地位和经济利益不同，人们对同一问题会有完全不同的价值评判标准和不同的立场、态度等，因而在采取某种措施改变某一社会现象时，常会引起群体间的冲突；冲突是社会结构的固有成分，旧的冲突解决了，还会在特定条件下产生新的冲突；由于冲突的持续存在，社会变迁是普遍的和经常的，换言之，社会冲突是社会变迁的强大推动力；解决社会冲突和社会问题的关键在于制度和社会政策，而不是个人。该理论主张以三种方法来解决社会问题中存在的利益与价值分裂的情况，这三种方法是：交涉、达成协议和使用权力。交涉即对立双方就发生冲突的问题进行接触和磋商；达成协议即对立双方各自进行一些让步和妥协，并作出双方均可接受的决定；使用权力即拥有权力较多的一方运用权力掌握解决问题的控制权，使问题的解决有利于自己一方。

社会冲突理论对社区工作者开展社区工作和进行社区冲突分析具有重

要的指导意义。社区作为一个社会单位，可能存在着多种文化系统和不同的利益群体，他们拥有不同的社会地位，占有不同的资源和权力，其文化观念、生活信念都有可能不同。这些群体之间可能存在各种各样的利益冲突和矛盾。作为社区工作者，在开展社区工作的时候应该正确看待社会冲突。在一定条件下，冲突具有保证社会连续性、减少对立两极产生的可能性、防止社会系统僵化、增强社会组织的适应性和促进社区整合等正功能。

卜长莉认为，当前中国城市社区矛盾冲突具有一些新特点：社区冲突的类型增多，但物质利益冲突仍占主导地位；社区冲突的主体具有矛盾重叠性特征；社区冲突产生的根源呈现多元化和复杂性的特点；社区冲突的解决方式不再是单一的行政调解，而是呈现许多新的表现形式①。

［学习活动 5-2］

案例阅读并讨论

［活动目的］

学习运用社会冲突理论分析当前中国社区发展问题。

［步骤］

1. 阅读材料。

2. 分组讨论，题目如下：

（1）对材料中出现的冲突进行简单描述。

（2）运用社会冲突理论分析材料中冲突的正功能和负功能。

（3）针对社会冲突，社区工作者应该如何认识和引导？

3. 大组分享。

4. 师生共同总结。

［时间］

30 分钟。

［提示］

1. 根据需要和条件，也可选用其他地区或领域的相关案例。

2. 可以在阅读材料之前将需要讨论的问题告诉学生。

① 卜长莉．当前中国城市社区矛盾冲突的新特点［J］．河北学刊，2009（1）．

附：学习活动 5-2 的案例资料

居民养狗引纠纷　社区调解促和谐[①]

为扎实推进基层警务基础建设，践行“枫桥经验”，贴近群众，让人民调解工作走进群众家中，阿左旗额鲁特路派出所紫苑华亭社区民警成功化解一起因养狗引发的矛盾纠纷。

2020 年 7 月 23 日，公园天下物业公司向社区民警反映，称该小区居民李某（残疾人），在自家车库饲养一条大狗多年，此狗虽不咬人，但有往人身上爬的习惯，给小区居民造成很多麻烦和恐慌。对此，小区业主反映强烈，物业多次与李某交谈无果，遂向民警寻求帮助。

得知情况后，紫苑华亭社区民警马静联合社区工作人员，一同赶到李某家中了解情况。经了解，李某是一名行走不便的残疾人，和他养的狗相依为命多年。并且李某在接到物业提醒后就加强管理自己的狗，尽量在人少的时间段遛狗，但是仍有很多矛盾。民警耐心地与李某交谈，表示非常理解李某，并请李某在小区微信群中发出自己养狗的具体情况的声明，告知其他居民狗的习性及注意事项。居民在了解具体情况后减少了不必要的恐慌，加强了相互之间的联系。至此，养狗纠纷得到有效的化解。

这些看似平凡的民生“小”事，对于群众来说却是很重要的“大”事。额鲁特路派出所在坚持和发展新时代“枫桥经验”工作中，不断夯实服务群众工作基础，提高社会治理能力，从民生实际出发，为群众做好事、办实事，争创人民满意的“枫桥式公安派出所”。

三、社会交换理论

社会交换理论作为现代西方社会学、社会心理学理论流派之一，产生于 20 世纪 50 年代末期的美国，主要代表人物有美国社会学家 G. 霍曼斯（George Homans）、P. M. 布劳（Peter M. Blau）和凡埃默森（Richard Emerson）。社会交换理论最初是针对结构功能主义提出的，是对美国心理学

① 资料来源：阿左旗公安，https：//m. thepaper. cn/baijiahao_ 8441069，2020-07-24.

家B. P. 斯金纳（B. P. Skinner）的行为主义心理学、功能主义的文化人类学和功利主义的经济学的全面综合。社会交换理论认为，人际关系本质上就是交换关系。社会互动是一种双方交换的行为，在交换过程中双方都考虑各自的利益，企图根据他们在某些方面的利益来选择相互作用，当互动双方都达不到自我的目的时，社会互动就会趋向停止。

社会交换理论的基本研究范畴和概念包括有价值资源（行动者所需要的资源）、交换（有价值资源的给予和获得）、成本（一个行动者给予另一个行动者的有价值资源，或作为某个行动后果而付出的代价）、报酬（一个行动者从另一个行动者那里得到的有价值资源，或作为某个行动后果而获得的奖励）、成果（获得的报酬价值减去付出的成本价值）、盈利（获得的报酬价值超过成本价值）、平等（报酬与成本之间收支平衡）、不平等（报酬与成本之间收支不平衡）等。社会学家霍曼斯是交换理论的创始人，他提出了一组普遍性命题，如成功命题、刺激命题、价值命题、剥夺与满足命题、攻击与赞同命题，他认为任何人际关系本质上都是交换关系。只有这种人与人之间精神和物质的交换过程达到互惠平衡时，人际关系才能和谐，而且只有在互惠平衡的条件下，人际关系才能维持。霍曼斯指出，趋利避害是人类行为的基本原则，由于每个人都想在交换中获取最大利益，结果使交换行为本身变成一种对等的得与失。后来，布劳区分了经济交换与社会交换、内在奖赏和外在奖赏的差别，用对等性原则解释部分社会交换，用不对等性解释另外一些社会交换。布劳还引入了权力、权威、规范和不平等的概念，认为不对等交换产生了社会的权力差异与分层现象。布劳的理论方法解释了交换过程中个体微观层次、群体层次以及制度与社会宏观层次的差异，使交换理论能在更大的范围内解释社会现象。

社会交换理论是社区工作的重要理论知识基础之一。社区本身作为一种社会交换场所，由不同的利益群体组成，并形成不同的组织结构，来交换各自需要的种种有形的和无形的资源或产品，如社区服务、货币、信息、观念、政治影响、良好愿望、顺从行为等。由于社会关系通常建立在关注报酬或获得的最大化和成本或惩罚的最小化的原则基础上，社区工作者需要掌握讲价、谈判、鼓动、联系、营销等技巧。社会交换理论认为，参与交换各方愿意选择那些收益比率大于成本的交易。然而与经济交换相比较，社会交换的成果并不容易精确计算。如某基金会收到的捐献者捐款虽然是容易计算的，但其反馈产品或替代性产品（社会地位、社区改善、贫困救助）却是不容易衡量的。需要资源的一方（如某社区组织）可以通过各种“权力平衡”策略来争取更有利的交换，这些权力平稳策略包括：竞争（通过开辟更多的资源，减少某集团的权力垄断）、重新评估（随着资源价值或意识形态的变化，双方重新调整相互依附关系）、互惠（寻求或取得对方所希望得到的资源，将单向依附关系发展为相互依附关系）、联合（联合其他利益共同体，减少依附性，以取得更有利的交换地位）、强压（施加合法压力，如示威、集会、罢工、媒介“攻势”）等。当然，在一个民主和公正原则指导的社会中可以产生和发展一种积极的交换关系，大多数人按照互惠原则进行交换，并不谋求特殊的利益或优势。因此，进行社会改革，建立公正的权力关系和交换原则，是社会工作者和社会各界人士的共同目标。

[学习活动 5-3]

文献阅读与讨论

[方式]

文献阅读。

[活动目的]

了解社会交换理论在社区工作中的应用。

[步骤]

1. 阅读文献。
2. 小组讨论，题目：社会交换理论如何应用于社区工作中？
3. 大组分享。
4. 师生归纳总结。

[时间]

30 分钟。

附：学习活动 5-3 的文献资料

北京将推养老服务“时间银行”①

在今年的北京市政府工作报告中，首次将发展“时间银行”互助养老模式作为市政府一项工作任务明确提出。近期，北京市民政局会同市财政局、团市委三部门联合发布《北京市养老服务时间银行实施方案（试行）》（以下简称《实施方案》），将于 2022 年 6 月 1 日起实施。该方案提出，经培训后，年满 18 周岁、身心健康的本市常住居民都可成为志愿者，并在“时间银行”建立个人账户，每服务 1 个小时可获得 1 个时间币并存入账户。“时间币”可用于兑换相关养老服务，积攒 1 万个还可以入住公办养老机构。

本市常住市民均可参与。志愿者既可以在 60 岁以后兑换相同时长的服务供本人使用；也可以赠送给自己的爸爸妈妈、爷爷奶奶等直系亲属，让亲人享受服务；还可以向平台捐赠，由市民政局主导，通过平台向有需要的老年人来二次分配时间币，“需要强调的是，服务是无价的，时间币不可兑换资金和实物”。

老人获得服务共分五步。第一步，作为需求方，老年人需登录平台进行身份认证、完善个人信息，只要账户里有时间币，经审核后，就可以发布养老服务需求；第二步，需求方在平台上发布个人需求，明确服务内容、时间、所需服务人数等，平台进行审核确认；第三步，老年人的需求被接单后，志愿者在约定的时间地点为老人进行服务，服务开始和结束的时候需要志愿者签到和签退，记录服务时长；第四步，服务完成后，老人在信息平台上进行服务确认，确认后结算时间币；第五步，老人对志愿服务进行评价。

① 资料来源：蒋若静．北京将推养老服务“时间银行”［N］．北京青年报，https：//m. gmw. cn/baijia/2022-01/20/1302771234. html，2022-01-20. 略有删减。

四、社会资本理论

“社会资本”概念最早出现在莱达·哈尼范（Lyda Judson Hanifan）的文章《农村学校社区中心》中。哈尼范认为，能使房屋、私人财产、金钱等有形资产在人们日常生活中体现更大价值的东西是“社会资本”，即善良愿望、友谊、同情心和社会交往。1970年，法国社会学家皮埃尔·布迪厄将社会资本概念界定为“实际或潜在资源的集合，这些资源与由相互默认或承认的关系所组成的持久网络有关，而且这些关系或多或少是制度化的”。所谓社会资本是指个体或团体之间的关联——社会网络、互惠性规范和由此产生的信任，是人们在社会结构中所处的位置给他们带来的资源。一个人从这些关联中获得的利益越高，他的社会资本就越高。社会资本理论在社会学、经济学、政治学和社会工作等领域被运用，解释人际支持网络对社会和经济发展的重要作用。

社会资本可能通过多种形式对社区发展和社会保障发挥积极功能，发挥作用的空间既有正式支持网络，也有非正式支持网络和自然支持网络，其中包括同非营利机构建立的信任和支持关系，家庭、家族、亲戚朋友和社区共同体中包含的支持关系。社会工作中社区发展的理念强调人的全面发展、建立社区成员之间的团结和相互支持。因此，社区工作者应当有意识地培育社区内外的社会资本，促进和提高社区成员社会互动的数量和质量。从社会资本理论的角度出发，和谐社区的建构就是要增加社会资本的存量。具体说来，就是要采取有效措施增加信任感，驱除冷漠、无助，增进有效合作与良性互动的状态；就是要采取有效措施培育养成共识性规范，消除无序、混乱的状态，形成秩序，增强社会整合与减少社会成本的付出；就是要鼓励与帮助社区居民建构与运用具有丰富内涵的社会关系网络或社会支持网络，增强个体抵御现代社会风险的能力、个体的社会竞争力与个体的身心健康，进而使整个社区呈现出具有较强的互信友爱关系、广泛认可并自觉遵守的行为与价值规范体系，以及广大居民身心健康并具有较强抵御风险能力与较强社会竞争能力的和谐状态。

［学习活动 5–4］

文献阅读——社会资本理论在社区工作中的应用

［方式］

文献阅读。

［活动目的］

了解社会资本理论在社区工作中的应用。

［步骤］

1. 查阅并阅读相关文献。

2. 小组讨论，题目：社会资本理论如何应用于社区工作中？

3. 大组分享。

4. 师生归纳总结。

［时间］

30 分钟。

［文献链接］

罗昊，曲霞．社区社会资本与基层自治整合困境——以“友邻”社区营造项目为例［J］．学习论坛，2021（6）．

五、需要理论

需要理论是社区社会工作的重要理论。社区社会工作就是为了满足人们各种需要而开展的一系列服务活动，它是以人的需要作为理论基础的。

不管是物质的需要还是精神的需要，都是由一定的层次结构构成的。恩格斯曾经把人的需要划分为三大层次：第一，生存需要，即人为了活下去而对衣食住行等的追求，这是人的基本需要；第二，享受需要，即对较丰富的物质生活资料与精神财富的追求，这是在生存需要基本满足的基础上出现的需要；第三，发展需要，即充分表现脑力与体力，自身全面发展的需要。恩格斯认为，人的生存、享受、发展三大方面的需要，是一个不断地由低级向高级发展的过程，也就是，“人们首先必须吃、喝、住、穿，然后才能从事政治、科学、艺术、宗教等”①。生存需要即人们获得基本生存条件的需要，是人们从事精神活动和社会活动的物质保证。当人们的基本需要满足了，享受需要与发展需要就会滋长。

著名心理学家马斯洛在20世纪40年代提出了需要层次理论。他认为，人的需要互相联系，总是表现为一定的序列性和上升性，可以排成一个优势层次。如下所述：

（1）生理需要。这是人类维持自身生命的最基本的需要。马斯洛认为，只有这些需要满足到足以维持生命所必需的程度之后，才能激励人们去追求其他需求。

（2）安全需要。安全需要是指为保障人身安全不受损伤、摆脱疾病和失业的危险、减少经济的损失和意外事故的发生而产生的需要，如职业的保障、社会保险、财产安全等。

（3）社会交往需要。人生活在社会群居的环境中，需要与同事、同伴保持良好的关系，希望得到友谊、忠诚和爱情，渴望归属某些团体，希望接受他人与被他人接受，希望帮助别人并受到别人帮助。

（4）尊重需要。马斯洛认为，人的归属一旦得到满足，他就会产生自我尊重和被别人尊重的需要。这一需要包括希望自己有实力、有成就、有地位、有名誉，能受人赏识、重视，为社会所承认等。

（5）自我实现需要。这是马斯洛需要层次的最高需要，是一种心愿，是个人的成长与发展，是发挥自身的潜能实现理想与抱负的需要。这是一种追求，是个人能力得到极大发挥的内在的驱动力量。

按照马斯洛的观点，人的需要构成了一个从低级向高级发展的阶梯，当一切需要都未满足，那么最低需要更为突出。当一种需要得到满足之后，更高层次的需要就会占据主要地位，成了人的行为的激励因素。马斯洛把五种需要划分为两个等级：第一个等级是生理需要和安全需要，这是较为低级的需要；第二个等级是社会交往需要、尊重需要和自我实现需要，这是较为高级的需要。高级需要使人能从内心得到满足，而低级需要则只能使人从外部得到满足。

社区社会工作面对的社区居民有各种各样的需要，而需要的产生与满

① 马克思，恩格斯．马克思恩格斯选集（第四卷）［M］．北京：人民出版社，1972：574.

足有一定的规律性。第一，需要的满足有一定的量化界限。这主要是从物质需要方面而言。社区社会工作者要及时了解和掌握社区满足需要的量化界限，做到心中有数，以使工作能够有的放矢。第二，社会主体的需要体系或层次都有自己最迫切、最突出的部分，即需要体系的重心。因此，在社区社会工作中，要注意研究一定的社区和服务对象的需要重心，区别不同的需要饱和界限，以使社区社会工作更有针对性和实效性。第三，需要饱和的累积效应。当某种需要能得到充分满足的时候，其就能得到较快的发展，处于较为活跃的状态；当某种需要不能得到充分的满足时，它就处于不活跃的状态。社区社会工作的重要任务之一就是尽可能地使社区居民的需要得到满足，运用需要饱和累积效应，积极创造条件，正确引导、刺激居民的合理需要。第四，新的需要不断产生。随着社会的发展，人们的新需求也会越来越多，对社区社会工作来说，“助人自助”的内容会不断增加，范围也会不断扩大，这就要求社区社会工作者更要深入实际，做好调查研究，全面把握好社区需要的新趋向，最大限度地满足社区居民的需要。

从终极目标上说，社区社会工作就是通过了解社区成员现实的需要，激发、引导和发展人们的合理需要并为之提供服务，制止、削弱某些不合理的需要，保持社会稳定。

除了上述理论外，社会学习理论、社会建构理论等都是与社区工作相关的理论。社会学习理论的基本假设是，人类行为是在与他人及社会环境的互动中习得的，形成和调整人类行为的基本要素之一就是认知活动。举例来说，一个社区工作者从事一项发展活动的方式会受到来自几个方面的影响，包括他对自己组织能力的认知、其他参与者的经验和信心等。如果他成功地完成了该项活动，不仅解决了特定的社区问题，也会提高参与者的信心，改变对个人能力或自我效能的看法，从而引起行为、认知和环境“互动因果链”的持续变化。而社会建构理论所要说明的现象是：客观事实无法脱离人们所附加的主观意义而孤立存在，人们所经历的日常现实也是被社会建构出来的。除此之外，20 世纪中叶以来形成的新保守主义、社群主义、女性主义、环境保护主义等一系列现代思潮也日益影响着社区工作的开展。

第二节　社区工作的基本理论视角

一、生态系统理论

生态系统理论是 1979 年由美国心理学家尤里·布朗芬布伦纳（Urie Bronfenbrenner）在他的《人类发展生态学》一书中正式提出的。该理论是用以考察人类行为与社会环境交互关系的理论，它把人类成长、生存于其中的社会环境（如家庭、机构、团体、社区等）看作一种社会性的生态系统，强调生态环境、人的生存系统对于分析和理解人类行为的重要性，注重人与环境间各系统的相互作用及其对人类行为的重大影响，是社会工作的重要基础理论之一。就社会工作而言，生态系统理论是 20 世纪 70 年代引起相当多注意的实务理论模型，它融合了许多有关人类行为与社会工作实务的理论，是少数具有综融性与折中式特色的社会工作理论观点。

查尔斯·扎斯特罗（Charles H. Zastrow）等人对当代社会生态系统理论又有所丰富和发展。概括而言，社会生态系统理论把人的社会环境（如家庭、机构、团体、社区等）看作一种社会性的生态系统，强调每个人的生存环境应该是一个完整的功能性整体。这种社会生态系统分为三种基本类型：微观系统（Micro System）、中观系统（Mezzo System）、宏观系统（Macro System）。其中，微观系统是指个人系统，包括影响个人的生物、心理和社会等子系统，社会生态系统理论认为个人既是一种生物的社会系统类型，也是一种社会的、心理的社会系统类型；中观系统是指对个人有影响的小群体，包括家庭、单位和其他社会群体；宏观系统则是指比家庭等小群体大的一些社会系统。在整个社会生态环境中，人类行为与社会环境相互联系、相互影响，具体来讲，微观系统的行为会受到中观系统（如家庭成员、家庭环境和家庭氛围）的影响，同时也会受到宏观系统（如文化、社区、机构、制度、习俗等）各方面社会因素的重要影响；反之，个人行为对于这些系统也会产生重要影响。由此可以认为，社区工作中个体所出现的问题不仅仅是因为微观系统本身，而是由微观、中观、宏观系统综合作用的结果。因此，在分析问题和选择介入策略的时候，应该从多系统来分析问题，对问题背后的多个系统进行介入。

二、社会支持理论

社会支持这个概念是在精神病学的研究中首次提出来的，在20世纪七八十年代引起广泛关注，并逐渐为其他学科所引用。社会支持是由社区、社会网络和亲密伙伴所提供的感知的和实际的工具性或表达性支持。社会支持网络是指可以提供社会支持的社会网络。

社会支持理论认为，社会支持网络反映的是个人与其生态环境中其他系统之间的关系状态。一个人所拥有的社会支持网络越大，就能够越好地应对来自环境的挑战。社会工作的服务对象往往是这方面的特殊群体，因此社会工作的重点是帮助服务对象学习建立社会支持网络和利用社会支持网络。社会支持包括有形支持和无形支持，既包括个人所拥有的客观的、物质化或可以数量化的支持，更强调主观上对支持的感受和体验。社会支持也是健康生活的一个重要保障，当我们处于逆境之中时，良好的社会支持系统可以给我们力量和信心；当我们处于顺境之中时，它同样可以给我们快乐和充实。社会支持既是外界提供给我们的，同时也可能因为每个人的个性和心理差异决定我们对社会支持的感受度和利用度存在差异。

社区照顾强调社会支持网络对服务对象的重要性，很多工作计划便是积极协助一些脆弱社群或有需要人士在社区中重新建立社会支持网络。能够为服务对象提供帮助的社会支持网络通常可以分为两种：正式的社会支持网络和非正式的社会支持网络。社区照顾把非正式的社会支持网络，即动员家人、亲友、邻居、社区内的义务工作者或居民组织成员所提供的服务，视为补足正规社会服务的一种有效模式。

社区支持网络也十分适合小城镇的家庭妇女。妇女的相互支持网络可以利用互助小组形式提供多方面的协助，例如，轮流照看小孩，讨论管教子女的方法，关心社区问题，提供社交和学习机会等。这些支持网络可以减轻生活压力，增强解决问题的能力；也可以预防家庭问题，对解决个人精神压抑、自杀等社会问题有一定的帮助。其他社区支持网络包括单亲家庭互助小组、精神康复者家属协会等。

运用社会支持理论帮助服务对象的实务模式分为两部分：首先是对服务对象社会支持网络进行评估；其次是拟订具体的帮助计划，对服务对象实施帮助。对服务对象社会支持网络的评估包括结构和内容两个方面。社会支持网络的结构指的是网络的组成，包括人数、网络所包括的人员的类型（职业和领域）、网络中人们之间的距离等。内容则指的是网络所发挥的功能，大致分为工具性支持和表达性支持。前者提供一些实质性或技术性的支援，后者则提供情绪或心理上的支持。评估可在个人和社区两个层面进行。个人层面的评估主要是确定网络所包括的人员的生活领域以及彼此之间的关系，以及这些人员对于服务对象的重要性等。社区层面的评估主要是评估社区中有哪些正式与非正式的社会支持网络资源以及两者之间的关系，现有资源能够解决哪些问题。

[学习活动 5-5]

社会支持网络自我探索

[学习目标]

1. 掌握社会支持网络的概念。

2. 探索自身社会支持网络的结构以及了解社会支持网络对自己生活的影响。

3. 思考如何利用和改变社会支持网络。

[材料]

纸、笔、卡片。

[步骤]

1. 参与者独立画出自己的社会支持网络图，图中要标示：自己最亲近的人是谁，自己在遇到困难时通常找谁，这些人和自己是什么关系，他们相互之间是什么关系等。

2. 参与者 3 人一组，交流彼此的社会支持网络图，询问各种关系对绘图者的意义。

3. 参与者将绘制的图贴在墙上，全体观看、提问、答疑。

4. 全体讨论：

（1）画这个图对我们了解自己的社会支持网络有什么帮助？

（2）我所有的这些社会支持网络对我的生活有什么影响？

［提示］

1. 在本次活动中，要鼓励参与者深入思考自己目前所拥有的社会支持网络、这些关系对自己生活的影响以及如何利用和改变社会支持网络。

2. 小组分享的重点是共同探讨社会支持网络在自己生活中的意义和作用。

［时间］

40 分钟。

三、发展性社会工作理论

社会工作发展之初，关于社会发展的理念就已经存在，但是发展性社会工作还是在 20 世纪四五十年代以后才在发展中国家出现的。尽管发展性社会工作最早出现于发展中国家，但是随着社会发展观念的变化，人们逐渐认识到单纯的经济发展不是人类发展的有效途径。因此，如何在经济发展与社会发展之间取得协调和平衡成为发展性社会工作的核心议题。

著名的发展性社会工作提出者和推广者劳达・简・亚当斯在早年创办的睦邻友好运动中探寻到了发展性社会工作理念的源头。在简・亚当斯看来，发展性社会工作形成自己独特的逻辑框架，正是由于政府、非政府组织、市场三方的相互作用。只有在这个框架下，社会发展才能将政府、社区和市场的力量整合在一起。同时，这三种力量之间既存在一致性，也存在矛盾和冲突。重要的是在找到三种力量之间平衡的同时，能使三种力量处于一个适当的位置上共同推动社会的发展。因此，简・亚当斯强调在更广阔的社会背景下制定经济政策和社会政策。

简・亚当斯作为发展性社会工作最主要的推动者和理论阐述者，将发展性社会工作分为两类。

（1）从参与者的角度出发，强调社会发展是个人成长和自我实现的过程，通过个人成长和自我实现才能提升人们参与社会的能力，从而创造出有关怀、有担当的平等社会。

（2）从社会的角度来理解社会发展的要求，突出社区层面是社会工作的实践，将社区组织、政策分析、项目规划、管理和评估融合在一起，突出社区层面的社会工作专业实践。

简言之，发展性社会工作的基本观点如下。

（1）以发展为导向。发展性社会工作首先将实践的焦点放在人和社会的协调发展上。发展性社会工作倡导能带来持续改善的社会工作服务模式，通过社会投资、能力发展来实现困难群体的持续改变。在发展性社会工作看来，社会投资能够通过提升个人的能力、调动社会资本促进岗位的开发，通过微型企业帮助困难群体在提升能力的同时改变自身的生活状况。发展性社会工作特别强调社会融合和正常化的概念，这也是发展性社会工作区别于传统问题取向社会工作的一个重要的理念。所谓社会融合，就是强调将服务对象置于其原生环境中予以提升，而不是将其从原生环境中剥离。

（2）以社区为场景。发展性社会工作基于社会融合和正常化的理念，强调在社区环境中帮助那些有困难的人群。从社区发展的角度，发展性社会工作选取了三条发展路径：一是在地性发展。在地性发展是一种自下而上的服务策略，注重邻里互助、实现社区建设。二是社会策划。社会策划关注社会服务在社区层面的协调和实施，是一种自上而下的服务策略。三是社会行动。社会行动强调组织社区居民一起倡导社区环境的改善，是一种倡导性的服务策略。

（3）投资策略。发展性社会工作与传统社会工作的一个明显的区别，就在于其直接运用投资策略改变困难人群的生活状况。具体的投资形式包括人力资本投资、岗位开发、小微信贷和资产账户等。

[学习活动 5–6]

文献阅读——发展性社会工作理论在社区工作中的应用

[方式]

文献阅读。

[活动目的]

了解发展性社会工作理论在社区工作中的应用。

［步骤］

1. 查阅并阅读相关文献。

2. 小组讨论，题目：发展性社会工作理论如何应用于社区工作中？

3. 大组分享。

4. 师生归纳总结。

［时间］

30 分钟。

［文献链接］

蒋国河，平卫英，孙萍．发展性社会工作视角下的农村反贫困实践——W 县 Y 村妇女互助储金会的案例分析［J］．江西财经大学学报，2018（6）．

徐其龙，陈涛．发展性社会工作视角下社区服务、社区营造和社区发展的整合研究［J］．华东理工大学学报（社会科学版），2020（3）．

四、女性主义视角

关于女性主义的零星的思想在西方很早就已经出现，但是真正意义上的女性主义的第一次浪潮源自 18 世纪中后期。早期女性主义是作为一种社会运动而出现的，以争取男女平等为宗旨。后来女性主义逐步向理论形态发展，并形成诸多流派。虽然女性主义各流派共同关注的主题仍然是男性与女性之间的差异和不平等，但对于女性受歧视和受压迫的根本原因的解释，以及妇女解放的具体途径的寻求，各流派之间存在理论分歧。女性主义经历了一个曲折的发展过程，即从早期注重政治诉求的女性主义，到后来强调学术性的妇女研究，再到当今非常热门的社会性别研究。社会性别理论指出，性别主要不是源自先天的生物遗传，而是得自后天的社会环境塑造，是社会重构的结果。因此，现实社会中的妇女以及妇女的不平等是后天社会文化塑造的结果，是社会和文化的不平等造成的。社会性别理论认为，现代社会文化和制度中的“父权制”使女性在家庭和社会中受到歧视或不公正待遇。一些社会问题的出现多与

“父权制”有关，因此，只有改变“父权制”，才能使社会迈向两性平等。所以，社会性别理论强调社会变革的重要性，认为改变妇女现实中的不平等的根本途径在于改变现实社会的不平等，而社会现实的改变最直接的途径在于社会政策的改变。因此，社会政策的变革就成为男女平等的焦点。

从20世纪70年代开始，女性主义社会工作成为社会工作的一个重要流派。女性主义社会工作的目标是：平等、在独立和相互依赖之间取得平衡、赋权、自我教养和重视多样化，从而建构一个免于性别主义或另外的歧视和压制的社会，这就要求从个体到社会不同层面的改变。

女性主义社会工作从其问题辨识、评估、治疗策略和治疗目标上都与传统的社会工作有着明显的不同。女性主义社会工作的具体干预技术很多，诸如意识觉醒、社会行动、倡导、女性角色分析、权力干预、重新命名或再框架、自我暴露。意识觉醒就是让服务对象理解自己的处境是与更大的社会结构相关联的，并且这样的情形并非特别而是很多人共有的，一起行动是改变的重要前提。社会行动旨在表达困难群体的利益和声音，从而实现政策的改变。倡导就是代表无权势的女性的利益去与社会中的强权者、社会结构进行对话，从而展现困难群体的价值和解放的实质意义。女性角色分析就是让社会了解社会性别角色是如何影响服务对象言行的，只有确定女性角色的相关信息，服务对象才可能改变。权力干预建立在权利分析的基础上，服务对象认识到自己的权利缺失导致自己无法作出决定，从而遭受困扰，此时社会工作者肯定服务对象对自己权利的正面陈述并提供信息进行强化，进而提升其信心。自我暴露是一种去神秘化策略，社会工作者通过披露自己的信息和分享自己的经验而树立榜样，鼓励服务对象对自己负责。重新命名或再框架是为了将服务对象的问题去污名化，或者让服务对象明白是社会的压力导致了他们的问题，而非个人的原因，改变个人问题的参照框架可以减少压力，增强改变的动力。

女性主义视角对社区组织工作非常重要。在女性主义视角看来，社区组织的目的在于建立女性的相互认同。其中，文化女性主义者强调建立女性文化，通过设立女性中心来加强女性的互助、互动。其他主张包括倡导一个更有保障的社会环境，使女性免于忧虑；倡导是否生育的自由选择；通过集体行动扩大女性的参政机会。在个别化的直接服务中，女性主义并不相信有价值中立的诊治，认为重要的是觉知自己的信念和价值观，通过赋权，即增加服务对象的行动能力，改变自身处境并掌控自己的生活。

［学习活动 5-7］

案例讨论

［方式］

文献阅读。

［活动目的］

了解社会性别视角在社区工作中的应用。

［步骤］

1. 阅读案例。

2. 小组讨论，题目：在这个案例中，社会性别视角如何应用于社区工作中？

3. 大组分享。

4. 师生归纳总结。

［时间］

30 分钟。

附：学习活动 5-7 的案例资料

“绿主妇”的社区治理实践①

在上海市自治家园建设过程中，一个主要由家庭主妇组成的社区生态环保组织——凌云“绿主妇”脱颖而出。“绿主妇”诞生于上海市徐汇区凌云街道梅陇三村，此小区是 20 世纪 90 年代初的动迁小区，居民以动迁户为主，整体文化水平不高。梅陇三村曾经是凌云街道有名的“垃圾小区”，“脏、乱、差”是小区最明显的标签，而“绿主妇”则是改变这一

① 案例节选自：侯秋宇，唐有财．社会性别视角下的城市社区治理——基于上海市徐汇区社区社会组织“绿主妇”的个案研究［J］．中华女子学院学报，2017（4）．

现象的功臣。

"绿主妇"的发展可以概括为四个阶段。兴趣团队阶段:"绿主妇"在形成之初,只是由几名家庭主妇组成的松散的兴趣团队。自治家园阶段:"绿主妇"开始从松散团队走向社区社会组织的尝试。社区社会组织阶段:这个阶段的"绿主妇"走向了制度化和规范化,具体表现为:建立了与外部资源(如政府、企业、其他社会组织)的广泛联系;用项目化的方式来组织动员和吸引其他居民;获得了各种荣誉,从社区影响(社区居民的认同)走向社会影响(媒体的报道),并有了政治影响(各种政治荣誉),甚至成为一种被广泛接受和推崇的社区治理新模式。这些变化和发展意味着"绿主妇"从社区走向了更广阔的公共领域。从社区社会组织走向枢纽型社会组织阶段:目前,"绿主妇"组织已经拓展到凌云街道的各个居民区以及周边区县,并完全按照社会组织的模式来运作,还明确提出了"赋权"的理念,家庭主妇们开始向专业化、职业化发展。开发项目内容、拓展工作领域、优化工作方法、创新运作模式等成为"绿主妇"当下工作的重点。

"绿主妇"社区权力的拓展路径包括:传统起步方法,以活动带动宣传;拓展活动空间,以环保活动聚人心;低成本人际打通,女性聊天的征服;趁热打铁,用实干打出名气;居委会支持,强有力的后盾。

目前的"绿主妇"已经不再是当初那个仅仅进行"垃圾分类"的环保组织,在兼具"环保公益"组织性质的同时,"绿主妇"还成立了"绿主妇人民调解委员会",承接整个徐汇区所有"刑转民"的案件调解。可以说,"绿主妇"已经升华为一个品牌,成为社区不可或缺的一部分。

徐汇区"绿主妇"这一由女性主导、致力于社区生态环保的社会组织的案例研究显示,社区治理方式的转变为女性开辟了充足的参与空间,而女性以其特有的性别角色优势、不可替代的特质以及柔性的工作策略等改变着社区治理的格局。在这种双向促进中,女性成功进入社区、获得权力并对社区治理效果产生积极影响,最终使得女性群体从社区治理的边缘走向中心。

五、优势视角

优势视角是社会工作领域的一个基本范畴、基本原理，是指社会工作者应该做的一切，在某种程度上要立足发现、寻求、探索及利用服务对象的优势和资源，协助他们达到自己的目标，实现他们的梦想，并面对他们生命中的挫折和不幸，抗拒社会主流的控制。这一视角强调人类精神的内在智慧，强调即便是最可怜的、为社会所遗弃的人都具有内在的转变能力。优势视角就是着眼于个人的优势，以利用和开发人的潜能为出发点，协助其从挫折和不幸的逆境中挣脱出来，最终达到其目标、实现其理想的一种思维方式和工作方法。

优势视角与问题视角是社会工作中两种不同的思维模式。问题视角建基于对人的被动理解上，认为服务对象是“无能者”和“无用者”，强调服务对象的脆弱性。而优势视角建基于对人有主观能动性的理解上，认为人不是被动的，而是有着自身的潜能和力量的，可以依靠自身的潜能和优势解决问题。所以，优势视角强调发现服务对象身上的“闪光点”，挖掘服务对象身上的潜力，培育、鼓励、协助、支持、激发、释放服务对象内在的优势，通过服务对象自己的力量来解决问题。

优势视角的核心是探索并利用优势，因此，发现或辨识服务对象或社区的优势是优势为本的干预技巧的目标所在。如何探索和发现社区的优势？一般应从以下几方面入手。

(1) 生存方面。社区生存或发展的环境如何？面对困难，社区是如何设法生存和发展的？

(2) 支持方面。什么人或组织能够给社区建设和发展提供支持和指导？哪些人或组织是社区能依赖的？他们提供了什么特殊的东西？他们是主动找上门的吗？什么样的团体或机构对社区有过帮助？

(3) 例外方面。社区发展中哪些时刻或者事件给予社区特殊的理解和指导？

(4) 可能性方面。社区发展的目标是什么？为了实现这一目标，社区做了哪些努力？在这个过程中，什么机构对社区有所帮助？

［学习活动 5–8］

用优势视角分析青少年社区矫正

［活动目的］

加强对优势视角的理解和运用。

［方式］

讨论。

［步骤］

1. 阅读文献。

2. 小组讨论，题目：如何运用优势视角分析并解决青少年社区矫正问题？

3. 大组分享。

4. 师生归纳总结。

［提示］

引导者可以从以下角度进行思考：

1. 优势视角下的社区工作关注青少年所具有的优势而非问题。

2. 优势视角下的社区工作者和青少年之间是合作的伙伴关系。

3. 优势视角下的社区工作认为青少年应该为其自我恢复负主要责任。

［时间］

30 分钟。

附：学习活动 5–8 的文献资料

2021 年 6 月 1 日，最高人民检察院发布《未成年人检察工作白皮书（2020）》（下称《白皮书》）。《白皮书》指出，2020 年，全国检察机关共受理审查逮捕未成年犯罪嫌疑人 37681 人，受理审查起诉 54954 人，批准逮捕 22902 人，不批准逮捕 14709 人，提起公诉 33219 人，不起诉 16062 人（含附条件不起诉考验期满后不起诉人数），不捕率和不诉率分别为 39. 1%和 32. 59%。同时，共批准逮捕侵害未成年人犯罪 38854 人，提起公诉 57295 人。《白皮书》介绍，2020 年未成年人犯罪数量下降幅度较大，升降态势与疫情防控形势关联较大。继 2019 年受理审查逮捕、审查起诉未成年犯罪嫌疑人同比分别上升 7.51%、5.12%之后，2020 年同比分别下降 21.95%、10.35%，为 5 年来最低。《白皮书》还透露，未成年人保护形势不容乐观，涉及未成年人的性侵害案件虽然增幅放缓，但仍呈多发高发态势，重大恶性案件时有发生，未成年人检察工作任重道远①。

实施未成年人社区矫正是有效降低未成年人犯罪率、教育挽救涉罪未成年人的重要手段。《中华人民共和国社区矫正法》指出，中国共产主义青年团、妇女联合会、未成年人保护组织应当依法协助社区矫正机构做好未成年人社区矫正工作。国家鼓励其他未成年人相关社会组织参与未成年人社区矫正工作，依法给予政策支持。未成年社区矫正对象在复学、升学、就业等方面依法享有与其他未成年人同等的权利，任何单位和个人不得歧视②。

六、赋权理论

社会工作专业自产生以来，有关赋权的研究一直是专业中的一个主题。尤其是近 30 年来，赋权更成为社会工作专业和整个社会中一个无所不在的话语。总体上讲，赋权可以看作一种理论和实践、一个目标或心理状态、一个发展过程、一种介入方式。值得注意的是，赋权并不是“赋予”服务对象权利，而是挖掘或激发服务对象的潜能。赋权是社区获得可持续发展的重要前提，可以从个人层次、人际关系层次、环境层次三个层面协助服务对象赋权。个人层面上的赋权聚焦于个人发展、个人权力感和自我效能感的方式；人际关系层面上的赋权强调使个人可以有更多影响他人能力的具体技术的发展；环境层面上的赋权强调社会行动和社会改变的目标。

社区困难群体中的绝大多数人不具备主动赋权的能力，很难依靠自身的力量实现主动权。尽管真正摆脱困难的前提是个体或群体能力的改变、权力状况的改善，但在实际的过程中，主动赋权往往受到多方面制约。从

① 最高人民检察院．未成年人检察工作白皮书（2020）［EB/OL］．https：//m. thepaper. cn/baijiahao_ 12942561，2021-06-02.

② 资料来源于《中华人民共和国社区矫正法》，2019-12-28.

个体层面来看，困难群体由于缺乏自我生活的掌控力以及可资利用的社会资源，一般没有能力和信心去改变自己的困难处境。从人际关系层面来看，由于个人资源缺乏，可以调动的社会资源极其有限，困难群体成员大多难以通过人际关系的网络去争取和创造就业机会和其他竞争机会。从社会参与层面来看，目前的困难群体并无属于自己的利益表达组织，一般无法参与经济与社会发展的各项政策制定的过程，即使是关系自己群体利益的社会政策，大多也是以非正式的社会参与为主。

计划经济体制下的居民委员会没有什么活力和凝聚力，工作对象除了居住在社区的老年人外，就是没有单位的居民，功能非常单薄。而经济转轨、社会转型后的现代社区则不同了，除了原有的工作对象外，单位人逐渐演变成社会人、社区人，流动人口已开始进入社区，总量大大增加，结构也越来越复杂。再加上大量的社会管理、社会服务、社会保障的功能从政府和单位中不断剥离出来，让社区来承接，这就有力地提升了社区的功能，丰富了它的内容，拓宽了它的工作面，使它从微观的层面担当起了造就大社会的重任，成了能协调和凝聚方方面面的中心，成了功能比较齐全的“小社会”。从“社区参与”走向“社区增权”，增权是社区获得可持续发展的重要前提。

需要注意的是，有些理论或视角在实践中多被运用于个案工作或小组工作，但这并不意味着在社区工作中不可运用。的确，社区工作倾向于宏观视角，但社区照顾和社区教育两种模式的实务内涵事实上仍必须通过个案工作和小组工作的方式实现，比如在社区提供咨询服务、成长小组、互助小组等。因此，相关理论如生态系统理论、优势视角理论等仍然适用。另外，社区工作的取向或类型可以分为社区发展、社区行动、社区照顾、社区组织、社区策划、社区教育、女性主义社区工作等模式，这几种模式分别与社会支持理论、赋权理论、女性主义视角等理论有一定的连接和整合。

小　结

本章主要从社区工作的基础理论和基本理论视角两个层面论述了社区工作的理论体系，其中基础理论主要论述了功能学派理论、社会冲突理论、社会交换理论、社会资本理论和需要理论；基本理论视角简要论述了生态系统理论、社会支持理论、发展性社会工作理论、女性主义视角、优势视角和赋权理论。

[关键概念]

功能学派　社会冲突理论　社会交换理论　社会资本　需要理论　生态系统理论　社会支持理论　发展性社会工作理论　女性主义　优势视角　赋权

[讨论练习题]

1. 论述在社区工作中如何运用社会交换理论。
2. 谈谈发展性社会工作理论对社区社会工作实务的启示。
3. 讨论：针对不同群体，如何运用优势视角？

[进一步阅读文献]

卜长莉．社区冲突与社区建设：东北城市社区矛盾问题案例研究［M］．北京：社会科学文献出版社，2010.

查尔斯·H. 扎斯特罗，卡伦·K. 柯斯特—阿什曼，等．人类行为与社会环境［M］．师海珍，等，译．北京：中国人民大学出版社，2006.

韩秀记．社区社会工作案例评析［M］．北京：中国社会出版社，2017.

蒋国河，平卫英，孙萍．发展性社会工作视角下的农村反贫困实践——W县Y村妇女互助储金会的案例分析［J］．江西财经大学学报，2018（6）.

李惠斌，杨雪冬．社会资本与社会发展［M］．北京：社会科学文献出版社，2000.

罗昊，曲霞．社区社会资本与基层自治整合困境——以“友邻”社区营造项目为例［J］．学习论坛，2021（6）.

唐洁，康璇，陈睿，顾纬洲．综合型养老社区功能空间模式及指标体系研究［J］．城市规划学刊，2015（2）.

唐有财．社会性别视角下的城市社区治理——基于上海市徐汇区社区社会组织“绿主妇”的个案研究［J］．中华女子学院学报，2017（4）.

徐其龙，陈涛．发展性社会工作视角下社区服务、社区营造和社区发展的整合研究［J］．华东理工大学学报（社会科学版），2020（3）.

郑广永．论城市社区文化的功能及限度［J］．北京联合大学学报（人文社会科学版），2018（1）．

周沛，易艳阳．社区社会工作（第二版）［M］．北京：社会科学文献出版社，2019.

第六章 社区工作实务模式

[概述] 本章的主要内容是社区工作的实务模式，重点介绍地区发展模式和社会策划模式的概念、实施策略，以及被广泛应用的社区照顾模式的产生背景、实施策略等。

[目标] 使学生了解社区工作实务模式的概念，掌握主要实务模式的定义、特点、介入策略和社区工作者角色，并能够灵活运用。

社区工作的模式有多种多样的划分，这些模式除了介入策略和方法上有不同外，它们所着重的目标和背后的理念也有显著的区别。韦尔和甘布尔（Weil and Gamble）将社会工作者所使用的社区工作实务模式归纳为8个基本模式①，这些模式反映了社会工作者从事社区工作的不同方式。目前对社区工作发展模式的分法主要有二分法、三分法和五分法。二分法即以伯顿为代表的直接干预法和非直接干预法。大多数社会工作者比较熟悉的是三分法，即杰克·罗斯曼（Jack Rothman）提出的三分法模型：地区发展（Locality Development）、社会策划（Social Planning）和社会行动（Social Action）。五分法则对社区工作作了更细致的分析，以泰勒和罗伯特（Taylor and Roberts）为代表②。在对罗斯曼的模型进行修改的基础上，杰佛瑞提出了社区实践的四方模型，这一模型其实是将罗斯曼的地区发展重新命名为“能力与意识的提升”，将社会策划命名为“促进伙伴关系”，将社会行动划分为“非暴力直接行动”和“社会运动”。

实际上，上述实务模型只是一种理论上的划分，各种实务模式之间并不是互相排斥、水火不容的。在具体实务中，社区工作者并不局限于某个

---

① 韦尔和甘布尔的8个基本模式为：建立邻里组织；建立功能性社区；社区的社会和经济发展；社会规划；项目发展和社区联系；政治和社会行动；联合；社会运动。

② 泰勒和罗伯特认为，社区工作的主要内容应包括社区发展、程序发展及服务协调、策划、政治行动、社区联络5个方面。

单一模式，极少以一种实务模式作为唯一的工作方法，而是根据实际情况弹性处理、灵活选择，将各种单一模式结合在一起使用。社区工作者经常在不同的工作阶段使用不同模式，或者在同一时期综合使用两种以上模式。

近年来，社区工作理论在实践基础上不断得到丰富和发展，形成了一些新的实务模式，社区照顾就是其中之一，本章将在第三节加以介绍。

第一节　地区发展模式

一、地区发展模式概述

（一）定义

地区发展是社区工作的介入模式之一，是强调居民的参与和合作，集体组织起来控制或利用社区资源、解决社区问题、满足社区福利需求，增强社区凝聚力和归属感的社会工作手法。

罗斯曼指出，地区发展的目标在于建立社区自助的能力和社区的整合，采用的手法着重于推动社区内的居民广泛参与，界定本身的需要，并采取行动去改善社区问题，从而改变社区。地区发展模式假定可以通过社区居民在有关社区发展的目标决定和行动中的广泛参与来追求社区的变迁。

联合国关于社区发展是从社区发展的内容和方式两个方面规定的，认为社区发展是通过居民的努力，联合政府当局一起，改善社区的经济、社会和文化条件，把社区整合到国家生活当中，使他们对国家的进步作出最大的贡献。联合国的定义里，一方面强调社区发展是指社区经济、社会、文化条件的改善；另一方面强调要通过居民的努力和政府当局一起合作的方法。

罗斯（M. Ross）对社区发展的定义是：寻找社区需要或共同愿望，然后将之排列优先顺序，继而发动资源以满足这些需要及愿望，以及一起行动去实现这些目标的过程；通过这些过程，培养出居民互助合作的精神，为社区发展贡献力量。

从以上几个定义可以看出，地区发展应着重发动社区内不同团体及人士广泛参与，通过参与的过程，使他们达到自助及互助的目标，以改善社区关系，并增加他们对社区的归属感。

本书认为，地区发展是指通过居民参与、联合政府，改善社区环境，从而达到居民自助、互助的目标，最终增强社区的凝聚力。

［学习活动 6-1］

视频观看讨论——锁金社区的幸福指数

［学习目标］

通过观看视频，学生对社区工作发展模式有直观的感受，提取视频中地区发展模式的元素，并能体会在实际工作中几种模式的交叉运用。

［步骤］

1. 播放视频：锁金社区的幸福指数。

2. 分组讨论。

［视频内容简介］

框下附。

［讨论内容］

1. 锁金社区概况。

2. 在本案例中，居民是如何发现并解决自己社区的问题的？

［提示］

1. 教师注重启发学生，不做过多的讲述。

2. 视频中有些方法属于社会策划模式，教师可抽取部分问题引导学生考虑，在下一节社会策划模式讲解后进行讨论。

［时间］

45 分钟。

附：学习活动 6-1 的视频内容简介①

锁金社区建于 1984 年，是南京市最早的小区之一，居民达 6.5 万余人。和许多城里人一样，锁金社区居民也喜欢养宠物狗，但同时引发了卫生、噪声和安全等一系列问题。为了解决养狗问题，社区居委会主任朱丽玲组织社区居民一起讨论养狗问题，请居民畅所欲言，并讨论总结出了几条养狗建议，这些建议成为锁金社区的“养狗公约”。现在，锁金社区的居民们已经习惯了用听证会的方式决策社区里的大事，而且还形成了事前听证会、事中协调会和事后评议会的“三会制度”。视频中讲述了锁金社区门球场从建立到废弃，再到改建为休闲广场的过程，对思考本章内容具有一定的启发作用。

同其他社区一样，随着社会的变革和经济的发展，锁金社区的居民结构也发生了很大的变化，在逐渐形成新的居住人群的同时，人际关系也渐渐由熟悉演变成淡漠。针对这种情况，居委会主任朱丽玲通过组织系列活动，给居民们构建了一个平台和空间，让他们在这些活动中相互认识、相互了解。

（二）地区发展模式的工作理念

地区发展模式的工作理念，基于对社会现状的理解及对社区问题成因的分析。随着社会工业化及都市化的发展，以及由于现代社会组织的科层结构化，社区问题的成因及处理也变得日益复杂。社区呈现冷漠的、孤立封闭的状态，居民越来越缺乏传统社区中的密切交往关系，同时缺乏主动参与社会公共事务的热情和动机，越来越显得无助和软弱。此外，社区内欠缺民主参与的渠道，面对日趋复杂的社区问题，居民似乎都无能为力，加上居民和团体之间欠缺沟通合作，个人和社区公共问题便日趋增多，都很难得到解决②。

例如，托马斯认为，社区问题的成因主要有以下几点：居民欠缺责任承担；居民不愿意参与公共事务；社区网络日渐解体；人口流动加剧，居民背景的复杂化令沟通合作很困难；居民欠缺较为畅通的沟通渠道；不同利益群体出现，容易形成对抗；市民普遍冷漠，不大关心社会事务③。

---

① 视频来源：［新闻调查］锁金社区的幸福指数，http://my.yxbird.com/con-tent/?cid:4C60655DB44696F.

② 甘炳光，梁祖彬，等．社区工作理论与实践［M］．香港：香港中文大学出版社，1998：118.

③ 同②：119.

因此，地区发展模式的工作理念主要包括以下内容。

1. 强调社区内广泛的民主参与

（1）地区发展模式认为，居民是应该并愿意参与社区事务的，个人倾向于团结的、合作的，而非竞争的、对抗的。

（2）虽然个人行动是理性追求个人利益最大化的，但是只要能够在集体行动中照顾到个人的需求和动机，并且能够培养集体归属感和认同感，个人会在情感和价值层面上有动机参与社区基层组织的活动，并在其中作出自己的贡献。因此，开展社区工作时一定要调动社区内居民最广泛的参与积极性。

2. 强调居民之间以及居民和团体之间的沟通与合作

（1）社区问题的主要成因是欠缺沟通与合作，社区居民通过广泛地参与社区事务，可以很好地进行沟通和合作。

（2）社区工作者应该为居民之间以及居民和团体之间的沟通与合作建立一些渠道。

（三）地区发展模式的主要介入目标

地区发展模式的介入目标包括：具体社区问题的解决；社区生活的改善；居民通过参与学会自决自助，提高解决问题的能力；改善居民与团体之间的沟通与合作，增强居民对社区的认同感和归属感。

一般来讲，地区发展的目标分为任务目标和过程目标。

1. 任务目标

任务目标包括完成一些实质的工作，或解决一些特定的社区问题。通常社区发展的任务目标主要有社区经济开发、社区社会发展、社区公共基础设施建设、社区文化发展等。

2. 过程目标

过程目标多涉及较长久的制度或组织的建立，以及一些非实质性的转变，如提升居民对参与社区事务的兴趣、培养互助合作精神、培训地区领袖等①。

美国学者鲁宾夫妇（Herbert J. Rubin & Irene S. Rubin）归纳出以下几

① 甘炳光，梁祖彬，等．社区工作理论与实践［M］．香港：香港中文大学出版社，1998：119-120.

个地区发展模式的过程目标。

- 通过解决共同的问题，改善居民的生活。
- 减少因为经济困难、种族、性别等引起的社会不平等。
- 执行和保护民主的价值，并作为社区组织的一部分和社区发展的结果。
- 促使个人发挥潜能。
- 增强社区意识，使居民可以感到自己对社区作出的有效贡献。

在地区发展模式中，过程目标的地位及重要性是高于任务目标的，而提升社区居民解决问题的能力以达到自助是最重要的发展目标。

二、地区发展模式的实施策略

策略是指行动的全盘及整体计划。地区发展模式所采用的策略主要集中在如何推动社区居民的参与和合作，改善社区的沟通与合作渠道，更好地运用地区资源，解决现存的社区问题。

地区发展模式的基本工作策略是把所有人团结在一起，谈论社区的问题和需要，一同找出问题的解决办法和途径，最后一起行动起来解决问题。

具体地说，地区发展模式的实施策略主要有以下几方面。

1. 促进居民之间的交流

促进居民之间的交流，主要是针对社区居民之间的冷漠和疏离所采取的策略。社区工作者一般会通过组织一系列社会交往和公共活动让居民互相熟悉、交往、沟通，并分配部分有积极性的居民承担一些任务，或参与活动的策划和管理，增强居民处理事务的能力和责任感。在活动结束后，社区工作者和居民共同分享活动中的收获，用成功的合作经验鼓励居民持续参与，提升他们的自信心。

思考与讨论

您所成长、生活的社区开展过哪些活动促进了社区居民之间的相互交流？

2. 以居民自助为本

地方发展模式强调以社区内部资源的动员为主，外在的资源帮助和技术引进为辅。在地区发展模式中，社区发展机构及其工作人员只是推动者，通过提升居民解决问题的能力，社区居民自己决定社区中需要的东西、社区发展的方法以及如何开展工作。

3. 团结邻里

在开展社区服务时，社区工作者一般会组织多元化的活动鼓励居民参与，推动建立社区归属感和认同感，建立起基层联络网，加强邻里间的沟通，实现邻里关系的改善。

4. 争取、团结社区精英

社区精英是社区资源的主要持有者，社区工作者应该积极争取他们的支持，使其协助完成社区的发展计划。

[学习活动 6-2]

分组讨论

假设您是某城市社区中的社区工作者，当您进入该社区后，发现社区居民间基本互不相识，甚至对门住着什么人都不熟悉，居民对社区的事务也漠不关心。请分组讨论哪些活动有助于增加居民间的了解，促进居民对社区的归属感。

[活动步骤]

1. 将学生分成几个小组。
2. 每组 10 分钟的讨论时间，将小组观点写在白纸上。
3. 每组选代表进行大组分享。
4. 师生共同评议，选出 5 条切实可行的办法。

[提示]

1. 可结合学习活动 6-1 的视频内容进行深入的讨论。
2. 启发学生从自己熟悉的社区入手考虑问题。

[时间]

30 分钟。

三、地区发展模式中社区工作者的角色

地区发展模式中，社区工作者扮演着多元化的角色，概括起来主要有

以下几种。

1. 使能者的角色

使能者的角色是指社区工作者把社区居民组织起来表达他们的需求以及对社区的意见，鼓励及协助他们组织起来，帮助他们建立良好的沟通渠道和人际关系，以及催化共同目标的产生。

案例 6–1：

小刘是某社区服务中心的残疾人社会工作者，她发现社区内有一定数量的残疾人，残疾人的照顾者压力较大，有的表现出了明显的烦躁、低落情绪，心情不好时常常会斥责被照顾者，事后又后悔。小刘发现这个现象后，将这些照顾者组织起来，开展了一次小组活动，促进这些照顾者的情绪表达，并形成互助小组。随后，这些照顾者每周都有固定的时间聚会，互相帮助解决生活问题、疏解烦躁情绪，并带动起了社区中所有的残疾人参与。

2. 引导者的角色

引导者的角色是社区工作者协助训练居民解决问题的能力和组织的技巧，以及培养居民积极参与和自助互助的精神。

3. 协调联络的角色

协调联络的角色是指社区工作者要在社区小组之间、社区组织和外界组织之间、不同社区之间进行联络沟通，增加了解，减少误会和分歧，争取团结、合作和支持。

案例 6–2：

文汇社区是一个开放型社区，近期该社区的社会工作者小夏发现社区存在一个问题：社区休闲处中心花园开了很多商户，为了吸引居民，很多商家纷纷打开音响播放音乐，为了突出宣传自己，各家音响的声音都越开越大，居民深受其扰。于是小夏开始联络各家商铺，并把他们组织起来，各家商铺最终达成共识，调低音响声音，并开始联手讨论如何真正为居民提供优质服务，获得居民好评。

4. 资源中介的角色

资源中介的角色是指社区工作者要协调、动员社区内外的资源，投入社区居民的发展项目中，帮助社区居民组织发展项目，解决社区问题，提高社区生活质量。

案例 6-3：

某街道 65 岁以上的老人占总人口的 22%，且都是一些低收入者。为了推广建设社区居家养老项目，街道建设了老年日间护理中心，中心内设有健身、娱乐设施和专用厨房。但因床位有限，很多社区老人无法享受这些服务。经调查，日托所的厨房供应潜能远远大于目前的供应量，而且 16：30以后所有老人都离开了，厨房多数时候处于闲置状态。与此同时，社区中很多孤寡老人和双职工家庭的子女因缺人照顾，中午就餐难的问题较为突出。社会工作者小洋进入社区发现此问题后，多方联络，将小区日托所厨房发展成社区小食堂，为有需要的老年人和学生提供服务。经过组织，社区内志愿者组成了送餐服务小组，定时将午餐送到老人的家里。16：30—18：00，护理中心的老人都回家了，此时则将中心作为双职工家庭子女晚托班，供其学习和活动，同时请社区中退休教师做志愿者协助进行辅导和管理。

四、地区发展模式中的工作技巧

地区发展模式是社区工作主流的基本工作模式，地区发展模式下的工作过程和方法也是实际社区工作所需掌握的主要的、基本的工作过程和方法。根据亨德森（Henderson）和托马斯（Thomas）的概括，邻舍层面的社区工作过程可以有以下 9 个阶段。

- 规划和协商进入。
- 了解社区。
- 规划下一步该做的事情。
- 建立联系和将人们集合在一起。
- 建立组织。
- 帮助厘清目标及优先次序。

- 使组织继续进行。
- 与朋友和“敌人”交往。
- 离开和结束。

在不同的工作阶段，社区工作者采用的技巧如下。

（1）进入社区，拜访关键人物；和居民进行街头接触或深入访谈；公共集会和公益活动；事件的介入和焦点小组。

（2）社区调查研究的方法：社区行走观察法；文献分析法；深入访谈法；问卷调查法。

（3）建立和发展居民组织的方法：清楚界定组织的目标；功能清楚的组织内部结构和岗位分工；对组织成员的激励和组织领导者的训练；组织的财政资金支持；对外关系和公共关系等。

五、地区发展模式的评价

（一）优点

（1）地区发展模式强调自助自决的目标，可以使居民自己决定及推行切合本社区需要的工作，能更有效地满足居民的需要。此外，居民也可以通过自助参与的过程，学会解决问题的技巧，强化将来面对和处理问题的能力，提升自我形象。

（2）由于注重和谐的工作手法，以及强调居民及团体间的合作互助，运用地区发展模式有助于营造互相关怀的社区气氛，也可以帮助建立不同的社区网络，串联起社区内的居民，使他们更有归属感和认同感，从而降低社区的疏离及人际关系的解体。

（3）地区发展模式着重沟通和合作，社区内的组织和居民都在这个参与过程中学习寻求共识、协调的民主意识。

（4）地区发展模式的目标和所运用的手法符合中国人的文化传统，是比较适合中国本土化的工作方法。

（二）局限性

（1）在社会现代化的进程中，社区所面对的问题越来越复杂，成因往往是多方面的，单靠协调社区中的资源和居民的参与，未必能有效地解决社区问题，所以地区发展模式的手法就显得有些不足，它往往只能改善一些无足轻重的问题，对整体资源分配不均等问题无能为力。

（2）地区发展模式假设社区为一个整体，各团体或组织的利益是可以相容的，通过沟通和合作可以化解它们之间的矛盾。但事实上，越来越多的研究指出，社区内是存在着不同利益群体的，他们各自关注本身的利益和所获得的资源，因此对本身所属利益团体的认同要远远高于对整体社区的认同，而这些团体之间又常常因资源分配或立场不同而对立。

（3）地区发展模式相信通过地区人士的民主参与，便可以达到解决问题及自主的目的。不过，也有学者认为，在这种参与下所得出的解决方法并不能有效解决社区问题，并且会浪费不少资源和时间。

[学习活动 6-3]

参与式讨论

[学习目标]

通过分组讨论，学生进一步理解地区发展模式如何在实践中运用。

[步骤]

1. 学生随机分组，每组组员画出“我所在的社区”，并在组内分享“我所在的社区存在的问题”，大家共同选出主要问题来讨论。例如，现代社区内居民的流动性普遍较高，建立居民的社区归属感和认同感有很多障碍，如何消除这些障碍？

2. 以地区发展模式为指导，拟订解决方案。

3. 总结、分享。

[时间]

30 分钟。

地区发展模式假设居民有参与的动机，并且愿意参与社区事务。但是在现实生活中，能否有效地动员居民的参与是一个重要的问题。因此，地区发展模式的主要目标是鼓励社区居民广泛参与，通过自助及互助的方式解决社区内的问题，并在此过程中使居民学会自决自助，改善居民间及居民与团体之间的沟通与合作，培养社区骨干。

第二节　社会策划模式

策划是一种程序、一种过程，是对未来要发生的事情作当前的决策，即根据当前形势，判断事物变化的趋势，确定可能实现的目标和预期的效果，并据此来设计、选择能产生最佳效果的资源配置与行动方式，最后形成正确的决策和工作计划的复杂过程。

简言之，策划就是预先决定做什么、何时做、如何做、谁来做。在社区工作的范畴，很多时候需要举办大型集会或活动，比如针对社区老年人开展的健康教育等，必须有多方面不同工作人员的参与和合作，因此，有一个完善的计划和设计是非常必要的。

一、社会策划模式概述

（一）社会策划模式的定义

社会策划（Social Planning），也译作社会计划，是指借助专家和外界权威机构对社区进行科学和理性的调查研究，选出一个最优的工作计划，通过自上而下地安排组织执行计划来解决社区的问题和满足居民需求。也可以说，社会策划就是社区工作者以理性方法，通过清楚理解工作机构的工作理念、政策、资源和方向而确立社区工作目标，从多个预选方案中选择一个最理想的工作策略，然后根据社区需要动员及分配资源，并在工作过程中结合实际的变化随时修改计划，使计划按预定的目标进行，等工作结束时对计划执行情况加以检讨和反思。

需要指出的是，社会策划模式既是一种社区、社会发展的策略，也是指具体的发展项目的策划管理，它运用程序计划去实践社会发展的宏观目标，在组织层面策划及推动改变以期能解决社会问题。

社会策划可以广泛地应用于各个方面，包括各类人群的服务，如老人服务、儿童服务、残疾人服务等；现行服务的改进，对机构现有的服务计划的完善和更新；社区和城市发展规划，如交通、房屋、环境等；社会发展规划，如人口、教育、医疗等。

（二）社会策划模式的基本假设

（1）假设社会问题的解决需要专家、专业以及科学性。

（2）只有通过落实精心制订的规划，社会计划和服务的推行才能更有效和更具成本效益。

（3）机构的工作人员能够充分了解受助者的需要。

（4）受助者的需要应该得到满足。

（5）机构可以使服务对象得到和接触到它的服务。

（6）社区工作者能够联系、协调和调动社区的资源以解决社区问题和需要。

（三）社会策划模式运用的情境

1. 居民参与能力不足，缺乏社区骨干

（1）在一些社区中，由于资源分配的不公正性，某些居民缺乏参与的能力和机会，这种状况限制了居民认识和解决问题的能力。

（2）社区骨干对社区、社区组织和居民来说非常重要，因为他们能够团结和领导有共同信念和利益的群众，争取合法权益；并且能够把所属群体引向独立自主，体现民主社会的参与精神。如果缺乏社区骨干，那么“一盘散沙”的群众很难被组织起来，群众利益也难以表达出来。

2. 资源匮乏

很多社区问题的产生都与缺乏足够的人力、物力、财力资源有关。造成资源匮乏的原因有两个：一是制度性、结构性弊端导致的资源分配不公；二是自身道德和能力上的缺陷。贫穷削弱了社区居民与当权者讨价还价的能力，限制了其解决问题和发展自己的能力。

3. 缺乏组织或已有组织比较涣散

一个人的力量是有限的，很难解决困扰社区发展的宏观问题。团结就是力量，组织是解决凭个人力量不能解决的问题的根本手段。问题社区积贫积弱、没有合力，症结在于缺乏代表他们利益、有着共同目标的组织把他们组织起来、动员起来，把潜藏于他们心中的能量激发出来。

已有的组织缺乏联系，甚或心存误解，资源不能共享，优势不能互补，不能结成同盟，从而降低了在社会性或社区性事件上向当权者施压的能力。

因此，社区工作者应深入社区，运用专业方法和技巧，充分发动和动员社区居民，寻找和分析社区的需要和问题，制订切实可行的系统方案，发掘社区资源，建立社区组织，培养社区骨干，解决问题，达到社区变迁的目的。

二、社会策划模式的功能及特征

（一）社会策划模式的功能

社会策划犹如一幅工作蓝图，不仅可以引导工作的方向，加强社区工作者之间的沟通和协调分工，使资源的效能得到最佳发挥，而且可以促进社会工作者对活动的理解、自信心及领导能力的提升，促进团队精神的建立以及掌握工作对象的兴趣及需要。具体来说，社会策划模式的功能可以分为以下 4 个方面。

（1）社会策划的前提是对社区的整体状况做全面、深入的调查。因此，社会策划是在社区分析的基础上找到需要解决的问题，确定下一步的目标和任务。

（2）社会策划可以培养社区工作者的团队精神和居民的社区认同感、归属感。因为，社会策划需要工作机构、社区管理人员、社区居民的参与和认同。团队精神和社区认同感是社区工作的核心问题之一，它可以使社区行为趋向自觉化。

（3）社会策划通过对问题的分析、对未来的预测，可以发现社区工作中存在的不足和隐患，为社区发展提供周密的方案和努力的方向。

（4）社会策划可以帮助社区工作者树立良好的形象，使社区工作者和社区居民的关系和谐发展，有利于推动工作的顺利开展。

（二）社会策划模式的特征

罗斯曼强调，理性、精心策划和有控制的变化是社会策划的核心。我国香港学者梁祖彬则认为，社会策划有三个特点：理性化、自上而下的改变、控制及指导未来。

1. 理性化

理性化是指在作出选择及决定时，确立清晰的目标和假设，运用连贯、一致的决定标准，有系统、周详地考虑事实，以客观的理由与逻辑去分析各个可行的方案，估量其后果，然后作出理性的决定。理性化可以说是策划的中心概念，具有以下特点。

（1）清晰的目标及价值趋向。

（2）列出可以解决问题或达到目标的方案及其可行性。

（3）研究及估计各方案的得益及其所需要付出的代价。

（4）比较各方案的效果。

（5）选出能以最低代价达到最佳效果及效率的方案。

总之，理性化的方法是配合一些科学化的策划技巧，尤其是应用统计学中处理数据的方法来收集、处理及分析资料，以协助作出科学决定。

2. 自上而下的改变

社会策划是通过专业技术人员的知识、科学决策的能力及其权威自上而下地介入，以推动社会的渐进改变。可见，社会策划是依靠专家的意见，通过专家的调研、论证、计划，然后落实、推行，去解决社区内的问题，是一种由上而下的方法，而不是一种直接化的群众工作手法。因此，社会策划模式具有一定的局限性，策划者本人的意识形态影响策划的价值取向，决策的结果可能会使一些人获益，另一些人却要付出代价。这是需要社区工作者警惕的问题。

3. 控制及指导未来

策划立足现在、面向未来，通过分析目前及过去的资料，预测将要发生的事情，设计应对的策略，实现理想的目标。策划的目的是尽量减少未来的不确定性。

三、社会策划模式中社区工作者的角色

在社会策划模式中，社区工作者主要扮演专家的角色，包括社区诊断、研究、资讯提供、组织运作、评估等。专家的角色实质上就是行政管理者的角色。

此外，社区工作者还身兼多种角色，主要包括：

- 资源提供者，即负责社会资源的分配。
- 引导者，即了解工作的环境及形势，决定策划的方向。
- 宣传者，即在实际工作中需要主动推销建议、动员和游说，以取得各方支持。
- 协调者，即协调各方利益，使计划能够得以实现。

总之，从策划的制定到了解服务机构的使命和目标，从分析社区内外部环境、评估需要到制订工作计划目标和介入策略，从执行运作策划到总结评估，社区工作者一直充当着信息汇集者、需求和问题的分析者、方案

的制订者，以及行动的组织者、实施者、协调者和成效的评估者、反思者的角色。在社会策划模式中，社区工作者的角色是“为社区民众而做”，而非其他模式中的“与社区民众同做”。

[学习活动 6-4]

视频观看讨论

[学习目标]

1. 了解社会策划模式的特征。

2. 认识社会策划模式适用的情景。

3. 充分认识专家和居民在社会策划方案中的角色。

[活动方式]

观看四川地震后北川重建的相关视频。

[步骤]

1. 观看视频。

2. 分组讨论，题目如下：

(1) 视频中体现了社会策划模式的哪些特征？

(2) 如何用社会策划模式去解决灾后重建的问题？

(3) 视频中的专家和居民的角色与任务是什么？

3. 大组分享。

4. 师生共同总结。

[提示]

1. 此案例可找到相关视频，根据需要和条件，也可选用其他地区灾后重建的新闻视频。

2. 在讲授本节内容之前，可以先组织学生观看视频，让学生对社会策划模式有直观、感性的认识。

3. 提前准备好播放设备。

[时间]

约 40 分钟。

[视频内容简介]

框下附。

附：学习活动 6-4 的视频内容简介

北川新县城重建总体规划通过技术审查①

北川县城在“5・12”汶川大地震中几乎完全变成了废墟，无法原地重建，国务院 11 月初批准在绵阳安昌镇以东 2 千米处对北川县城进行整体的异地重建。北川新县城灾后重建总体规划今天通过了住房和城乡建设部、四川省建设厅的联合技术审查，一个既现代又能展示出羌族传统建筑文化特征的北川新县城呼之欲出。

对于北川新县城的规划，北川老百姓都有什么样的想法？根据记者在当地了解的情况，北川人对最后选定这个新县城地址表示满足了他们最基本也是最大的选址需求：地势平坦，远离高山。因为在地震之后，不少北川人怕高，怕看到大山。位于安昌镇以东 2 千米的这个新县址，距离老北川县城 20 多千米，丘陵环抱，地势平坦，从自然条件来说是比较适宜城镇建设的，对此，北川老百姓基本表示满意。他们表示，以后的新房子一定要安全，虽然有离乡背井的伤感，但还是有很多期待。安昌本地人对新北川建设给予很大期望，他们认为原来冷清的安昌因为新北川的建设，人气会更旺，也会更加繁荣。

四、社会策划模式的实施步骤

一般来说，社会策划可以划分成不同的阶段及步骤，目的是通过系统的方法分配时间，动员资源（人力、物力和财力），并收集和处理资料，以达到计划的目标。

［学习活动 6-5］

排　序

［学习目标］

让参与者初步接触和了解社会策划的一般过程。

① 视频来源：北川新县城重建总体规划通过技术审查，央视网（午夜新闻），http://www.openv.com/play/SHDongFangTVprog_ 20081220_ 6968153.html.

［方式］

排序。

［步骤］

1. 小组讨论，问题：将社会策划的步骤按先后排序，并讲清排列理由。

2. 大组分享。

3. 师生共同总结。

［提示］

1. 事先准备好写有社会策划每个步骤的大纸条，最好选用彩色的纸条，以增强这个环节的趣味性。

2. 让学生动手将社会策划的各个步骤按先后次序粘贴在白板上。

［时间］

约 30 分钟。

甘炳光认为，社会策划的具体步骤大致如下：

了解组织的使命和目标
↓
分析环境和形势
↓
自我了解
↓
界定和分析问题
↓
确定需要什么
↓
建立目标及达到目标的标准
↓
寻找、比较并选择可行方案
↓
测试方案
↓
执行方案
↓
方案评估

首先，策划者需要了解机构的一些基本信念、使命及长远目标；其次，需要搜集相关资料，对环境及形势进行分析。同时，要清楚知道谁是对计划有影响力的人士及团体，分析他们的利益和需要、与计划的关系以及对计划的期望和要求。有必要的话，尽早与这些团体联络并进行咨询工作，或邀请他们参与策划过程。在初步的工作中，还需要确保可以获得财力和人力上的支持。此外，策划者要对整体的环境改变和发展趋势作适当的预测，了解计划将面对的机会、竞争和阻力。

接下来的步骤就是自我了解，也就是评估机构的特点和计划的优劣，明白能力与限制因素。只有这样，才可以清楚确定目标的界限和范围。有了清楚的概念之后，便是评估需要：究竟工作对象或社区的需要是什么呢？了解并确立了需要之后，就要制定明确的、可以测量的目标，并确定先后次序、轻重缓急和完成的时间。

有了目标之后，要列出所有能达到目标的可行方案及策略，并确定各个方案的理论根据，把问题的原因、解决方法及效果连接起来。事实上，非专业策划者与专业策划者的区别往往就在于计划有没有清楚的科学理论依据，因为前者只会以经验作为策划的基础。另外，还需要估量各个方案的优点及代价，清楚各个方案的效果及效率后作出理性选择。当然，如果条件允许，也应该对各个方案进行可行性分析或初步尝试。

选定方案后，要决定执行架构，包括人员编制、预算和大致的程序设计，通常也会制订一些执行计划的指导和程序。在这个阶段，整项计划便需呈交资助者并落实拨款。有时，计划是需要根据资助者的反应作修改的，一般是因为拨款减少，整个计划在规模上缩小。

在执行方案阶段，策划者需要监管整个运作过程，以免工作偏离轨道。在执行计划的过程中，常常因为对问题加深了解而需要修改原来的目标和手法，因此计划并非一成不变，其中，策划者与执行者之间的沟通是促使计划成功的重要因素。

评估方案并不是要等计划结束了才开始，而是策划的一部分，体现在策划的每一个步骤中。评估工作需要找出计划在落实执行时是怎样运作的，是否依计划进行，达到目标的程度及所产生的副作用有多少。整个计划的最后工作就是把评估报告、财务报告向负责机构呈报，并突出展示计划的成就。

上述策划步骤是理想的策划过程，实际的策划程序要复杂得多，不同的环节可能出现交叉。事实上，在某一个步骤出现问题时，便需要返回到前一个步骤，作出修改。策划的每一部分也可以分割来看，自成独立的项目。

五、社会策划模式的评价

（一）优点

社会策划模式强调科学和理性的规划，强调专家的作用，因此与其他模式相比有着明显的优点。

（1）保证专业化的服务质量。因为事先已经对社区问题有清晰的界定，加之社会工作者又拥有所需的技术和能力，所以可以保证所提供服务的质量。

（2）较有效率。社会策划模式注重专家的作用，采用的工作方式多为行政安排和组织工作，避免自发冲突，因而较容易有效地作出决定并采取行动以解决问题。

（二）局限性

社会策划模式属于机构层面的工作，居民扮演的角色较为被动，影响服务决策机会有限，只限于对计划提出一些修改意见。它以效率为重点，有可能会忽视社区居民意识和能力的培养。具体表现在以下两个方面。

（1）居民参与率低。首先，在服务目标方面，常常由社会工作者来确定什么是民众的需要，可能没有真正代表民众的心声；其次，由于在决策的过程中缺少民众的参与，可能导致民众对计划本身缺乏兴趣和投入。

（2）如果社会工作者不能恰当地运用社会策划方法，有可能使得服务对象对所提供服务的依赖性上升，进而导致被动民众群体的出现。

第三节　社区照顾模式

一、社区照顾产生的背景

“社区照顾”是世界各国近年非常关注的一个概念，这一概念的提出经历了较长的时间和较复杂的过程。社区照顾的出现源于20世纪50年代，是西方国家当时院舍式照顾服务产生的许多问题而酝酿的一个新运动。

社区照顾最初是针对住院式照顾提出来的。在推行高福利政策的鼎盛时期，英国等福利国家对无依无靠的老年人和有心理残障的人实施住院式照顾，即国家和政府通过兴办大型的福利院舍来集中供养和照料这些老人和精神病患者，政府出巨资聘用专职工作人员对他们进行供养和照料。第二次世界大战以后，英国推行的这种福利国家政策（即政府出钱、出人照顾那些无依无靠、日常生活有困难的人）收效还是不错的，特别是对那些生活不能自理的老人更是如此。英国上下大力宣扬和推行这种院舍照顾，一些国家和地区也纷纷效仿。

随着时间的推移，50 年代初期，西方社会（如英国）开始关注为老人和精神病患者提供的长期住院照顾产生的一些非人性化的后果。与此同时，亦有社会人士注意到老人和残疾人士因长期住院而产生的种种不良后果，这种住院式照顾存在的问题主要有以下几种。

（1）住院式照顾使政府承受了巨大的财政压力。

（2）住院式照顾有悖于人的生活环境的“正常化”。这些大型的福利院舍常常是与被照料者的生活社区分离的，脱离了受助人生活的社区，把他们置于一种非正常的环境之中，这些人实际上失去了同正常人进行交往、正常社会生活的条件，从而渐渐失去重新适应社会的能力。社会学家指出，与世隔绝的住院式照顾实际上成了住院者致病的一个重要原因。

（3）住院式照顾所产生的一些非人性化的后果：大型机构里的工作人员往往会形成一种控制甚至是虐待居住成员的行为方式。大型机构往往会强调机构的需求以维持其顺利运转，而不是服务于住院者。如某些住院者受到的是非人的待遇、在福利院中生活对儿童心理成长不利、对住院人员的不尊重、剥夺了自由和选择的权利等。

在上述因素的共同影响下，崇尚人权的英国社会发出了“让住院者回归社区”的呼声，让服务对象尽量在家里或者在社区中正常生活。英国政府顺势倡导社区照顾，放弃集中院舍照顾的思路，鼓励基层社区发挥功能，对无依无靠的老年人及精神残障者施以援手、予以照顾。在这种背景下，“社区照顾”的概念应运而生。由此可见，最初社区照顾理念的产生主要是与“非住院化”运动息息相关的。

20 世纪 60—70 年代，随着福利主义的兴起，西方国家政府承担了越来越多的社会服务。如英国的政府就为社会提供了种类繁多、包罗万象的服务，有社区活动中心、老人公寓、家庭照顾、居家服务、暂托处、老人院等，可以说是“从摇篮到坟墓”都已涉及，满足了社会各阶层人民不同层次的需求。但是，由于政府职能的不断扩大，带来了种种问题，如财政危机和官僚僵化等，社区照顾也和“非政府化”运动相联系。80 年代以来，面对日益庞大的社会福利和社会保障开支的沉重负担，撒切尔政府不断调整福利政策，采取了一系列改革措施，其社会服务也从以院舍照顾为主转为以社区照顾为主，政府尝试改变地方政府的服务提供者角色，试图鼓励更多非正规服务及私有化服务的发展，提倡社会服务的资源和决策权应下放至社区层面，而服务的提供应由政府和政府以外的民间组织及志愿团体共同去承担，甚至进一步大力发动亲友和邻居为社区内有需要的人士提供非正规照顾。

社区照顾作为一种社会服务概念和策略，经过数十年的提倡和推广，已经形成了一定的模式。社区照顾提倡把需要照顾的人士留在原本居住的社区接受照顾，而以种种正规社会服务及非正规支持系统去为他们提供照顾，并努力在社区环境中改善他们的生活质量。它是在福利国家政策变化下倡导的一种社会工作模式，也是各国推行社会服务的一种方法。

二、社区照顾的概念和特点

（一）社区照顾的含义

由于社区照顾概念的形成比较复杂，因此，至今对其仍然没有一个公认的解释。对社区照顾概念的界定，不同的人士对它有不同的理解。

英国 1989 年的《社区照顾白皮书》指出：“社区照顾”是指为老年、心理疾病、心理障碍或身体及感觉机能障碍问题所困者提供服务和支持，让他们能够尽可能在自己家里或社区“类似家庭”的环境中过着独立的生活。

布尔默（Bulmer）认为，“社区照顾”是指正式机构之外的可用资源，特别是将家庭、朋友或邻里等非正式关系视为提供照顾的工具。

阿伯斯（P. Arams）认为，社区照顾是“由非专业的人士在家居或工作的环境中提供协助、支援或照顾”。

万育维则认为，服务社区化的基本精神和理念与生活正常化（normalization）相通，均是希望那些需要被照顾者得到适当的支持或信息服务，使其能有尊严、独立地生活在自己的家里或类似家庭环境的社区内。

以上所述各点均与社区照顾的理念一致。社区照顾就是社会工作者动员社区资源、运用非正式支持网络、联合正规服务所提供的支持服务与设施，让需要照顾的人士在家里或社区中得到照顾，在其熟悉的环境中向其提供照顾和帮助的福利服务模式。社区照顾可以看作一个社会服务网络，非正式网络与各种正式的社会服务机构相配合构成了这个网络。

（二）社区照顾的服务对象

社区照顾通常为社会中有需要的一群人提供照顾和支援服务，促进社区中的居民对有困难对象的关怀，从多方面为他们提供协助，同时也直接支援处于危机时期需要援助的任何个人和家庭。具体来说，社区照顾的服务对象包括：

（1）社会公众——包括政策制定者、专业人员、邻居、朋友等。

（2）严重老弱伤残——社区中存在着需要被照顾的困难群体，如老年人、儿童、精神病人等。

（3）处于危机境况的人及家庭——包括独居老人、单亲家庭、慢性病人、轻度及中度智力障碍者、精神病康复者等。他们长期处于危机困境，且这种困境随时可能恶化，需要社会的援助。

（4）照顾者——长期的照顾工作使其处于很大的压力中，身心疲惫，生理和心理都受到影响，也需要社会的援助。

（三）社区照顾模式的特点

（1）协助服务对象正常融入社区；以服务对象原来熟悉的正常化的环境和方式向其提供照顾，修正机构院舍照顾引起的对服务对象的问题。

（2）强调非正式照顾的作用；注重利用社区中存在的非正式的关系网络和正式网络的结合，向服务对象提供帮助和服务。

（3）发挥社会支持网络中的正面的社会资本作用，避免由此引起的社会排斥。

（4）提倡建立相互关怀的社区；发扬社区互助精神，建设互尊互爱的社群生活。

［学习活动 6-6］

案例分析

［学习目标］

1. 掌握社区照顾的概念，了解社区照顾是一种专业化、职业化的社区社会工作模式。

2. 了解社区照顾的对象。

3. 充分认识社区工作者是如何帮助服务对象解决困难、满足多方面需求的。

［方法］

案例分析，启发式讨论。

［步骤］

1. 教师提供案例。

2. 分组讨论，题目如下：

（1）案例中服务对象遇到了哪些困难和问题？

（2）案例中社区工作者运用哪些专业社会工作方法帮助他们解决了问题和困难？

（3）案例中蕴含了哪些社会服务网络？区分不同网络所具有的功能，为服务对象提供不同种类的服务与支持，使受助者的困难真正能够在社区中得到解决。

（4）案例中的社区工作者的角色与任务是什么？

3. 大组分享。

4. 师生共同总结。

［时间］

40 分钟。

［案例］

框下附。

附：学习活动 6-6 的案例

居民张兰一家三口挤在一间 8 平方米、没有窗户的屋子里，终日见不到阳光。张兰是一位靠轮椅行动的残疾妇女，她的丈夫是比她大 20 多岁的农民，儿子刘刚在读高一。夫妻二人没有固定的收入，靠最低生活保障金维持生活。最近张兰很烦恼，虽然儿子是她最大的骄傲，但也最令她焦虑。她为儿子的懂事、孝顺而欣慰："儿子送我的生日礼物是给我洗了一天的衣服！"但也担心儿子的学习，她对儿子寄予了很大的期望，可繁重的家务活影响了儿子的学习，儿子的数学和英语成绩一直不好，想请家教，又负担不起费用。更让她担心的是，最近发现儿子有早恋的苗头。居委会主任了解情况后，向来居委会实习的社会工作专业的学生黄立求助。黄立通过个案工作的方法帮助刘刚解决了个人感情方面的困扰之后，又联络本校的大学生志愿者，每周两次为刘刚辅导英语和数学。看着儿子的变化，张兰的脸上又露出了笑容。

三、社区照顾模式的实施策略

英国学者沃克（A. Walker）指出，社区照顾的主要实施策略有三种：在社区内照顾（Care in the Community）、由社区照顾（Care by the Community）和与社区一起照顾（Care for the Community）。应该说，这三种策略都只反映了社区照顾总体含义的一部分，社区照顾应是上述三种含义的综合，实际上，它是一种支持社区并通过社区充分地挖掘社区内的各种资源对受助人进行照顾的综合性的实施策略。

（一）在社区内照顾

1. 定义

在社区内照顾是指将一些服务对象留在社区内而开展的服务，即指有需要及依赖外来照顾的困难人士，在社区的小型服务机构（即由政府及非政府的服务机构在社区里建立的小型的、专业的服务机构）或住所中获得专业人员的照顾。在社区照顾的核心是强调服务的"非机构化"，发展以社区为基础的治疗与服务设施、技术和计划，将照顾者放回社区内进行照顾，在他们熟悉的社区环境中生活，协助他们融入社区生活，使所提供的服务更贴近人们的正常生活，从而避免了过去大型照顾机构那种冷漠、缺乏人情味和与世隔绝的程式化的专业照顾带来的负面后果。

目前，我国社区已逐步建立起各种类型的社区照顾机构，如社区活动中心、老人之家、妇女之家、托老所、爱心吧等。如某社区建立的“新居民妇女之家”，为外来妇女提供信息、维权、保健、帮扶等多方面的服务，发挥了联系、宣传、培训、服务等功能，使妇女之家成为外来妇女沟通思想、宣泄情感、提高素质、增强自信的场所和解决问题的基地。

2. 服务形式

在社区照顾的服务形式主要有以下几种。

（1）将被照顾者迁回他们熟悉的社区中的家庭里生活，并辅以社区支援性服务，如家务助理、社区护士及社区中心等。

（2）将社区内的大型机构改造为更接近社区的小型机构，如老人庇护所、小型儿童之家等。

（3）将远离市区的大型机构迁回社区内，使服务对象有机会接触社区，方便亲友探访见面。

（二）由社区照顾

1. 定义

由社区照顾是指由家庭、亲友、邻里及社区内的志愿者等提供的照顾和服务。由社区照顾的核心是强调动员社区内的资源，发动在社区内的亲戚朋友和居民协助提供照顾，它是实行社区照顾的一个核心策略。

2. 介入策略

在社区照顾实践中，已充分证明了建立强有力的地区支持网络是实行社区照顾不可忽略的策略。由社区照顾的重点是要积极协助困难群体和有需要的人在社区中重新建立支持网络，从而帮助他们继续留在社区或他们原本的生活环境下维持独立而有尊严的生活。

社会支持网络是指个人在社会的人际交往中形成的比较紧密、可以相互支持和帮助的人际关系网络。社会支持网络包括正规社会支持网络和非正规社会支持网络两种。当代社会的现实表明，正式的组织关系并不能代替非正式人际关系提供的社会资本和支持，如果不依赖非正规社会支持网络，很难建立起一个守望相助、互助互爱的“关怀的社区”。

由社区照顾强调借助非正规社会支持网络的力量，因为非正规社会支持网络的特点是灵活、及时、方便和人性化，比较适合给有需要的人提供情感性支持、伦理性支持、信息性支持和短期轻便服务等，所以较易得到受助者的信任及较能提供首先的支援。通常社区内有需要的人士会在有困难时先寻求家人、亲戚、朋友及邻里的支援，而很少会立即寻求正规的专业援助。因此，社区工作者的主要任务是去识别社区现存的网络，协助建立或强化这些支持网络，并促进网络成员的支持及互助能力。一般来讲，社区支持网络大致分为3类。

第一类是提供直接服务的网络。其以直接服务为主，是在社区内动员家人、亲友、邻里或志愿者等，借此建立一个支援系统去关怀社区内有需要的人。例如，动员社区志愿者探访独居孤寡老人，帮助他们打扫家庭卫生；动员志愿者有组织地、系统地为伤残人士提供康复服务等。

第二类是服务对象自身的互助网络。这是指建立服务对象本身的互助小组，使他们能够以助人自助的方式互相支持。这类服务是以同一类型的服务对象为主体，例如癌症病人的互助组织、白血病病人互助小组等。第一类网络较多以地域社区为基地，在同一社区内发动邻里、居民组织或志愿者等去关怀社区内有需要的人士；而第二类网络则以同类型的服务对象为主体，是以功能社区的概念去建立的互助组织。

第三类是社区紧急支援网络。这是帮助个人及家庭预防突发事故或危机而建立的支持网络，例如独居老人的紧急互助计划、由警方协助推行的邻里守望预防犯罪计划等。目前，我国社区紧急支援网络还没有得到很好的推广，家庭纠纷和个人困难常常因为得不到及时的调解或处理而恶化。一个理想的社区紧急支援系统应由居民委员会与邻里系统、公安派出所与政府机构街道办事处、社区中心或社会服务机构以及辖区单位共同组成，建立热线或紧急支援服务网络，力争为居民提供及时的帮助和支援服务。

3. 评价

由社区照顾强调动员社区内资源，积极协助困难群体和有需要的人在社区中重新建立支持网络，这些策略如果能够灵活地应用于社会工作过程，更能发挥积极的支持作用，协助有需要的服务对象去面对及解决种种困难，逐步建立互相关顾的社区，达到社区照顾的目标。

动员本社区的人力资源，运用社区支持网络开展照顾服务能弥补机构照顾的不足，甚至代替机构照顾的许多功能。

但是，非正规社会支持网络也有其不足之处，主要是服务者的专业服务水平不高，往往不能向服务对象提供足够水平的服务支援。另外，常常不能给受助者保证提供连贯性及可靠性的支援。

拓展阅读

我国发展由社区照顾的社会文化土壤

由社区照顾对于中国社会来说也是一种很好的选择，因为中国社会对这种实施策略有较好的接纳基础。

1. 社会文化背景

邻里相伴、守望相助的传统在中国已有数千年的历史，中国社会文化是农耕型文化，它强调家庭的作用，重视家族关系，进而推及邻里关系。而以家庭为核心的福利保障与服务制度，又使中国从一开始就有了以家庭照顾为基础的社区照顾的雏形。在中国传统文化中，对此都有过较系统的阐述。例如，《礼记·礼运》中就说："大道之行也，天下为公……故人不独亲其亲，不独子其子。使老有所终，壮有所用，幼有所长，矜寡孤独废疾者皆有所养。"《孟子·梁惠王》中则说："乡田同井，出入相友，守望相助，疾病相扶持，则百姓亲睦。"这些思想对中国社会福利的发展产生了深远影响，民间以"守望相助，疾病相扶持"的理念为生活准则，形成了以家庭自我照顾和邻里互助互济为基础的福利照顾网络。正是这样，中国自古以来就有社区照顾的传统。

2. 中国特有的家庭养老照顾传统

中国的家庭是父母承担养育子女的责任，子女也要承担赡养父母的责任；而西方家庭的父母要承担养育子女的责任，但子女却无承担赡养父母的责任。这种传统为我们今天开展社区照顾奠定了文化和社会历史基础。

3. 中国人口老龄化的现状

中国作为世界上最大的发展中国家，在社会生产水平、经济尚不发达的背景下迎来了人口的老龄化，必将给经济和社会发展带来深刻的变化。这种变化正在广泛而深刻地影响着人类社会生活的各个方面，采取相对延缓老龄速度、实施老年服务等应对策略和对策，也是我们今天开展社区照顾的一个重要的问题。

4. 当前我国福利制度的改革与社区建设的探索

随着国有企业深化改革和政府机构改革、转变职能，企业剥离的社会职能和政府转移出来的服务职能，大部分要由城市社区来承接。随着人民群众生活水平的不断提高和住房、养老、就业、医疗等各项制度改革的不断深入，推动社区建设、拓展社区服务、提高生活质量已成为广大城市居民的迫切要求。建立一个新的社会保障体系和社会化服务网络，发展社区照顾，需要有广泛的社会力量的参与，特别需要非政府和非营利的社会服务中介组织的介入。因此，近几年我国通过推广社区服务发展社区照顾开始积累了一些符合中国国情的经验。

（三）与社区一起照顾

1. 定义

与社区一起照顾是指要成功地进行社区照顾，单靠社区及家人的力量是不够的，为了使这些照顾者不被“耗尽”，还需要充足的支援性社区服务辅助，才能使社区照顾持续下去。

与社区一起照顾的服务主要包括日间医院、日间护理中心、家务护理、康复护士、多元化的老人社区服务中心、暂托服务、关怀访问及定期的电话慰问等。有了这些服务的足够提供，才能帮助社区把需要照顾的人留在社区里生活。与社区一起照顾的核心是强调正规照顾和非正规照顾相辅相成、互为补充的重要性。

2. 评价

在社区照顾和由社区照顾的策略各有其优点与不足，与社区一起照顾的服务正是结合二者的优点，彼此相辅相成、互相补充，强调建立一个能够将正规社会服务及非正规社会支持网络两者相互结合的社会服务模式。

与社区一起照顾这一实施策略明确地指出了正规照顾和非正规照顾相互融合的重要性。正式机构的优势是组织结构明确、专业分工清楚、岗位职责明确、资源筹措充分、服务方案设计科学等，所以应该发挥正式机构的优势，为社区提供专业的、有保证的服务。但正规服务较容易官僚化、规律化，以致缺乏弹性及灵活性，而且也需要一定程度的资源投入。非正式关系网络是人类在传统社会条件下主要的社会交往方式，其实社区中的关系主要就是这种非正式的社会关系。而非正式的社会关系灵活、有弹性，能够轻易地接触到社区内有需要的人士。正式组织机构和非正式社会支持网络之间的关系是一种互相补充的分工合作关系，充分发挥社区非正式网络的作用，配合正规的社会服务，建立以社区为基础的有效照顾网络，区分不同网络所具有的功能，为社区居民提供不同类型的服务与支持，能够使受助者的困难真正在社区内得到解决。

[学习活动 6-7]

情景剧设计——老年人的社区照顾

[学习目标]

以老年人的社区照顾为例进一步深入了解和掌握社区照顾模式。

[方法]

情景模拟与参与式讨论。

[步骤]

1. 给学生提供目前中国老龄化状况及老年人照顾现状的资料。
2. 选择几个志愿者自编自演能反映社区照顾三种策略的情景剧。
3. 每演完一个情景剧停下来，组织所有学生讨论这种策略的利弊。
4. 表演结束后，讨论中国老年人社区照顾的现状以及老年人照顾的发展趋势。

[提示]

1. 选择好志愿者后给学生一点时间商量策划情景剧。
2. 学生扮演的过程中可以随时停下来讨论。
3. 根据学生策划表演的情况，教师可作适当提示，以便活动更能实现教学目标。

[时间]

40 分钟。

四、社区照顾模式中社会工作者的角色

社区照顾模式中社会工作者的工作对象有两类：一是传统的服务对象，如老人、残疾儿童、精神病人等；二是家庭中照顾服务对象的照顾者，例如不能自理的高龄老人的子女、智障儿童的家长等。因此，社会工作者的角色主要有以下几种。

（1）治疗者。社会工作者以个案或小组的方式介入，为有需要的个人和家庭提供心理治疗、家庭治疗或小组治疗，帮助服务对象将其困难和需要加以分类分析，协助服务对象消除情绪困扰，帮助服务对象实现他们所追求的改变。

（2）辅导者。社会工作者以辅导者或教师的角色介入有需要的家庭，为家庭成员提供辅导服务，也可以为社区有共同需要的多个家庭提供小组训练课程。

（3）经纪人。经纪人角色是指社会工作者为服务对象寻找有关的服务，如为智障儿童寻找特殊教育学校，协助其接受文化教育；为照顾者小组的活动寻找社区资源，例如活动场地；推动照顾者协助服务机构推行服务；向照顾者小组提供财政或社区资源的资料和申请渠道等。

（4）倡议者。倡议者的角色是社会工作者与服务对象一起或作为他们的代表抵制或增进一个有目的的行为，为有需要的个人与群体争取权益和尊严，通过改进社区制度、社区规范来保护和促进这些新的权利。例如，为较为特殊的服务对象倡议和争取合适的服务；替照顾者向有关方面提出意见和争取改善措施；通过教育和培训，鼓励照顾者自主争取权益。

（5）建议者。社会工作者就服务对象的情况向有关服务机构反映意见，例如向特殊教育学校介绍智障儿童的情况并提出服务建议；在个案和小组工作中，向有需要的个人、家庭或群体提供活动和发展方向上的意见，例如为照顾者小组提供支援，提供活动和发展方向上的意见。社会工作者与有需要的个人、家庭或群体构成伙伴关系，社会工作者所提出的意见只供参考，不介入决定过程。

五、社区照顾模式的评价

（一）优点

（1）对服务对象人性化的关怀。社区照顾强调把需要照顾的对象留在社区内，解决他们的困难，强调挖掘社区的各种人力资源，建立社区支持网络，实现社区成员之间的互助，以发挥照顾的功能，增强人性化的关怀，密切社区居民之间的关系。

（2）调动社区民众参与社区照顾。社区参与和社区民主是社区照顾的核心原则，只有调动社区居民的参与和互助意识，鼓励社区居民对一些有特殊需要的服务对象加以关心和接纳，为社区中有需求的人提供服务，为有需要的人建立一个社区互助网络，才能建立一个关怀互助的社区环境，促进社区发展。只有这样，社区照顾最高层面上的价值理念才能得以实现。

（3）促进服务资源整合。在社区照顾体现了服务策略的改变，即通过服务的非院舍化及支援性服务的加强，被照顾者留在自己熟悉的社区中生活。由社区照顾则突出了服务资源的综合运用，即发动被照顾者的亲朋好友及邻居等提供协助照顾。社区照顾注重利用社区中存在的非正式的自然关系网络，使其和正式网络相结合，向服务对象提供帮助，从而建立一个关怀性社区。

（二）局限性

（1）资源及权力下放可能引发的政府责任和角色问题。社区照顾注重利用社区中存在的非正式的自然关系网络和正式网络的结合，向服务对象提供帮助和服务，发挥社会支持网络中正面的社会资本的作用，避免由此引起的社会排斥。但是，政府不能借口社会非正式网络的存在就推卸政府的责任，减少政府和机构等正式网络对社区应提供的服务。相反，社区照顾的落实需要政府更多的投资及承诺。

（2）社区资源状况可能不符合社区照顾的要求。社区照顾的基本思路是以社区作依托，立足社区，依靠社区和充分发挥社区关系网络的力量去支持各种服务，所以社区照顾的重点是强调社区资源的充分运用。但是，由于目前社会的发展状况和家庭结构的变化，这一切都可能出现社区资源状况不符合社区照顾的要求，导致被照顾者得不到应有的照顾。

（3）激励机制问题。社区照顾显然是把传统责任和利他精神作为照顾行为的道德基础。然而在肯定道德承担和约束力量的同时，必须承认道德的承担是有限度的。当家庭、社区网络不可能对被照顾者负起长期责任时，最后会伤害被照顾者的利益。

（4）非正规照顾的服务质量难以保证。社区照顾是一个社会服务网络，这个网络中的家人、邻里、朋友和志愿者等非正规照顾者通常没有受过必要的专业训练，提供的服务是非专业化的，服务质量可能难以保证。依靠亲朋好友及邻居的帮助也很难确保服务的连续性和可靠性，需要专门或特别服务的受助者可能得不到适当的照顾。

（5）社区对有困难人士的排斥和歧视问题。社会对一些有特殊困难的人（如残疾者、精神病人、失足青少年以及刑满释放人员等）往往存有偏见和歧视，甚至反对在社区内设立有关的服务设施，缺乏以关怀和体谅的态度去接纳他们。

拓展阅读

甸柳新村街道服务赋能“养老”变“享老”展现民政新作为①

甸柳新村街道位于济南市历下区东部，以老旧开放式小区为主，辖区80岁以上高龄老年人口1584人。近年来，甸柳新村街道积极完善基层养老服务设施建设，大力发展居家养老服务，建立起“以居家养老为基础、社区养老为依托、机构养老为支撑”的养老服务体系。

“长者热线”服务结合入户探访，保障老人各有所乐

早上8点半，历下区甸柳新村街道第二社区综合养老服务中心一楼大厅里，不少老人正在打牌、看电视，有说有笑，场面温馨而祥和。据甸柳新村街道第二社区主任王庆玲介绍，养老服务中心不但解决了辖区老人的日间照顾、生活保障等问题，还让老年人的精神生活得到了极大满足，所

---

① 资料来源：李颖男．甸柳新村街道服务赋能“养老”变“享老”展现民政新作为［EB/OL］．大众网，http：//w. dzwww. com/p/8702754. html，2021-06-29. 此处资料引用有删改。

以很多老年人都愿意过来。

“我们虽然老了，但是也需要向朋友倾诉，谁遇到烦心事了，第一时间就想下楼来这里找她们聊聊。”家住甸柳三居的王奶奶在综合养老服务中心认识了三位老年朋友，每天早上吃完饭她们便会来到养老服务中心，围坐在沙发上，喝茶聊天。

除了提供聊天、打牌的休闲场所，综合养老服务中心更是精心设计了十余种活动项目，涉及京剧、剪纸、太极、合唱等深受老年人青睐的学习课程，并开设法律咨询、心理咨询等与民生相关的服务指导。

社区工作人员一边看顾着老人，一边整理每周的入户信息，这些信息包括每位老人的个人信息、身体近况等资料。

为确保辖区内每个老年人都能够及时享受到服务和照顾，社区工作人员对辖区内老年人定期进行摸底，通过开展入户走访工作，为老年人建立并实时更新基础信息档案及健康档案，力保不漏掉一个老人。

在入户走访的过程中，工作人员时常会遇到老人在家摔倒无人帮助等意外情况。为了更加及时有效地了解老人的需求，甸柳新村街道开设“长者热线”服务，搭建起社区与老人的沟通桥梁。部分孤寡、独居老人在家遇有不便怎么办？在街道社会工作服务站社会工作者的指导协助下，社区成立“小棉袄”志愿服务队，招募社区党员志愿者、养老服务中心工作人员、家庭医生等专业人员，定期入户探访老人，及时给老人送去心灵关怀及精神慰藉，监测老人身体状况，遇到突发事件更可以第一时间为老人排忧解难。

不仅如此，甸柳新村街道依托历下区民政局开展了“亲情E联”服务项目，为街道109位独居老人免费安装红外感应设备及紧急呼叫设备，提供预警联络关爱服务，全力保障独居老人的居家安全。

回应老人康养多元需求，“医养康护一体化”模式辖区全覆盖

甸柳新村街道与历下区民政局共同设计，打造嵌入式、小微化、医护型社区养老中心，满足了助餐、助医、助洁、助行、助浴、助急等需求。其中，长者助餐服务实现社区日间照料中心全部具备助餐功能，为辖区失能半失能老人、孤寡老人提供送餐服务。据统计，2020年街道居家养老服务时间累计4.5万小时，发放居家养老餐卡补贴2.7万元。

与此同时，街道借助社区医院、综合养老服务中心、日间照料中心等机构，打造建立了社区智慧化医养平台，配套远程专家会诊、智慧家庭医生服务，引进第三方机构专业化运营成立9处养老服务载体，实现辖区“医养康护一体化”的养老服务模式全覆盖。

搭建“老有所为”平台，老年人从“接受服务”走向“服务别人”

在服务辖区老年人的同时，为了能够满足老年人帮助他人、服务社会的愿望，甸柳新村街道积极为老人搭建“老有所为”平台。

“对于有些老人，温饱并不是他们唯一的愿望，他们想要参与社会的发展，分享社会发展的成果。”王庆玲介绍，街道利用历下公益银行，为辖区老人提供参与社区建设的机会。老人可以借此机会参加入户宣传、交通协管等社会公益活动，并得到相应的积分，累积的积分定期还可以兑换生活物品。

“参加志愿服务既能充实我的生活，也能帮助其他人，还多了一个沟通交流的渠道。”探矿院12号院3号楼的仇天淑在帮扶他人的同时，自己的身心得到了愉悦，自我价值得到了实现，她觉得很满足。

在街道社会工作者的引导下，越来越多的老人加入帮助他人的行列，社会工作者依据大家的兴趣及能力，引导组建专业志愿服务队，定期开展志愿服务。“小棉袄”志愿服务队温暖老人，老年志愿者服务队反哺社会。

在甸柳新村街道，让老年人能够老有所养、老有所乐、老有所为的愿景，如今已经逐渐成为现实。

小　结

社区工作的模式有多种多样的划分，这些模式除了介入策略和方法上有不同外，它们所着重的目标和背后的理念也有显著的区别。

地区发展模式着重推动社区居民的广泛参与，界定自身需要，并采取行动解决社区问题，其目标在于提升社区自助的能力和社区整合。

社会策划模式是指借助专家和外界权威机构对社区进行科学和理性的调查研究，遴选出一个最优的工作计划，通过自上而下地安排组织执行计划来解决社区的问题和满足居民需求。

社区照顾模式提倡把需要照顾的人士留在原本居住的社区接受照顾，

而以种种正规社会服务及非正规支持系统去为他们提供照顾。社区照顾模式主要有三种实施策略，即在社区照顾、由社区照顾和与社区一起照顾。

［关键概念］

地区发展模式　社会策划模式　社区照顾模式

［讨论练习题］

1. 试比较地区发展、社会策划和社会行动三种模式的优势及局限性。
2. 试述社区照顾模式的三种实施策略。
3. 试述地区发展模式在中国的适用性。
4. 试述社会策划模式在中国的适用性。
5. 了解汶川地震灾后重建的情况，并分析其介入策略。
6. 假如你是一名社区社会工作者，你所工作的城市社区里有许多独居高龄老人，请针对这些独居高龄老人的需求，拟订一份社区服务方案，可以应用一个或多个社区实务模式。

［进一步阅读文献］

王卓祺．社会行动与香港［M］．香港：青文书屋，1989.

邓演超，梁祖彬．穗港社区工作理论与实践［M］．广州：广东高等教育出版社，1990.

夏学銮．社区照顾的理论、政策与实践［M］．北京：北京大学出版社，1997.

甘炳光，梁祖彬，等．社区工作理论与实践［M］．香港：香港中文大学出版社，1998.

徐永祥．社区发展论［M］．北京：北京大学出版社，1998.

王思斌．社会工作概论（第三版）［M］．北京：高等教育出版社，2014.

徐震，林万亿．当代社会工作［M］．台北：五南图书出版有限公司，1999.

高鉴国．中国社区工作者手册［M］．北京：民族出版社，2002.

周沛，易艳阳．社区社会工作（第二版）［M］．北京：社会科学文献出版社，2019.

罗平汉．农业合作化运动史——当代中国农村变迁丛书［M］．福州：福建人民出版社，2004.

罗伯特·F. 里瓦斯，等．社会工作实务案例分析［M］．李江英，译．北京：中国人民大学出版社，2005.

夏建中．社区工作［M］．北京：中国人民大学出版社，2005.

刘梦，焦开山．社区工作［M］．北京：中国劳动社会保障出版社，2007.

徐永祥．社区工作［M］．北京：高等教育出版社，2007.

民政部社会工作人才队伍建设领导小组办公室．中国社会工作理论与实践探索［M］．北京：中国社会出版社，2007.

戴维·A. 哈德凯瑟，等．社区工作理论与实务［M］．夏建中，等，译．北京：中国人民大学出版社，2008.

「第七章」 社区工作的过程和技巧

[**概述**] 本章主要讲解社区工作的基本过程，以及在开展工作各个阶段中应用到的主要工作技巧。社区工作的基本过程包括准备阶段、计划阶段、启动阶段、巩固阶段和评估阶段5个阶段，在每个阶段，社区工作者需要开展相应的工作，并将社区工作的技巧渗透于社区工作的过程之中。

[**目标**] 通过本章的学习，了解社区工作的基本过程，掌握每一个阶段中社区社会工作者需要做的工作；掌握社区工作的分析技巧、建立关系技巧和组织动员技巧，并能在实际工作中熟练运用；在社区工作中熟练运用参与式的方法；能够对社区项目进行评估。

第一节 社区工作的过程

社区工作是一个解决社区问题，满足社区居民需求的连续闭环过程，为认识和分析的方便，可以将其区分为不同的阶段。

关于社区工作介入社区的一般过程，中外学者有不同的划分方法：

M. H. 库汉认为，社区工作的过程可以分为7个阶段：①搜集、探究并分析与问题有关的各种重要事实，包括问题产生的原因、历史、范围、结果以及过去或现在为处理这个问题所尝试过的各种方法；②寻求可能的解决途径并详细地加以陈述；③从事实、经验、时间、组织目标、所要达到的成果、资源、政策等角度衡量各种解决途径的可能性；④选定最佳对策；⑤发展适当的行动结构；⑥完成行动计划；⑦评估。

O. 威廉姆·法利将社区工作的过程分为研究、计划、协作、组织、财务、行政、委员会运作、宣传与社会行动，这种界定更倾向于对社区工作基本构成要件的强调。

陈丽云依据“阶段性介入模式”将社区工作过程划分为探索期、策动期、巩固期和检讨期 4 个阶段，并指出这 4 个阶段只是一个行动的指引，因为基层发展是一个持续及重复的过程，发展阶段的划分并非绝对。

莫邦豪认为，社区工作的历程可以分为 4 个阶段：第一阶段，准备与探索；第二阶段，动员与组织；第三阶段，拓展与巩固；第四阶段，检讨与反思。

徐震把社区工作过程分为 6 个步骤：社区需求研究；社区目标确定；行动方案拟订；大众意见征求；行动方案修订；对工作进行反馈。

夏建中将社区工作分为准备、建立关系、社区分析、制订计划、实施计划、巩固成果和评估 6 个阶段。

周沛将社区工作过程划分为社区分析、建立关系、资料收集、制订社区发展计划、社区行动、社区工作成效评估 6 个阶段。

参考以上学者的研究，结合社区工作的实践，可将社区工作过程划分为准备阶段、计划阶段、启动阶段、巩固阶段和评估阶段。

一、准备阶段

准备阶段是社会工作者开展社区工作之前了解情况、收集开展服务资料的一个时期，为开展进一步的服务奠定必要的基础。准备阶段的主要任务有：了解社区基本情况、做好机构自身的准备工作以及与社区建立专业关系。

（一）了解社区基本情况

1. 社区内的地理环境

包括了解社区的面积、位置、行政区划、交通设施及道路状况。

2. 社区内的人口状况

包括了解社区内的人口总数、性别比例、年龄结构等人口资料，还要了解社区内就业的人数和职业类别、失业人数、双下岗家庭的数量等。掌握这些资料，既可用于社区介绍，又可协助社区工作者对社区居民可能的需求以及可利用的资源等有更全面的了解。

3. 社区的资源状况

社区的资源可以包括社区内资源和社区外资源两大类。社区内资源主要包括教育、医疗、娱乐、社会福利等固定资产和流动资产等物质资源，以及文化、习俗、价值观、居民的智力水平、劳动技能、社区归属感等精神资源。社区外资源包括社区可以从政府和社会获得的政策、人力、设施、财政、技术和信息等。

4. 社区的组织结构

社区组织是社会组织中的一种。目前我国社区中的组织一般可以分为政治型组织、经济组织、自治组织、社会团体组织和文体组织几大类。此处探讨的社区组织是指社区中对社区居民的生活有影响的组织。从这个角度来看，我国的社区组织主要有：社区党委（党支部）、社区居民委员会、社区居民代表大会、业主委员会、业主代表大会、物业管理公司、常设的和临时性的公众的参与性组织（如社区协调议事委员会，通常由社区各单位、社区管理组织的代表和社区内的社会名流代表组成，有的城市在旧城改造中应运而生了“居民监理团”），以及其他非营利组织和商业性机构等。

5. 社区内的权力结构

包括了解社区内一些组织或团体在社区的影响力、社区居民之间的关系状况等。

（1）了解社区内的权力结构，对社区工作者未来的组织和动员策略有重要的指引作用。通常组织或社团中的领导人都是各行业中的领袖及精英，对社区发展有重要作用。

（2）在社区里谁能够决定某个活动要不要举办、如何举办？谁有能力找到需要的资源？谁说话比较有说服力？谁的动员能力比较强？谁总是泼冷水、制造麻烦？了解这些影响社区居民的权力动态，有助于推动各项工作的开展。

6. 社区的文化特色

包括了解社区的历史、曾经发生的重要事件及其影响、社会舆论和风俗习惯、社区中居民的态度、遵守的规范、参与社区的意愿和行为等。

了解社区的文化特色，或者通过与社区居民共同参与重塑属于社区的文化特色过程，对引发社区居民的参与动机非常有帮助，更是深入了解社区的最佳途径。

（二）服务机构相关准备

社会服务机构做好自己的准备，包括对自身使命和宗旨的认识、人员及资金的准备以及相关支持体系的建构等。

（三）建立专业关系

建立专业关系是社区工作实质性程序的第一步。专业关系是指社会工作者以一个专业人员的身份与服务对象之间建立的助人关系，它是一种职业关系。建立专业关系也可以叫作进入社区，这是社区工作的第一步。社区工作所要建立的专业助人关系的对象，包括社区居民、社区机构与社团，以及社区中各机构、各社团的领导人与各界的代表人物与知名人士。

初步关系的建立多从拜访社区的重要人物与社区机构入手，有时也开展一些有利于社区居民的活动来吸引社区居民接纳社区工作者。这一阶段最主要的工作是让社区居民了解社区工作者，社区工作者则需要寻求工作的对象以及对社区工作的支持者。

通过建立专业关系，社区工作者要达到的目的是：找准社区存在的主要问题，明确帮助的对象，制订帮助的计划，使社区居民“知道我是谁”，以寻求社区工作的支持者。

二、计划阶段

（一）进行需求评估

需求评估是一个得到广泛使用并具有多种意义的术语，它一直被用来指称国家范围内的对问题和需求的系统评价，也一直被用来在较小的范围内指称社区需求评价或机构对它的服务对象需求的评估。在一个或大或小的范围内，需求评估指的是努力从信息中寻求有价值的内容以辅助决策的过程。

认识和发现社区需求是全面认识社区的最重要环节。需求评估的主要目的是确定一个社会问题的性质、范围和地点，并发现可行的、有效的问题解决方法。

莱斯（W. W. Royce）和塞耶（R. H. Thayer）解释了进行需求评估的原因[①]。

- 为了确定社区中是否实施了干预。
- 为了确定是否存在数量足够多的具有某种特定问题的案主，从而证明创建新项目的合理性。
- 为了确定可能的案主们是否了解或认识现有的干预。
- 为了确定哪些障碍会阻碍案主享受现有服务。
- 为了证明社会问题的持续存在或不断恶化。

一个好的需求评估设计应该能够解决以下问题。

- 谁的需求接受评估？
- 谁会进行需求评估的设计？
- 需求评估在什么时候进行？
- 需要了解哪种类型的需求？
- 何种层面的阐述比较实用？

通过需求评估收集到需求信息后，需要对需求信息进行分类。在社区工作实践中，有能力区分不同种类的需求十分重要。我们必须清楚谁在界定需要，从而不至于由其他人将某套价值观盲目地强加于社区居民身上。运用较多的是 Bradshaw 的需求分类方法，他将需求分为四大类，即感觉性需求（perceived need）、表达性需求（expressed need）、规范性需求（normative need）和比较性需求（relative need）。

感觉性需求是那些被有需求的人感觉到的需求，大部分居民感觉到某种需求不能被满足，这种需求就是感觉性需求。例如，如果你无家可归，就会感觉到对房屋的需求。社区工作者如果要居民接受其服务，那么服务内容和设计必须考虑居民的感觉性需求。有时候居民的感觉性需求会期望过高或不切实际，社区工作者应该注意引导。

表达性需求通过有需要的人真正寻求得到服务来界定，是传达给别人的感觉到的需求。当大部分居民都使用某种服务，或能够观察到服务的需求大于供给时，说明该社区对这种服务确实存在需求。表达

---

① GINSBERG L H. 社会工作评估——原理与方法［M］. 黄晨熹，译. 上海：华东理工大学出版社，2005.

性需求往往是对社会服务数量上的需求，并不一定表示服务的质量很高、令人满意。

规范性需求是以现存的某些标准或规范来界定的需求，主要指相关部门或专家认为在既定情形中服务项目需要达到的质和量的标准，当某项服务不符合规定要求时，规范性需求就出现了。例如，英克尔斯的现代化指标规定不超过1000人就需要有一名医生，假设某社区人口超过1000人却没有医生提供服务，那么该社区便有了对医生的规范性需求，而社区内的居民可能还没有感受到这种需求。

比较性需求是以相似的社区或人口群作为比较，评估两者间所得到的服务的差距，进而确定的社区需求。比如相邻的背景相似的两个社区，甲社区有两个治安岗亭，而乙社区没有，那么可以认为乙社区对治安岗亭的需要是比较性需求。这种需求可以由居民提出，也可以由专家界定。

（二）制订服务计划

有关社区工作的服务计划可分为整体规划和具体规划两种。整体规划是对社区工作的现在和将来进行规划，规划涉及社区组织与发展的全局。具体规划是对社区中亟待解决的问题制订出工作方案，它只涉及一时之事，是整体规划的一部分。

一个完整的服务计划通常包括服务的目的和目标、关注的问题与对象、介入策略、协同工作的合作者、工作者与服务对象各自的角色以及服务计划具体的行动、工作程序及工作时间表。

制订服务计划时要注意以服务对象为中心，社区工作者要考虑服务对象系统的愿望和需求，要与服务对象系统分享对目的与目标的期望，并取得完全一致的意见。制订服务计划过程中要发挥服务对象的长处和优势，让他们参与整个服务计划的制订。服务计划要尽可能详细和具体，能够给社区工作者和服务对象提供行动的指示，并使行动可以测量，有利于达到助人的目的。

有效的社区工作必须符合全体居民的愿望与需要；目标必须明确；必须具有适用性、可行性与可接受性；计划的产生必须含有集思广益、民主决策；计划必须要有整体性，即与社区的整体规划是衔接的、配合的、一脉相承的。

三、启动阶段

这一阶段的行动方针是发动资源、成立社区小组、训练社区居民带头人、巩固社区居民的参与。此时的主要任务是寻找和发现社区居民中的带头人，并对其进行培训，提升其对参与社区事务意义的认识；确定工作目标的优先次序，加强社区中的互助合作气氛。

启动阶段的具体工作内容有以下几点。

（1）发掘和培养社区骨干。社区骨干是能够抓住团体希望和要求的实质，代表团体意愿，为团体行动提供意见和方向的核心人物。社区工作者在鼓励居民参与的同时，应积极留意观察哪些居民具有该类特质，并加以发掘和适当栽培。社区工作者可以通过示范、观看影音资料、观察、讨论、角色扮演等方式来加强社区骨干的技能训练。

（2）整合社区资源，共同解决社区问题。在启动阶段，社区工作者应想方设法、动员一切力量，把潜藏在社区内外的人力、物力、财力资源开发出来。首先是发掘人力资源，这主要包括发展和培养社区志愿者、与大众传媒的记者建立联系等。其次是发掘财力、物力资源。社区工作者介入的社区多为问题社区，物质资源较为有限，甚至匮乏。因此，筹集资金是社区工作者在启动阶段的重要任务之一。

（3）推动成立居民组织。问题社区、问题人群大多因缺乏组织而呈现一盘散沙的局面，只有把群众组织起来，才能提高解决问题的筹码，在谈判中处于较有利的地位。成立的居民组织主要有 3 种形式：全民性参与的组织、代表性参与的组织和分开性参与的组织。第一种适合小型社区，每一位居民都可以参加；第二种适合较大的社区，由居民选出代表参与组织；第三种适合各种类型的社区，先由热心人士发起，然后招募成员，慢慢发展壮大。

（4）提供服务以团结邻居、加强互动。问题社区往往缺乏相应的社区服务，影响居民的生活质量和解决问题的能力。因此，在启动阶段，社区工作者可以从为社区居民提供服务入手。提供社区服务不仅能够满足群众的眼前需要，而且也是赢得群众支持的有效方法。服务的内容可以多样化，可以是为青少年提供的学业上和个人成长道路上的辅导、为家庭举办的生活讲座、为下岗人员提供的岗前技术培训等。

这一阶段需要注意防范居民因对社区带头人的低信任度而引起其挫折感，并且谨慎处理小组内部和小组之间的人事和权力纷争。

四、巩固阶段

社区问题的产生是因为缺乏组织，而缺乏组织就缺乏凝聚力和战斗力。因此，巩固阶段的行动方针是巩固居民组织，让社区工作系统化；主要任务是巩固居民组织并协助其建立稳固的资源支持体系。

巩固阶段的具体工作内容有以下几点。

（1）加强组织成员之间的关系。巩固组织、加强组织的力量，实际上就是要理顺成员之间的关系、消除误解、增进团结，使之符合理性化、人性化的原则。要做到这一点，社区工作者首先要确立组织内的人所认同的一套办事、决策或解决问题的程序和原则；其次，在尽可能的情况下，协助和促进成员发展个人化的友谊关系；最后，明确成员参与组织的个人需要和动机，好的给予肯定和帮助，不好的给予教育和纠正。

（2）加强组织内部的分工合作。随着组织的发展壮大，其内部的结构和职能不断扩张，需要更多的人员承担职务，而原来的职位和新设的职位的功能也可能随着时间的变化需要重新界定和调整。在重新界定和调整的过程中，组织内的分工合作制度能够得以发展和巩固。

（3）建立稳定的资源支持体系。在人力资源方面，注意从社区居民中吸纳会员，从附近的学校和机构中招募义工；在物力资源方面，从组织内的社区骨干、工商界人士中发掘，并定期进行筹款活动。

（4）进行人员培训和社区教育。在巩固阶段，要注意对组织成员进行专业培训，提高他们的工作能力和技巧。同时，还要加强对社区居民的宣传和教育，使社区组织获得居民支持和辖区单位支持，使社区骨干得以健康成长和更替。

这一阶段需要注意的是，要防止过分关注少数带头人而忽视多数居民；提醒居民组织提供服务和维持居民的参与热情。

五、评估阶段

评估是指运用科学的研究方法和技术，系统地评估社区工作的介入结果，总结整个介入过程，考察社区工作的介入是否有效、是否达到了预期目标的过程。在社区工作中，评估阶段的任务主要包括：对社区的需要和问题进行再评估；对专业工作过程进行总结和确定未来专业工作方向；社区居委会对工作进行经验总结，重新确定组织的方向，作出未来发展安排。

评估的过程包括：确定程序目标；建立成果量度准则；选择适当的研究设计；选择适合的资料收集方法；评估项目的有效性。

社区工作评估可由社区工作者自己来做，也可由社区各界代表来做或请专家咨询。可用定量评估，也可用定性评估。需要注意的是，评估工作不能过分依赖感性或太注重数据统计；总结工作要着眼于未来方向，而不是走形式、走过场。

需要注意的是，上述社区工作的过程只是一个一般性的过程。在实际操作中，不同的工作模式下社区工作过程的具体步骤会有所不同。另外，在某一具体工作过程中，发展阶段模式的运作也是循环不息的，某一个步骤出现问题时需要返回到前一个步骤，要重新进行启动和组织，阶段与阶段之间的分界并不清楚。因此，社区工作的具体过程需根据实际情况而定。

第二节 社区工作的技巧

社区工作的技巧是指社会工作者在从事社区工作时所用到的一些具体的工作方法和应该注意的事项。这些技巧是社会工作者从长期工作实践中总结出来的，是对工作经验的理论提升。社区工作的技巧主要包括社会工作者进行社区分析的技巧、与社区建立关系的技巧、社区宣传和动员的技巧、服务策划的技巧以及社区项目评估的技巧等。

一、社区分析的技巧

社区工作者要尝试应用各种方法来了解、认识所服务的社区，以便于服务工作的开展，最常用的方法有个别访谈、社区问卷调查、观察和召开居民会议。

（一）个别访谈

个别访谈是指针对社区中有代表性的居民进行个别访谈，了解他们的看法，以收集社区中的相关资料。

1. 拟订访谈大纲

社区工作者应根据需要了解的问题事先拟订访谈大纲，但在访谈过程中被访问者的自由度较大，可以就涉及的题目进行深入、广泛的交谈和讨论。

2. 选择访谈对象

访谈对象的选择要有代表性，社区工作者根据问题的需要可以选择社区中有代表性的人物进行访谈，也可以从熟悉的人入手，然后请他们推荐要访谈的对象。

（二）社区问卷调查

社区问卷调查是指社区工作者设计调查问卷，系统地收集社区资料的方法。问卷调查最大的优点是便于量化，对收集到的资料可以进行统计分析处理。

（三）观察

观察是指社区工作者通过直接感知和直接记录的方式，对所要了解、认识的社区问题进行有意识的、系统的观察。

（四）召开居民会议

对于社区居民关心的一些问题，社区工作者可以把居民召集到一起，以座谈会的形式和社区居民一起讨论社区内的需要和问题，以便了解社区居民的意见和建议。

［学习活动 7–1］

绘制社区图

［活动名称］

绘制社区图。

［活动内容］

让学生根据个人对自己居住社区的了解，将社区的地理环境、主要建筑物、区域界限等内容绘制下来，并对所绘制的社区图进行说明。

［活动目的］

通过社区图的绘制，使学生更加直观地了解社区，掌握了解、认识社区的方法。

［活动步骤］

1. 让学生回忆自己居住的社区环境。

2. 将所参观社区的地理环境绘制下来。

3. 将绘制的社区图进行展示，由绘制者进行讲解。

［活动时间］

20 分钟。

二、与社区建立关系的技巧

社区工作者要动员、帮助社区居民改善生活状况，首先要与他们建立相互信任的专业关系。

（一）建立关系的方法

1. 举办社区活动

通过举办全社区的聚会活动，展示机构和社区工作者的形象，让居民了解机构的服务内容和宗旨，借助活动与居民建立初步的关系。

2. 介入社区事件

社区工作者通过了解社区内存在的急需解决的问题，从而和社区居民一起共同推动问题的解决。通过共同参与问题的解决，社区工作者可与社区居民建立相互信任的关系。

3. 深入社区走访

社区工作者可以经常在社区内出现，与居民聊天，讨论他们的问题，慢慢与社区居民由陌生到熟悉，建立专业关系。另外，社区工作者也可以深入居民的家庭，了解他们面临的问题，探讨他们的需要，和他们建立专业关系。

（二）建立关系时的注意事项

1. 事先准备

社区工作者与社区居民建立关系时事先要做好充分的准备工作。这些工作包括：明确接触的目的；选择建立关系的对象；选择合适的时间；准备聊天的话题；选择合适的衣着；对所访问的社区作初步的了解等。

2. 与社区居民谈话的技巧

与社区居民的接触首先要向社区居民介绍自己，取得社区居民的信任。在与社区居民接触前，社区工作者应对如何向社区居民介绍自己做充分的准备，这包括了解本社区和机构的服务内容和宗旨、对自己的身份作恰当的界定等内容。在向服务对象进行自我介绍之后，社区工作者要根据访谈的内容与社区居民展开对话，以继续彼此之间的交流。在这个阶段，社区工作者需要用到聆听、澄清等工作技巧。结束访谈时，社区工作者要对接受访谈的居民表示感谢，同时要对这次的访谈进行总结，最后要根据需要留下联系方式，以方便与他们进一步接触。

［学习活动 7–2］

社区探访

［活动名称］

社区探访。

［活动内容］

根据以上学习内容，让学生分组进入某一社区探访社区中的居民，尝试向社区居民介绍自己的专业和探访的目的，取得社区居民的信任并与社区居民建立初步的关系。

［活动目的］

让学生通过练习掌握与社区居民建立关系的各项技巧。

［活动步骤］

1. 学生分组。
2. 教师指导学生进入社区。
3. 学生向社区居民作自我介绍，访谈社区居民。

［活动时间］

45 分钟。

三、社区宣传和动员的技巧

（一）宣传技巧

社区工作者可以通过宣传和倡导，提升居民的社区意识和能力，帮助居民争取自身环境的改善。社区工作者要了解如何运用传播媒介，这主要包括：

（1）制定媒介策略，发展媒介关系。

（2）吸引传媒报道。

（3）运用传媒的途径和技巧有：召开新闻发布会，邀请记者就社区的重要事件撰写新闻稿；创办社区刊物，充分运用社区媒体的宣传作用。

（二）动员社区居民的技巧

群众参与是社区工作的重要价值观念，居民参与制定影响其生活的政策和措施不仅是民主的体现，而且是群众表达自身需求和感受的需要。发动群众的目的包括：扩大群众的支持和参与，增加社会工作力量；充分挖掘和使用人才资源，促进社区问题的解决；社区工作者和参与者互相学习，体验成长等。

1. 动员社区居民的步骤

（1）准备工作。社区工作者要明确动员的对象、动员群众参与事情的性质和内容、动员的策略以及在动员中可能遇到的困难和解决的办法。

（2）开始接触。社区工作者要向动员的对象作自我介绍，倾听他们对问题的意见和建议，与他们建立初步的合作关系。

（3）调动居民情绪。使动员的对象认识到社区问题中不合理的地方，并使他们意识到合作解决问题的重要性，增强他们解决问题的信心和勇气。

（4）邀请居民参与。邀请动员对象参与问题的解决，告诉他们下一步行动的步骤和需要做的准备工作，留下联系方式以便及时联系。

（5）提醒居民参与。在活动开始的前几天，以直接或间接的方式提醒动员对象参与活动的时间和地点，以免遗忘。

（6）居民参与。对前来参与活动的居民，要表示欢迎，并让他们相互认识，建立团体成员的归属感。

2. 动员社区居民的方法

发动社区居民常用的方法有直接发动和间接发动。直接发动方法就是社区工作者用电话联络、登门拜访或在社区设立宣传点直接向特定或不特定的居民进行宣传介绍的方法。间接发动方法是指社区工作者利用大众传播媒介，如社区刊物、宣传品、社区的墙报等向社区居民进行宣传发动。社区工作者应根据具体的事项，灵活选用这两种动员方法。

3. 召开居民会议的技巧

社区工作者是居民会议的组织者，要经常主持居民会议。主持居民会议的一个重要原则就是让居民有自然、舒畅的感觉，让他们能够畅所欲言地发表意见。下面是主持居民会议的一些常用技巧。

（1）积极倾听。社区工作者作为会议的主持人，要让参与会议的居民知道你很重视他所发表的意见，身体要放松，目光与参与会议的人要有接触。

（2）提问/邀请发言。会议主持人要让所有参与会议的居民有平等的发言机会，提高所有居民的参与程度；尽量使用开放式的问题，让发言者有较大的自由度发表意见，如“请大家就如何做好我们社区的卫生工作谈谈意见”等。

（3）进一步说明。作为会议主持人，要协助会议的发言人将意见表达清楚，也可以使参与会议的人相互明白彼此的立场，以免发生误会。

（4）聚焦。将参与会议者的注意力集中在某一话题上，避免跑题和出现太多无关的讨论。

（5）鼓励。对发表意见的居民及时给予鼓励，让与会者感觉其意见被尊重及重视，加强会议的参与性。

（6）总结。将会议中的一些意见进行及时的总结，使与会者清楚讨论的观点以及最后的决定。

[学习活动 7-3]

模拟居民会议

[活动名称]

模拟居民会议。

[活动内容]

学生分组就某一主题模拟召开一次社区居民会议，其中一位同学扮演会议主持人，其余同学扮演参与会议的居民。

[活动目的]

让学生通过模拟练习掌握召开居民会议的各种技巧。

[活动步骤]

1. 学生分组。

2. 角色分工，确定居民会议的主持人和社区居民的扮演者。

3. 模拟会议进程。

[活动时间]

30 分钟。

四、服务策划的技巧

社区工作者在社区中的主要工作任务是开展社区服务活动，这就需要社区工作者对所要开展的服务进行详细具体的规划，撰写详细的服务计划书。撰写社区服务计划书对于社区工作者来说是一项基本的工作技能。社区服务计划书主要包括以下几个方面的内容。

- 社区服务计划的名称。
- 导言。对社区服务计划的简要描述；社区服务计划的预期目标。
- 理念因由。包括：机构背景；开展社区服务计划的原因和进行社区服务计划的理论依据。
- 服务对象。服务计划服务的目标人群的主要特征，如年龄、性别、社会经济地位、教育程度及教育背景，他们的问题和需要；选择某一特定组别的服务对象的原因。
- 服务计划的活动内容。罗列计划中活动的项目类型，包括名称、类型、时间、次数、地点等；描述活动与服务目标和社区需要的关系以及活动与活动间的联系。
- 服务计划宣传方法与渠道。向服务对象传扬有关计划方案，尽可能使更多的公众参与，宣传工具包括海报、条幅、宣传小册子、板报、电视、报纸等。
- 计划所需物资（不包括财务需要）。包括：器材、场地、仪器设备、人力、外界资源与义工、专业知识与技能、有关人士（如参加活动的嘉宾）等。

- 财务预算。包括：个别活动的支出与收入；整个计划的总支出，例如设施器材、食物、饮品、印刷、交通、奖品、场地租金、摄影、嘉宾纪念品等；总收入，例如报名费、订购费以及外界资助的资金。
- 预计的困难和解决方法建议。包括：由参加者引起的问题，例如不准时出席聚会、难以建立参加者的动机等；工作者与机构间的问题，例如工作者间的合作、活动之间的协调等；由其他资源引起的问题，例如资金不足、器材、场地租借、天气等。
- 评估方法。包括评估的方法和评估的范围等。

[学习活动 7–4]

撰写社区服务计划书

[活动名称]

撰写社区服务计划书。

[活动内容]

学生分组就社区中面临的某一问题进行讨论，然后针对此问题撰写一份社区服务计划书。

[活动目的]

让学生通过练习掌握社区服务计划书的格式要点和撰写服务计划书的各项技巧。

[步骤]

1. 学生分组。
2. 选定要讨论的社区问题进行讨论。
3. 根据讨论的结果撰写服务计划书。

[活动时间]

30 分钟。

五、社区项目评估的技巧

社区里有各种各样的社会服务项目，项目的资助方、执行方和项目服务的接受者都对项目的实行和效果非常关心，这就需要对这些服务项目进行评估，通过对项目进行评估，给关心项目运行的各方一个交代。简单来说，社区项目评估是指采用社会研究的程序，对社区项目的绩效进行系统研究的过程。

（一）项目评估的方法

定量分析和定性分析是项目评估常用的两种方法。

1. 定量分析

定量研究是要寻求将数据定量表示的方法，并采用一些统计分析的形式。不过，一般考虑进行一项新的调研项目时，定量研究之前常常都要以适当的定性研究开路，有时候定性研究也用于解释由定量分析所得出的结果。

2. 定性分析

定性研究是探索性研究的另一主要方法，评估者利用定性研究来定义问题或寻找处理问题的途径。在寻找处理问题的途径时，定性研究常常用于制定假设或是确定研究中应包括的变量。有时候定性研究和二手资料分析可以构成评估项目的主要部分。

（二）项目评估的程序

1. 组织安排

组织安排是项目评估工作的第一步，即组织力量、制订计划。

2. 收集资料

评估者收集一些资料数据，加以查证核实，并作进一步的分析研究。评估者还应根据评估内容和分析要求，通过项目调查，进一步收集必要的数据和资料。根据查证发现的问题和疑问，通过调查进一步核实清楚；根据收集的大量资料，加工整理，汇总归类，以供评估中审查分析以及编制各种调查表和编写文字说明之用。

3. 分析资料

对收集的资料进行汇总分析，对数据进行编码，并应用数据处理软件进行处理，对得到的数据结果进行分析，并进行解释。

4. 撰写报告

根据调查和分析结果，撰写评估报告。对项目的实施过程、项目的运作与目标的一致性、项目目标的实现、项目的影响以及项目的绩效等问题进行分析，并作出评估结论。

（三）项目评估的分类及注意事项

项目评估根据不同的标准可以有不同的分类。根据评估所要解决问题的不同，可以将评估分为需求评估、过程评估、服务对象满意度评估和结果评估。

1. 需求评估

需求评估是在社区项目开展之前对社区中目标人群的需要进行了解，列出人们面对的一系列问题和需要，并确定这些需要的优先次序。需求评估主要关心的问题有：目前社区有哪些问题？这些问题影响哪些人？他们目前解决问题的途径是什么？服务计划提供的介入方法与现在的方法相比有何不同？等等。

2. 过程评估

过程评估是在项目开展的过程中进行的，主要目的是对项目开展的情况和预期的目标是否相符进行评估。过程评估主要关心的问题有：有多少服务对象参与这一项目？他们得到这一服务是否有困难？他们多长时间得到这一服务？这些服务对于预期目标实现有何帮助？等等。

3. 服务对象满意度评估

服务对象满意度评估主要是测量项目所提供的服务是否满足了服务对象的需求，服务对象对这些服务满意的程度有多大。服务对象满意度评估主要关心的问题有：服务是否满足了服务对象的需求？这些服务是否还有可以改进的地方？从服务对象的角度出发这些服务还有哪些不足之处？等等。

4. 结果评估

结果评估是项目结束后或接近完成时评估服务对象的问题或所处的环境是否发生了改变，项目的开展是否是产生这一改变的主要因素。结果评估关心的主要问题有：服务对象的问题是否有所改善？项目的开展和服务对象状况的改善两者之间的关系如何？等等。

六、参与式方法在社区工作中的实施技巧

如何在新时期的社区发展进程中推进社区治理、建立社区参与机制，

一个重要的手段就是在社区工作中应用参与式方法。

（一）参与式方法的基本内涵

从学术角度来讲，“参与”的概念起源于20世纪五六十年代的英国，它是一些英国的社会学专家在国外进行国际援助性研究的时候总结出来的一套社会学理论，后来逐渐发展成具有实践意义的“参与”式的方法。当时的“参与”主要是指在“社区发展”的过程中，动员和鼓励群众参与建设和管理社区设施，强调群众在发展项目选择、规划、实施、监测、评价和管理过程中的有效参与是确保发展实践成功的重要条件。20世纪70年代以来，“参与”的概念逐步演化成相对丰富的参与式发展的理论，并形成了一套具有确定技术规范、技术路线和具体实施程序的科学方法。

具体来讲，参与式方法是指能够使个体和其他个体合作，参与具体活动。在社区工作，参与式方法是指促进社区居民主动参与社区发展的规划、决策、实施、管理、监控及评估等具体活动，它可以是一种具体的操作方法，也可以是一个活动过程。

参与式方法的核心是增能（Empowerment），而增能的核心则是对参与和决策活动全过程的权力的再分配，即增加相对困难社区和相对贫困人口在发展活动中的发言权和决策权。对政府和社会服务机构来说，首先是给相对困难社区增能，通过充分听取社区的意见和放大社区在决策过程中的声音来实现社区的参与；其次，在社区内部，是给相对贫困人口、妇女和包括残疾人在内的困难群体增能，增能的过程是重新唤回困难群体对自身的知识与能力的自信和重建自尊的过程，这对构建社区的自我发展能力和增加社区的社会资本来说至关重要，是实现可持续发展的根本前提。

（二）参与式方法在社区工作中的应用范围及作用

参与式方法与社区工作有着紧密的关联，可以被应用在社区工作的所有过程中，社区策划、社区组织、社区教育及社区照顾等绝大部分社区工作都可以运用参与式方法。另外，参与式方法可以运用于社区工作的各个阶段。针对社区的需求评估、社区内的决策、社区工作的监督等过程，也都可以运用参与式方法。参与式方法可以更大程度地调动服务对象的积极性，使服务对象成为活动及服务的主体，促成社区工作目标的实现。

具体来讲，在社区工作中使用参与式方法有以下作用。

（1）可以使服务对象尽可能地对所要开展的社区工作作出自己的贡献和努力。

（2）可以使服务对象主动参加社区工作，参加社区工作的计划，并对实施项目具有主动性和责任感。

（3）可以使服务对象在他们熟悉的环境中充分地把自己的知识及技能运用到社区工作。

（4）可以促进服务对象的能力建设、自我组织及自立，从而对社区或环境的发展变化等起到促进作用。

（5）可以帮助建立相关参与机制，促使社区居民更好地参与社区活动。这里涉及的机制不仅包括社会和经济两方面，也包括文化、政治和法制方面。

（三）参与式方法在社区工作中的实施技巧

参与式方法在社区中运用的基础是居民在长期的实践中积累了丰富的生产、生活的乡土知识。参与式方法提出了一套具体的适用方法和技巧，使居民能够分享自己的知识，使外来者快速了解居民所面临的问题和困难，使社区发展项目更有针对性地解决居民的实际困难。

参与式方法在社区工作中的实施技巧主要有访谈、观察、辩论、分组讨论、画图、排序、打分、案例分析、观看录像、角色扮演、模拟、填表以及根据活动内容设计各种活动练习及游戏等。

1. 访谈

访谈是为了获得直接的信息。通过面对面的交流，可以更全面地了解工作对象的需求。参与式访谈一般是半结构式的，即确定一个主题，围绕主题展开讨论。在此过程中，访谈者要控制和把握访谈的主导方向，同时要运用社会工作的访谈技巧，鼓励受访者主动参与。

访谈的基本步骤和要求如下。

（1）组成一个多学科工作小组，工作小组中应有女性参加，在民族地区还应该有熟悉当地风俗和语言文字的人参加。

（2）工作小组中确定一人担任主持人，主持人的职责主要是：向被采访者介绍来意，介绍工作组成员，创造轻松友善的交流环境和氛围，掌握时间、进度、话题方向等。

（3）访谈时工作小组成员和所有外来者应该谦虚友好，切忌居高临下地与社区居民交谈。

（4）工作小组将采访收集的信息写在大张纸上，然后贴在白板或墙上，面对面地与社区居民交流沟通并确认所收集信息的正确性，由工作小组成员分工做笔记。

（5）访谈结束前，主持人应概括总结访谈结果，与社区居民共同确认。

（6）最后的工作是加工整理访谈结果。

组织访谈需要注意的要点主要有：做好访谈前的准备，包括访谈提纲、小组认为重要的访谈题目；尽量保持聊天式的工作气氛，主持人对主题、内容、时间要有所控制；访谈过程应该根据访谈提纲进行；访谈提问中不能使用带有倾向性的语言，避免诱导；注意访谈中出现的新问题和相关的信息；使用6个“助手”，即谁、什么、为什么、什么时间、什么地点、怎么样；注意对问题进行深究，例如，如果……会怎么样？为什么？后来怎么样？等等。

2. 矩阵打分排序

矩阵打分排序是指确定标准或指标，列出要分析判断的问题，将所涉及的因素按顺序依次排在矩阵的行或列，每个参与者把自己对各因素的观点和评判填入矩阵内。

（1）矩阵打分排序的步骤。

第一步，召集所有的参与者在一起，罗列出针对某一件事情所有可能的选择或要进行比较的所有事物，如社区卫生存在的问题、可能的解决问题的方法等。

第二步，把所有可能的选择或要比较的事物列在左边，制成一个表格。中间的每一列留给每个被调查者填写他们的选择，右边两列分别是每一选择事物的得分和最终选择排序结果，详见表7-1。

表 7-1　社区问题排序

社区问题	被调查者													得分合计	排序结果
问题 1															
问题 2															
问题 3															
问题 4															
……															

第三步，制定统一的打分标准，然后邀请所有参与者对左边的问题进行打分。

第四步，由工作员统计出“得分合计”一项，并标出排序结果。

至此，所有参与者对所分析问题的重要性的认识情况就调查清楚了。

（2）矩阵打分排序的特点。

①体现公平参与。

②对难以定量的信息进行量化分析。

③直观形象、容易操作，能准确反映问题的趋势和程度。

④通过民主的方式，集中体现社区不同人群的意愿和对事物的选择与评价标准。

案例 7-1：某社区发展中面临的具体问题排序打分

第一步，将邀请到的所有参与者召集在一起，罗列出每位参与者所认为的该社区发展中可能面临的具体问题，如生态环境差、居民文化程度低、缺少水源、缺少农业技术、缺少资金、无村办企业、看病难、学校教育质量差共 8 项。

第二步，制作一个表格，把所列 8 项问题列在表格左边，中间的每一列留给每个被调查者填写他们的选择，右边两列分别是每一选择事物的得分和最终选择排序结果。

第三步，工作员制定一个统一的打分标准，比如本案例中将认为最需要解决的项赋最高分 8 分，依次递减，最后一项赋 1 分。然后邀请所有参与者对左边的问题进行打分。

第四步，由工作员统计出“得分合计”一项，并标出排序结果。

调查结果表明，调查参与者认为该社区最重要、最需要解决的是缺少资金问题，然后是看病难问题，其他依次为学校教育质量差、无村办企业、缺少农业技术、缺少水源、居民文化程度低、生态环境差。

某社区中的社区问题排序

社区问题	被调查者								得分合计	排序结果
	A	B	C	D	E	F	G	H		
生态环境差	1	2	4	3	2	1	4	2	19	8
居民文化程度低	4	1	2	6	3	3	3	1	23	7
缺少水源	7	3	1	1	4	5	1	3	25	6
缺少农业技术	5	4	3	2	1	4	5	4	28	5
缺少资金	8	8	6	7	7	8	8	7	59	1
无村办企业	2	6	5	4	5	2	7	8	39	4
看病难	6	7	8	5	8	7	6	5	52	2
学校教育质量差	3	5	7	8	6	6	2	6	43	3

3. 问题树

问题树是采用形象的树形结构分析社区或社区居民所面临的困难、问题和造成问题的原因的一种工具，根据逻辑关系寻找造成这个问题的真正原因，从而为解决问题提供正确的切入点。首先找出导致这个问题的一些直接原因，再将每个原因作为“问题”对待，逐个分析出导致每个“问题”的主要原因，如此往复，直至最后分析出最根本的原因。在社区工作中经常使用该方法。

其具体步骤是：

（1）讨论提出社区或社区居民在发展中面临的核心问题，将核心问题写在一张小纸片上，贴在一张大纸上方的中央。

（2）分析导致这个问题的一些直接原因，并将这些原因分别写在小纸片上，贴在大纸上主要问题的下方。

（3）用彩笔将每个原因与问题相连。

（4）将每个原因作为“问题”对待，再逐个分析出导致每个“问题”的主要原因，将它们写在小纸片上，贴在大纸上该“问题”的下面，用彩笔将它们与相应的“问题”相连。

（5）如此往复，进一步分析出每个原因下面的原因，将它们写在小纸片上，贴在相应的原因下面，用线条连接起来。直至最后分析出最根本的原因。

Axel Stremplat 在前人研究的基础上提出了问题树的一般结构，如图7-1所示。

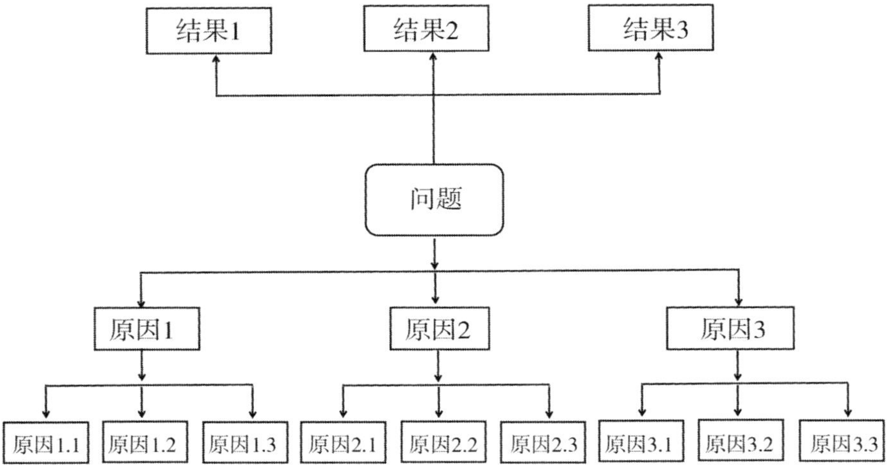

图 7-1　问题树结构模型

使用问题树对社区进行分析时需要注意：问题要采用负面描述形式，如某村的林业资源在不断地退化、某机构在某方面还未能充分发挥作用等；核心问题一定是该社区已经存在的问题，而不是根据想象可能存在或将来会存在的问题；在分析问题之间的因果关系时，必须具有逻辑性；某一问题的原因或结果可能是一个、两个或更多，要具体问题具体分析。

4. 社区资源图

社区资源图是用直观的形式把社区中的资源状况通过绘图的形式表达出来的一种工具，目的是描述一定区域内的自然资源、基础设施分布；了解社区资源利用现状，寻找社区资源利用中存在的问题及发展的资源潜力，确定资源的合理利用方案；分析当地存在的问题，所能获得的条件（包括内部和外部）和发展机会。

（1）绘制社区资源图的操作步骤。

● 选择社区参与者（注意女性参与者的比例）。

● 将一张一开的大白纸用图钉钉在白板上，也可以钉在墙上或铺在桌子上（地上）。

● 由社区居民执笔，先勾画出社区边界、道路、明显地形、地物等，然后逐步描绘其他有关资源信息。

● 在资源图初步画好以后，由参与的社区居民介绍图上标示的具体内容，最好能在旁边作图例说明。

（2）社区资源图的主要内容。

● 地理位置、社区边界、社区名称。

● 土地利用类型（森林、牧地、农地、荒地、水资源……）。

● 社区基础设施及重要地形、地物。

● 机构、村民居住地及其分布。

（3）绘制社区资源图需要注意的事项。

● 让多人一起讨论，由一人执笔，使大家共同参与这一过程，使所反映出的社区状况更加真实准确，从而收集到更多的信息。

● 调查者可以不断提示参与者在分布图上标出需要收集了解的信息及用什么符号表达这种信息。有些参与者习惯用自己的方法画图，应予以许可。

● 有时可将男女分为两组绘制，使不同的性别对社区的观察和了解上的差异得到表达，并形成相互间的补充，由此可调动女性参加的积极性。

● 在地图的绘制中，可由社区外的参与者做必要的加工。

● 要提示绘图者在绘图完成后写出资源图名、图例以及参与绘图者和执笔者的姓名。

拓展阅读

阅读以下资料，请思考：

（1）当前我国社区工作中如何了解居民的需求？

（2）如何构建服务型社区？

推行民需项目服务法　构建服务型社区①

黄　峰

烟台市芝罘区自2019年被民政部确认为全国社区治理和服务创新实验区以来，紧紧围绕“推行民需项目服务法，构建服务型社区”的实验主题，推进各项实验任务落地、落实，构建群众满意的服务型社区，提升社区居民的获得感、幸福感和安全感。

建立“三线一站”体系

延伸党组织线。以居民需求为导向，充分发挥党组织凝聚力和党员先锋模范作用，打造“社区党委—片区党支部—网格党小组—楼院党员”党组织服务体系，把芝罘区116个社区党委、358个片区党支部、1756个网格党小组、3万余名党员串联成线，有效摸清居民需求。

拓宽群众自治组织线。发挥居民自治作用，实行“阳光17议”民情议事机制，社区每月17日组织社区党员、居民代表、楼院门栋长、驻区单位和社会组织代表，围绕涉及居民切身利益的公共事务、公益事业，进行研究讨论，共商共议、共解难题。全面推行网格化管理服务模式，以住宅小区、楼栋为基本单元，划分为1756个服务管理责任网格，配备专兼职网格管理员2162名，全方位、深层次发现居民需求。

聚力社会组织线。鼓励社会力量参与社区治理，充分发挥社会组织，特别是社会工作服务机构在参与社区治理过程中的作用，实施点亮“红色光源”社区社会组织培育孵化“十百千”工程，实现“社区发现培育—街道扶持指导—推荐区级孵化—出壳反哺社区”的良性循环。2019年，投入1200余万元打造“芝罘区社会组织创益园”，搭建起“社区、街道、区级”三级社会组织服务平台。

建立民需管家服务站。在社区建立民需管家服务站，专门负责居民需求的搜集、汇总、分流、督办和反馈，形成一个窗口接待群众、一个平台汇总需求、一个流程服务到底、一个机制考核监督的“一条龙”工作流程。

---

① 资料来源：黄峰．推行民需项目服务法　构建服务型社区［N］．中国社区报，2020-06-01.

完善“四社联动”机制

推动社区服务资源认领项目。芝罘区出台《关于党建引领城市基层治理机制创新的实施意见》《关于深入推进“双报到”工作提升服务基层、服务群众质量的实施方案》，全面推行“双报到双服务”工作，组织298家市级单位、170家区级单位、2万余名党员下沉到社区，按照“群众点单—社区下单—单位接单”问题解决模式，推行为民服务项目化运作。

支持社会组织承接项目。强化政策引导，加大资金保障，鼓励社区面向辖区社会组织发布所需购买的服务内容，通过公益服务项目路演答辩等形式发包项目。搭建资金募集平台，拓宽服务项目经费来源，探索设立以政府资金为引导、社会捐赠为主的社区基金。举办“党建引领、红帆起航”社会组织公益创投大赛和芝罘区民需服务项目大赛，拓宽为民服务渠道。

引导专业社会工作团队参与项目。在社区成立社会工作站，先后成立“红色先锋”“家缘婚姻家庭社会工作服务中心”“爱未来”等社会组织，并与省内外高校的社会工作专业院系建立合作关系，在13个社区建立了社会工作专业大学生实践基地。通过“筑巢引凤”，有效吸引专业社会工作团队进驻社区，帮助社区社会组织提高服务能力，带动社区社会组织向专业化、规范化方向发展。

发动社区志愿者辅助项目。推行志愿服务时间储蓄制度和服务效益评估制度，将志愿者参与社区服务时间以积分形式进行累计存储，服务积分可兑换物品或社区公益服务，形成循环服务模式，激发社区志愿者参与项目服务热情，并先后成立了道德先锋、文明先锋、微公益行动等12支特色志愿者服务队。

实施双向评估制度

区级层面开展“评社区”活动。活动委托第三方机构，对芝罘区116个社区的6240名群众进行电话访问，对社区为民服务工作开展情况和群众满意度进行测评，并由芝罘区委、区政府对综合排名前10名的社区予以表彰奖励，全面建立起以群众满意度为主要衡量指标的考评机制，推动民需服务项目可持续发展。

社区层面组织项目评议活动。社区组织召开项目评议大会，对每个民需项目实施成效进行综合评价，确定为民服务项目完成先进单位和先进组织。自我评价，由项目认领单位或组织对认领项目的实施内容、完成程度等方面进行介绍，并进行自我评分。社区评价，由社区工作者尤其是参与项目的社区工作者集中对所有完成的项目进行评审打分。群众评价，由党员、居民代表、楼栋长或受益群体组成评价小组进行评议打分。按照三方评议各占20%、30%、50%的比例来确定最终排名，对表现优秀的单位和个人予以表彰。

芝罘区通过推行民需项目服务法，不断满足群众需求，为构建社区治理体系和治理能力现代化提供了鲜活的“芝罘样板”。

（作者单位为山东省烟台市芝罘区民政局）

小 结

社区工作的方法和技巧体现在社会工作过程之中，脱离社区工作的过程单独地谈论技巧是没有意义的，技巧来自实际工作经验的积累和不断的自我反思。社区社会工作者要明确社区工作的过程，知道在各个工作阶段应该做的工作和需要掌握的技巧。参与式方法是社区社会工作者应该具备的一个基本理念，社区工作强调居民的参与，在开展社区工作和进行服务项目的评估时都离不开居民和服务对象的参与。社区社会工作者做的主要工作是推行和开展各种服务项目，为什么开展这些项目、怎么开展这些项目、这些项目开展的效果如何，这些都需要通过开展项目的评估来回答。社区项目的评估也是社区社会工作者应掌握的一个基本的开展社区工作的技巧。

学生学习社区工作技巧的目的是掌握在社区工作的实际运作中需要的各种方法和技巧，这些技巧要在教师的指导下在实验室里不断训练才可以掌握。

[关键概念]

需求评估　感觉性需求　表达性需求　规范性需求　比较性需求　参与式方法　过程评估　服务对象满意度评估　结果评估

[讨论练习题]

1. 如何了解一个社区的基本情况?
2. 怎样了解社区居民的需求?
3. 针对一个以青年为主的社区，如何提高居民的参与度?
4. 社会工作者服务一个村改居社区时如何与社区建立专业关系?
5. 根据自己所居住社区的情况，绘制一份社区的资源图。

[进一步阅读文献]

甘炳光，胡文龙，等．社区工作技巧［M］．香港：香港中文大学出版社，1997.

STREMPLAT A. Objectives Oriented Project/Programme Planning [M]. Giessen, Germany, 1997.

杨慧．灾后社区回迁老人的需求评估与社会工作介入效果评估［J］．西南民族大学学报（人文社会科学版），2018（11）．

杨莉．以需求把居民带回来——促进居民参与社区治理的路径探析［J］．社会科学战线，2018（9）．

徐选国．社区公益服务项目第三方评估的“内卷化”困境及其治理［J］．中国社会工作，2017（2）上．

崔效辉．论参与式方法在农村社区发展中的应用——以贵州 JICA 项目为例［J］．农村经济，2008（11）．

「第八章」我国社区工作的本土实践

［**概述**］对社区工作课程的学习最终要落脚到对社区工作在地化发展的认识和思考上面，而社区工作发展与中国社会文化的关系是社区工作者始终无法回避的问题。在实践活动中，社区工作的价值、知识和技巧三大维度均涉及如何处理与社会文化背景的关系问题。本章首先介绍中国社会文化的基本特点和范畴，在此基础上，重点探讨在中国本土化情境中的社区工作实践的基本议题，并尝试总结新时代社区工作的创新实践。

［**目标**］通过教学，使学生更深入地理解和内化社区工作的价值观，明白自己未来应承担的专业使命和社会责任，培养学生的奉献精神。通过教学，促使学生了解中国社会文化发展的基本脉络，熟悉中国社会文化中的基本范畴，并在此基础上深入思考本土化情境中的专业社区工作实践问题，使学生能对社区工作的在地化与专业化问题提出自己的思考。通过讨论和经验分享，使学生对所学的社区工作价值和知识有一个整体的总结、梳理和反思。

第一节　中国社会文化结构与社区工作

正如佩恩（Payne）曾指出的，社会工作是一项社会建构，其意义和存在价值都离不开其实践的环境①。社区工作的实践不是在一个“文化真空”中进行的，社区所处的社会文化境况是社区工作实践的舞台。社区工作发展与中国社会文化的关系是社区工作者始终无法回避的问题。之所以

① 殷妙仲，高鉴国．社区社会工作：中外视野中的交流［M］．北京：中国社会科学出版社，2006：364.

说它是一个无法回避的问题，是因为在实践活动中，社区工作的价值、知识和技巧三大维度均涉及如何处理与社会文化背景的关系问题。

社区工作实务是一种价值指引的实践活动。价值的核心是思考应该是什么、应该如何，而对这些问题的考虑不可避免地要受到文化背景的影响，因为价值常常体现了某一特定社会中占主流地位的规范和信仰。社区工作主要起源于西方国家，特别是英国和美国，它的价值基础扎根于自由、民主、人权、平等、博爱等概念，这些价值观念与中国社会文化传统有着显著的差异。因此，如何处理起源于西方文化价值之中的普适性社区工作价值观与中国文化传统之间的差异，使二者有机结合，必然是专业社区工作者长期面临的一个难题。

案例 8-1：

几位社会工作者进入西南地区某个多民族聚居的村寨，当地“织孝布”的习俗引起了大家的兴趣和争议。在当地风俗中，儿媳妇从一进门就要开始为公婆织孝布，日夜累积下来织的布有上千米，这些布唯一的用途就是在老人的葬礼上一把火烧掉。社会工作者进入村寨后，认为这种风俗体现了传统父权社会对女性的压迫，因而想要组织当地妇女改变这种风俗。但是值得思考的问题是：当地这种风俗仪式体现了对老人尊重的传统孝道观念，如果社会工作者开展移风易俗的活动，是否会伤害社区中老人的情感，并且进一步损害维系现有社区秩序和代际关系的核心价值？社区是否有更新的形式来延续原有的孝道文化？因此，从文化传统出发，我们不得不慎重看待社会工作者推动社区改革行动的阻力及文化合法性问题。

社区工作的知识和技巧也不是文化中性的。它给人的感觉是价值中立的和客观的，对于社区工作知识和技巧的研究，似乎我们只关心它们能否有效地达到某种介入目的。但事实上，很多社区工作的介入理论和技巧蕴含了某种世界观、社会观和生活秩序安排的前提假设，只不过这些前提或假设都是存而不论的，或者被认为是理所当然的“悬置知识”。

一、中国社会文化的基本特点

文化概念不仅是指在社会中占主流地位的价值理念和心理习惯，也包括指导人们现实生活的行为规范体系。文化包括经典文化（传统文化）与生活文化。经典文化常带有社会导向的基础作用，而生活文化则决定着人们的现实选择。生活文化是社会生活共同体（家庭、社区、更大的社会群体）形成的生活方式、生活价值的共相，比起经典文化来，它更直接具体地表明了人们对其生活的现实条件的反应①。

在全球化进程中，各民族国家、族群如何建立自己的文化认同是一个很大的问题。例如，哈佛大学的亨廷顿（Samuel P. Huntington）教授提出了文明冲突论。他指出，在“冷战”结束以后，新的世界冲突的根本源头既不是意识形态也不是经济军事，人类的大分裂以及冲突的首要根源在于文化。由于文化因素在全球秩序中变得越来越重要，整个世界正在进入一个“文明冲突”的历史时期。文明之间的差异是最根本的差异，文化的差异加重了经济冲突，“文明冲突”将主宰全球政治②。不管他的观点结论如何，文化之间的差异与碰撞是不争的事实。在经济全球化和文化地方化的过程中，社区工作与每一个国家和地区的文化之间如何融合是一个极其复杂的问题。

对中国社会文化的认识决定个人采取何种视角。黄宗智教授指出，必须从中国的实践本身出发来认识中国社会和文化，而不能仅仅依据西方的视角。以往的西方文化视角隐含了一种意识形态话语霸权，其前提假设是：①世界的发展前进是线性的；②西方文化经过文艺复兴、对古希腊文明的恢复等阶段后是最先进的，其他非西方文化都是落后的、需要改造的；③西方文化的今天就是非西方国家的明天。如果停留在这种西方的眼光和话语体系中，可能会患上严重的“失语症”。

各个文化的形成和发展过程中，都要经历一个所谓的轴心时代。雅斯贝斯（Karl Jaspers）曾指出，中国、印度、希腊等地区，在公元前的一千

---

① 王思斌．社会工作：利他主义的社会互动［M］//何国良，王思斌．华人社会社会工作本质的初探．香港：八方文化企业公司，2000：6-7.

② SAMUEL P. Huntington. The Clash of Civilizations?［M］. Foreign Affairs，Summer 1993.

年间，都分别出现了一些开创性的思想家，他们不再像以前的文化专家那样，只晓得解释遗留下来的文化传统，而是以独特的眼光和开放的心灵高瞻远瞩、继往开来、立说成家，各自替所属地区日后文化思想的发展定下路向[①]。在这个轴心时代中，该文化的基本内核得以形成，而文化的内核一旦形成就会产生一种强大的文化惯性，它会围绕这样一种内核不断展开和丰富，有着自己的逻辑。西方文化的轴心时代是古希腊、罗马时期，中国文化的轴心时代则是先秦时期。

文化可以分为“大传统”（great tradition）和“小传统”（little tradition）两个层次。所谓大传统，是在一个社会里上层的士绅、知识分子所代表的文化，这多半是经由思想家、宗教人士反省深思所产生的精英文化；相对地，小传统则是指一般社会大众所代表的生活文化。这两个不同层次的传统虽各不相同，但却是共同存在而且相互影响的[②]。儒、释、道构成中国文化大传统的主体，虽然三家的思想之间存在分歧，但它们互相吸收、互相影响，共同塑造着中国人的思想观念。这其中，儒家思想是中国传统文化的主流和主体，它对中国人的道德伦理、思维观念和社会行为的影响最为深远。近代以来，中国社会的政治、经济等方面发生了日新月异的变化，中西文化发生激烈的碰撞与交流，大传统文化经历了多次文化运动的冲击和洗礼。但是，从心理定式、人际关系、习俗及伦理信仰等生活文化来看，中国传统文化的内在架构依然稳定，它渗透在社会生活的各个方面和人们的行为偏好中，还在支配着中国人的日常生活，继续左右社会群体的习俗、道德、传统和信仰，成为中国人日常生活世界的核心。

中国传统文化具有以下基本特质：第一，人本观。中国文化中人本主义精神的一个方面，即是从人们对宗教等方面的态度、看法中所表现出的人本主义思想。例如，《论语》中谈道：“季路问事鬼神，子曰：‘未能事人，焉能事鬼。’曰：‘敢问死？’子曰：‘未知生，焉知死！’”中国文化是以人为中心的人本主义的文化价值观，考虑一切问题以人为逻辑起点、

---

① 张德胜．儒家伦理与社会秩序——社会学的诠释［M］．上海：上海人民出版社，2008：3.

② 李亦园．中国文明的民间文化基础［M］//马戎，周星．二十一世纪：文化自觉与跨文化对话（一）．北京：北京大学出版社，2001：410-411.

以人为归宿。人是社会的主体，每个人的发展和进步就是全社会发展和进步的起点，也是终极的目标。社区工作可以从这样一种人本主义精神中得到启示。第二，综合观。中国文化的特点可以归纳为普遍联系和整体观念。第三，中和观。中国传统文化的主流思想、核心精神是“中和”。所谓中和，就是和谐、协调。只有在和谐、协调的环境中，不论是社会还是人，才能存在和发展[①]。例如，《中庸》谈道：“喜怒哀乐之未发，谓之中，发而皆中节，谓之和。中也者，天下之大本也；和也者，天下之达道也。致中和，天地位焉，万物育焉。”李亦园教授也指出，“致中和”的观念是中国传统文化的核心观念，包括自然系统（天）、有机体系统（人）、人际关系（社会）在内的“三层次均衡和谐体系”可以说是自古以来中国人行为的最高文化指令，无论是个人的日常生活、维持身体健康、社会活动中的人际关系，还是国家政府的运作，甚而整个宇宙自然地运行，都以这一均衡和谐为最高的理想目标[②]。中和观深厚地存在于大小传统的文化脉络中。这种致中和、追求均衡和谐的宇宙观念始终是士大夫知识分子思维推衍的中心，而追求个体与家庭的和谐则是一般民众日常生活之所系。正是存在这样寓意深层文化的观念，时至今日，追求和谐均衡的想法仍然成为海内外中国人种种行为表现的基础所在[③]。

中国的传统社会文化结构具有如下基本特点。

1. 关系本位

人际关系是理解中国社会结构的关键。在中国社会，从古至今，都是人事关系优先于其他社会关系，封建制度中当然也是人事关系优先于土地关系。中国社会是人际关系统领事由，西方社会是事由统领人际关系[④]。西方社会是团体本位，但中国社会既不是个人本位，也不是社会本位，而是关系本位。梁漱溟认为，在一个关系本位的社会系统中，不把重点放在

---

① 韩明谟．文化与社会工作［M］//何国良，王思斌．华人社会社会工作本质的初探．香港：八方文化企业公司，2000：39.

② 李亦园．中国文明的民间文化基础［M］//马戎，周星．二十一世纪：文化自觉与跨文化对话（一）．北京：北京大学出版社，2001：412-413.

③ 李亦园．中国文明的民间文化基础［M］//马戎，周星．二十一世纪：文化自觉与跨文化对话（一）．北京：北京大学出版社，2001.

④ 谢遐龄．1930年代中央苏区的农村社区重建——中国当代社会建构之一［M］//复旦社会学论坛（第一辑）．上海：上海三联书店，2005.

任何一方，而从乎其关系，彼此相交换；其重点实在放在关系上了[①]。总之，在儒家文化中，人是一种关系的存在。例如，仁是中国传统儒家最高的道德境界，汉语中的“仁”字表示有两个人，这绝不是偶然的，“仁”强调的其实是人际交往。如果不把“仁”置于社会关系的脉络中，那它什么都不是[②]。再如，中国人的“己”不光是指自己这个人，这个“己”可以很清楚也可以很模糊，往往是以“己”为中心向外推延、扩展的，说“自己人”的内涵是很含混的。中西方对“己”的看法有着根本的差异。西方文化中，个人就是独特的个体，所以个人既是个别的又是普遍的，因为每一个人都是不同的。理解西方文化，讲求人格独立的个人主义及个人本位是一把钥匙。而在中国文化中，实际上不存在严格意义上的个人，中国人观念里的个人是集体里的个人，这个集体可以是家，也可以是家族、宗族，还可以是单位、组织乃至国家。

中国传统社会的人际关系已被儒家哲学转化成伦理的形式。儒家学说认为，个人之间存在着许多种不同关系，著名的“五伦”是其中最基本的五种，分别是：父子有亲、君臣有义、夫妻有别、长幼有序、朋友有信。正如费孝通先生所说，“我们儒家最考究的是人伦，伦是什么呢？我的解释就是从自己推出去的和自己发生社会关系的那一群人里所发生的一轮轮波纹的差序”[③]。“不失其伦”的意思是说，每一个角色关系都处于一个总体秩序中的适当位置上，父子、朋友、君臣等之间形成一种差序性的伦理关系[④]。人际关系主导的社会就是伦理本位的社会，儒家伦理是调整传统社会人际关系的行为规范。伦理角色内在于人际关系之中，构成人际关系内涵中的一个重要维度[⑤]。

2. *差序格局*

费孝通先生提出“差序格局”概念，形象地概括了中国传统社会的社会结构和人际关系的特点：“我们的格局不是一捆一捆扎清楚的柴，而是好像把一块石头丢在水面上所发生的一圈圈推出去的波纹。每个人都是他

---

① 梁漱溟．中国文化要义［M］．上海：上海世纪出版集团，2005：84.

② 金耀基．金耀基自选集［M］．上海：上海教育出版社，2002：95.

③ 费孝通．乡土中国：生育制度［M］．北京：北京大学出版社，1998：27.

④ 同②：96.

⑤ 卜长莉．“差序格局”的理论诠译及现代内涵［J］．社会学研究，2003（1）．

社会影响所推出去的圈子的中心。被圈子的波纹所推及的就发生联系。每个人在某一时间某一地点所动用的圈子是不一定相同的。”① “差序格局”这个概念揭示了中国社会的人际关系是以己为中心、逐渐向外推移的，表明了自己和他人关系的亲疏远近。那么，能够造成和推动这种波纹的“石头”是什么呢？费孝通明确地讲到是以家庭为核心的血缘关系，而“血缘关系的投影”又形成地缘关系，血缘关系与地缘关系是不可分离的。也就是说，中国传统社会的人际关系是以血缘关系和地缘关系为基础，形成“差序格局”模式②。这种人际关系模式具有如下特点：①以“己”为中心。费孝通先生指出：“以‘己’为中心，像石子一般投入水中，和别人所联系成的社会关系，不像团体中的分子一般大家立在一个平面上的，而是像水的波纹一般，一圈圈推出去，愈推愈远，也愈推愈薄。”③ “在这种富于伸缩性的网络里，随时随地是有一个‘己’作为中心的。这并不是个人主义，而是自我主义。”④ 这样的“己”不同于西方的“自我”，它的内外群体界限是相对的。在这种差序格局中，站在任何一圈里向内看，可以说是公、是群；向外看，可以说是私、是己。②体现了儒家的伦理模式。儒家所讲的“伦”指的正是个人间的“差序格局”。③体现了社会稀缺资源的配置模式。这里所说的社会稀缺资源或社会资源，不仅包括体现为土地、货币和财产等的物质资源，还包括地位、名望、机会、荣誉、权力和心理满足等各种精神资源。在自给自足的自然经济条件下，家庭是社会唯一的基本组织，是一个集生产、生活、消费、教育、事业、情感和社会保障为一体的多功能的“社会组织”。家庭或家族，垄断了个体成员几乎所有的、重要的社会稀缺资源。家庭的社会资源由家长控制和管理，家长的权威不仅仅来自血缘和情感联系，更主要来自家庭中掌握的社会资源。家庭中的权力、地位、财产、家庭成员的身份地位、婚姻关系等都是按照“差序格局”的模式配置的⑤。

3. 人情与“面子”

在中国社会文化中，人际关系网络的建立是与人情密切相连的，没有

---

① 费孝通．乡土中国：生育制度［M］．北京：北京大学出版社，1998：26.

② 卜长莉．“差序格局”的理论诠译及现代内涵［J］．社会学研究，2003（1）.

③ 同①：27.

④ 同①：28.

⑤ 同②.

人情的关系和关系网络在中国基本上是不存在的，而人情又是与“面子”紧密联系在一起的。这样，人情、“面子”和关系网络就构成了一个完整的统一整体。中国人的人情关系有三种：情感性的人情关系；工具性的人情关系（具有交易性的互惠关系）；混合性的人情关系。在中国社会结构中，人情是十分重要的，具有明显的非正式制度（规范）的社会规范，它是社会运行的潜规则。人情的核心是“报”，即回报、报答，例如“以德报德”“以怨报怨”“滴水之恩当涌泉相报”。通过人情维系的人际关系是比较牢固的。例如，一般中国人在公交车上，凡是亲戚朋友，便热情让座；而对非亲非故者，则争座恐后，毫不客气。与人际关系相关的另一个重要概念是“面子”。“面子”是一种社会的地位或声望，它是依靠社会赞许来获得的。“面子”的核心是“耻”（Shame）。当一个人的“面子”受到损伤时（即失“面子”或没“面子”），便会产生一种“耻感”。不少学者把中国文化称作“耻感文化”（Shame Culture），而把西方文化称为“罪感文化”（Guilt Culture）①。

4. 集体主义取向

在关于中国文化的讨论中经常出现的争论是：中国的传统文化是偏重个体主义还是集体主义？道家和墨家学说都强调个人，而主流文化的儒家却采用“中庸之道”。儒家一方面重视群体的秩序，另一方面却强调自我认识和个体的尊严与价值。儒家伦理为集体主义权威提供了合法性来源和精神资源。在传统中国社会中，个人不是一个独立的个体，个人的价值、身份和生命意义只有在集体或群体关系中才能得到体现。

（1）传统的中国社会中，家庭是组成社会的细胞，是社会中最基本的经济、社会及政治组织。在家庭之外，再没有其他社会组织可以全面地满足个人在各方面的需要。而中国的家庭连同其血缘关系的家族，在运作上是自给自足、自我管理的小社会，每一个家庭都要担负起经济生产、生育、教育、抚养、赡养、消费和情感交流等功能②。在“孝”原则的维系下，家庭以父权为中心，男尊女卑、父为子纲、夫为妻纲，父亲控制了家

---

① 金耀基．金耀基自选集［M］．上海：上海教育出版社，2002：117-119.

② 梁祖彬，颜可亲．权威与仁慈：中国的社会福利［M］．香港：香港中文大学出版社，1996：16-18.

庭中的一切资源和决策，并担负起照顾家庭成员的责任。年幼的家庭成员只能听命和服从于父母，父母的权威不容抗拒，否则就是道德上的“不孝”。在传统中国社会中，个人的生活完全依靠家庭，生死、婚姻、病葬等都由家庭来安排，个人的价值和意义即是传宗接代、光宗耀祖。在“五伦”中，父子、夫妇和兄弟关系是家庭关系，而君臣和朋友关系则是参照家庭关系而建立的。

（2）家庭制度的延续就是宗族组织。在传统的乡土社会结构中，血缘关系和地缘关系结合而成为宗族或家族。宗族拥有公共财产，其财力可以用作支持一些福利与教育工作。宗族对经济资源的控制也支持了族长的权威。同时，族长的家长制权威也来自乡约族规和风俗习惯。宗族或家族内部有严格的社会规范和权利与义务的差序规定，老幼尊卑各司其职，不得僭越本分①。

（3）传统观念中的国家也是家庭权威和家长制统治的延伸与扩大。中国的传统政治文化强调，人民需要向权威表示绝对的服从，而个人不可以以“个人”的因素来抗衡国家的权力②。

在中国的社会文化情境中开展社区工作实践需要处理好三个方面的问题，即价值和文化冲突、文化理解、发展适应本地的社区工作理论和技巧。

二、社会文化情境与价值冲突

在实践中，外来的社会工作者到本地从事社区工作，往往会有格格不入的情况出现，其原因正是社区工作价值观与当地文化观念之间的冲突。实际上，所有原则和价值都不可避免会出现冲突，如何谨慎处理社区工作价值观与其他文化观念之间的冲突是社区工作者经常要面对的难题。伦纳德（Leonard）指出，所有社区都不免存在不同利益及价值的小群体，他们不一定会认同社区工作者及社区工作潜在的价值。因此，社区工作者必须经常保持高度的“批判性反思”和开放的态度，在积极参与和对话中实现

---

① 梁祖彬，颜可亲．权威与仁慈：中国的社会福利［M］．香港：香港中文大学出版社，1996：18.

② 同①：41.

正义的决定[①]。

社区工作作为社会工作的一种方法，其思想概念的根源来自古希腊的民主与理性的传统，反映了对个体主义及个人地位的重视。而在集体主义和权威取向的中国社会文化结构中，由下而上的民主参与和个人权利概念还是相对陌生的。集体主义的生活背景强调的重点主要是人的义务与责任，而不是个人的价值与权利。个人的命运是与整个集体结合在一起的，个人的成就是与集体的成功分不开的，个人的身份也是由集体给予的[②]。因此，受限于集体的纪律与约束，个人无法追求自主性目标。在集体主义观念的笼罩下，个人或少数群体的利益往往被忽略甚至被要求作出牺牲。但同时，个人又从对集体的归属中获得一种安全感，形成一种权威依赖的倾向[③]。例如，中国的家庭对于个人而言，是一个具有垄断性与支配性的集体，个人的独立性在家庭和家族的集体中是受到了极大压抑的。

因此，在中国的社会文化情境中，社区工作者需要小心处理专业价值与集体主义价值取向之间的矛盾：一方面要组织和团结个人，发展集体力量，从而争取实现社区的共同利益；另一方面也要尊重个别差异和个人发展的空间，促使个人在社区集体中有平等、民主的参与，以实现社会公义。这就需要社区工作者积极地作出“批判性反思”，避免成为人云亦云的一员。

［学习活动 8-1］

视频观看讨论

> **［活动目的］**
>
> 思考不同文化之间的价值观冲突。
>
> **［步骤］**
>
> 1. 观看电影《刮痧》。

① 转引自：殷妙仲，高鉴国．社区社会工作：中外视野中的交流［M］．北京：中国社会科学出版社，2006：39.

② 梁祖彬，颜可亲．权威与仁慈：中国的社会福利［M］．香港：香港中文大学出版社，1996：19.

③ PYE L. Asian Power and Politics［M］. Cambridge，Mass：Hanard University Press，1985.

> 2. 分组讨论，题目如下：
>
> （1）该影片中反映了何种价值观念冲突？
>
> （2）该影片中的社区工作者是如何处理这种文化冲突的？你如何评价她的前后变化？
>
> （3）在处理价值观冲突时，社区工作者应该如何做？
>
> 3. 大组分享。
>
> 4. 师生共同总结。

三、社区工作实践与文化理解

社区工作实践是在一定的时空中，一定的国家、民族、社会、文化、社区和家庭的实际生活中发生的。因此，一个社区工作者必须深入了解他和他的服务对象生活和工作地的社会和文化[①]。这种文化理解主要基于以下原因。

第一，社区工作的一种特质就是它的专业实践活动带有强烈价值介入，富有道德实践的意味，而价值必须放在某种文化传统和脉络中来理解。社会工作的介入在本质上就是道德的介入，而道德介入随时会变成权力实践[②]。正因为社区工作者与社区居民的关系中存在着转化成权力压制的可能性，他必须跳出自身经验的局限，明白社区居民的真正需要、感受及要求。理解者对被理解者的深层理解是通过对方的角度批判和扩大自己的意义脉络网，从批判与反思中超越自己的存在境况[③]。在理解的过程中，假如理解者想深入明白受助者的境况，他必须以自己的意义世界作为起点出发，去揣摩演绎对方的意义世界和脉络，从而看见对方意义世界的合理性及其与历史和传统的相关性。这种看见，若没有对方的合作和开放，以及作为理解者愿意借助对方的意义世界展开对自己意义世界的批判和反

---

① 韩明谟．文化与社会工作［M］//何国良，王思斌．华人社会社会工作本质的初探．香港：八方文化企业公司，2000：39.

② 何国良，王思斌．华人社会社会工作本质的初探［M］．香港：八方文化企业公司，2000.

③ 朱志强．社会工作的本质：道德实践与政治实践［M］//何国良，王思斌．华人社会社会工作本质的初探．香港：八方文化企业公司，2000：111.

省，是很难达到的。因此，深入的理解必然是双向和互相开放的，并且富于自我反省和自我批判意识[①]。简言之，社区工作者对社会与人的深层次理解必须放在相关的价值和文化系统中才能够获得。在这种意义下的社区工作者的文化理解，本身就蕴含着一种道德实践意味。

第二，对服务对象投入理解的需要。社区工作服务效果的评价不仅来自社区工作者的助人行动，而且来自服务对象对助人行动的反应。因此，在社区工作过程中，社区工作者如何根据服务对象的需要去提供服务是十分重要的，这需要社区工作者在助人过程中的投入理解。社区工作者对受助者的沟通性理解，不但是对其现场反应的诠释，也是对其文化和处境的理解。这里的文化既包括一个社会成员所共享的大文化传统，也包括社区的生活文化。社区工作者只有对社区居民的态度、反应及其身处的传统与生活有足够的理解，才能明白社区居民的真正感受，进而调节介入目标与方法。

以预防和干预家庭暴力的社会工作介入为例。社区工作的一个重要介入领域是为遭受家庭暴力的女性提供服务。大多数家庭暴力事件处于隐形状态，具体数据难以统计。大量受到家庭暴力的女性忍气吞声、孤立无援，甚至走上轻生或犯罪的道路。很多家庭暴力受害女性的生活状况恰恰是基本人权宣示的反面。社区工作者对遭受家暴妇女处境的理解必须回到文化脉络，特别是在传统文化对妇女的角色期待中来理解。在中国的传统社会文化中，许多男性错误地把妻子作为自己的私有财产，以为可以随意处置。在传统的社会性别规范和意识中，女性被要求具备以家庭为重、为家庭牺牲的精神和包容的美德。因此，在这种传统“男尊女卑”文化观念的影响下，很多受害女性存在着“出嫁从夫”“家丑不外扬”的心态，或者怕外界批判的眼光，怕被贴上婚姻失败的标签，从而选择沉默，不敢离婚。许多女性不仅生活在家庭暴力的阴影下，同时还要受到外界的压力，特别是对妇女的质疑与期待。人们对家庭暴力事件的看法常常是：“这是别人的家务事”“劝和不劝离”“女人终究应该回归家庭”。这些传统思想使人们对家庭暴力事件选择沉默，甚至一味要求受害妇女选择忍耐。

---

① 朱志强．社会工作是什么［M］//何国良，王思斌．华人社会社会工作本质的初探．香港：八方文化企业公司，2000：21.

面对家庭暴力事件，警察及其他政府部门的工作人员、医护人员、居委会人员等也很难摆脱传统观念的制约。例如，不少第一线的民警也会有这样的观念："清官难断家务事""对于夫妻之间的家务事，外人没有办法处理""夫妻床头打架床尾和""宁拆一座庙，不拆一桩婚"等。警察面对家庭暴力案件的消极态度可能出于善意——劝和不劝离，甚至在处理家庭暴力案子的过程中，有些警察会认为这是帮人家离婚，挑战了自己的内在价值。因此，家暴受害女性即使报警也没有用。

面对上述社会文化境况，社区工作者是否也会落入期待妇女以家庭为重的价值迷思中？社区工作者只有采取批判自省的态度，才能够通过文化理解的过程，在开放和互动中跳出自身经验的限制。

[学习活动 8-2]

游戏：大鱼小鱼

[目的]

提高学生对社会文化中的性别偏见和歧视现象的认识，引导学生思考文化中的父权观念如何导致性别歧视，以及如何以团结的力量改变性别不平等的现状。

[内容]

第一阶段：

1. 给每组发放一张大白纸，请各组分别在白纸上迅速画一条大鱼，要尽可能大些。

2. 教师发给每位同学一份游戏纸，请大家想想自己在生活中看到（一个现象或事件）、听到（一些交谈或议论）或感觉到的性别歧视经历，然后填写。

3. 各组同学在组长主持下，分享大家对性别歧视的所见、所闻、所感。最后，组长记录、汇集并概括小组成员的发言，把同学们谈到的性别歧视现象都写在大鱼身上。

4. 由组长拿着大白纸，面向全班同学作报告，进行经验分享。

第二阶段：

1. 教师发给每人一张小贴士（小鱼），请大家在纸上用彩笔写上对社会性别平等的具体愿望。愿望可以是针对个人的，也可以是针对社会的。

2. 大家把写好的小贴士分别贴在大鱼上，直至把大鱼完全遮盖住为止。

3. 各组把作品分别贴在墙上，大家一起来欣赏作品和感受团结的力量可以促进社会性别平等。

[提示]

通过对游戏的总结，学生了解性别歧视现象及其文化根源，并明白要通过团结的力量来改变社会性别不平等的现状。

拓展阅读

材料一：

国际消除家庭暴力日

每年的11月25日是国际消除家庭暴力日。

1960年11月25日，三位女性——米拉贝尔三姐妹在多米尼加惨遭杀害。为了纪念这一事件，1981年7月，第一届拉丁美洲女权主义大会宣布把11月25日作为反暴力日，大会还决定每年从11月25日到12月10日持续举行16天的相关宣传活动。

1993年11月25日，联合国发表了《消除针对妇女的暴力宣言》，将“对妇女的暴力行为”定义为：在公共场所或私人生活中，对妇女造成或可能造成身心或性行为上的伤害和痛苦的任何基于性别的暴力行为。

1999年3月8日，联合国妇女发展基金会在联合国大会上举行了以反对家庭暴力为主题的全球电视会议，并在非洲、太平洋地区、拉丁美洲和加勒比海地区发起了一系列消除对妇女实施暴力的宣传活动。1999年11月3日，联合国大会正式通过由多米尼加共和国提出、60多个国家支持的建议，将每年的11月25日定为“国际消除家庭暴力日”。

材料二：

只要有一个女人

作者：南希·史密斯　译者：黄长奇

只要有一个女人觉得自己坚强因而讨厌柔弱的伪装，定有一个男人意识到自己也有脆弱的地方，因而不愿意再伪装坚强。

只要有一个女人讨厌再扮演幼稚无知的小姑娘，定有一个男人想摆脱“无所不晓”的高期望。

只要有一个女人讨厌“情绪化女人”的定型，定有一个男人可以自由地哭泣和表现柔情。

只要有一个女人觉得自己为儿女所累，定有一个男人没有享受为人之父的全部滋味。

只要有一个女人得不到有意义的工作和平等的薪金，定有一个男人不得不担起对另一个人的全部责任。

只要有一个女人想弄懂汽车的构造而得不到帮助，定有一个男人想享受烹饪的乐趣却得不到满足。

只要有一个女人向自身的解放迈进了一步，定有一个男人发现自己也更接近自由之路。

[学习活动 8-3]

案例讨论

[活动目的]

通过案例讨论来思考如何从文化角度理解服务对象的需要。

[案例]

框下附。

[讨论]

受助家庭有何需要？机构的社区工作服务是否真正回应了这一需要？原因何在？

［提示］

机构的政策规划缺乏从文化的角度考虑和理解大众的真正需要，有些服务是从西方社会组织引进的，混淆了文化模式与人们需要的生活方式。在案例中，亲子关系就受到了资助者馈赠的干涉。

附：学习活动 8-3 的案例①

M 是我国香港地区一家服务机构的工作员。这是一个类似国际慈善团体的机构，专门在西方国家筹款，资助亚洲贫困儿童的教育和基本生活。而 M 的工作就是把外国人士的每月捐款按时送给这些受助的贫苦儿童，并检查其父母如何运用这些款项，保证依据指定用途用在儿童身上。其中一个受助家庭是渔民，父母常常要出海捕鱼，特别是到深海打鱼时一去便是数个星期，家里 10 岁大的孩子常被父母带着一同出海，结果成为超学龄儿童，难以入读小学一年级或二年级。有一次，当 M 带着加拿大捐助人的钱和玩具前去这个渔民家时，受助孩子的母亲哭着对 M 说："可否请你帮帮忙，救救我的儿子。我不明白为什么加拿大人总是给我儿子送玩具。我要我儿子去上学，但他却因超龄遭到拒绝。你能为我的孩子安排私人教师或学校吗？另外，我的长子对我和丈夫越来越无礼了，说加拿大人比我们更可爱、更关心他，因为我们不能为他买礼物，你能告诉我怎样做吗？"M 记录下这位母亲的言辞，并向机构报告。他还作了某种尝试，为这一家请求特别协助和服务，但这一请求却被机构管理层以相悖于高层次的规划政策为由予以中断。

第三，发展适应本地的社区工作理论和技巧。社会工作是一种社会建构，因此，社区工作的实务方法和技巧要因时因地发展，以切合不同的社会文化环境。社区工作者在坚持专业理念和价值的同时，应选择更适合本土情况的灵活性策略，而不应局限于一定之规。

同时，社区工作者要注意本土文化知识资源的运用。社区工作的知识

① 资料来源：莫泰基. 公民参与：社会政策的基石［M］. 香港：中华书局（香港）有限公司，1995：179-181.

发展和技巧运用方面也会受到文化的影响，因此，充分发掘和运用传统文化中的有用资源对社区工作的实践活动是非常必要的。

案例 8-2：

在山东中部某农村社区中，社区工作者尝试运用地区发展模式开展服务。在工作的最初阶段，社区工作者发动部分社区居民成立了老年协会和妇女协会。但是，大多数居民对这两个协会并不感兴趣，协会成员的参与热情受到很大挫折，不少人选择了退出或疏离。不过社区工作者很快发现，地方戏吕剧在当地深受欢迎，两个协会坚持留下的大多数骨干也对吕剧有着浓厚的兴趣。因此，社区工作者就帮助协会成员成立了社区吕剧团，并排演节目，开展演出。这一活动不仅获得了村委会的支持，也拓展了村民的公共文化空间，于是，更多的居民开始关注或热心参与社区组织。

四、社区工作理论和技巧的在地化发展

佩恩指出，我们要了解社会工作的本质就应分析三股力量及它们之间的互动：一是“创造社会工作成为职业之力量”，即社会工作者和社会工作专业的文化及其对社会处境的专业反应；二是“从主动及被动寻求协助的人中创造案主关系之力量”，即服务对象对切身需要及社会处境的反应；三是“创造社会工作实务运作之社会脉络之力量”，如社会政策、社会立法和社会服务制度等影响社会工作目的的社会环境因素。总之，社会工作是通过每个社会在特定时空的各主要成员及体制之间的互动建构而成的①。我国社区工作发展过程中需要处理好以下几个重要关系，这些议题也在很大程度上决定着社区工作的发展走向。

（一）普遍性与独特性

社区工作作为一个“多元化整体”，内部形成有多种模式或流派。维系社区工作统一性的并不是那些具体的专业策略和方法，而是一些共同的价值理念及基本原则，如社会公义、社区参与、真诚关怀、互助等。虽然

---

① 转引自：阮曾媛祺．从社会工作的两极化看社会工作的本质［M］//何国良，王思斌．华人社会社会工作本质的初探．香港：八方文化企业公司，2000：124.

这些价值和原则产生于西方国家的社会文化中，但它们对各地都具有重要意义[①]。每一个社会都有其独特的历史、文化、经济和政治条件，这决定了其社会工作发展的某种独特方向和进程。从此观点出发，社区工作专业的发展不一定要遵循统一的模式和一定之规，如何在多样化发展和探索中找到一致的大原则才是终极目标[②]。在我国的城乡社区治理过程中，"社区""社区工作""社区工作者"的界定不可避免地带有明显的行政化、非专业化的色彩。专业社会工作者在开展社区工作实践、建构社区工作专业知识体系的过程中，既要跳出本土性、行政化社区工作的局限，又不能无视和脱离中国社区组织结构和社区发展的现状。专业社区工作者应结合有中国特色的社区治理和民政工作，继承悠久的社会服务传统，来探索自己的发展方向和特色。

世界是人类命运共同体，每个国家和地区都对其良好发展有相应的责任使命。中国特色社会工作与其他国家和地区的社会工作并存共生，共同组成了世界社会工作系统。因此，专业社区工作发展除打造中国特色之外，还应该助力世界社会工作发展。既要学习其他国家和地区的社区工作积极经验，借他山之石，助中国发展，也要提炼中国特色社区工作中隐含的宝贵元素，为其他国家和地区的社区工作提供参鉴。扬己之长，美美与共，不但应该是中国智慧，而且应该成为世界理念。

（二）专业使命与专业化

20 世纪 50 年代，社会工作已经发展成为一个重要专业。格林伍德论述了社会工作专业形成的 5 个基本特征，并将 1955 年在 7 个相关专业组织合并基础上成立"全美社会工作协会"作为专业化进程中的一个"重大里程碑"。社会工作作为专业性职业，易于在社会实践和互动中提高对专业性的自我认识，并通过具体的制度建设和成文守则对专业行为加以规范[③]。但是，随着社会工作专业化的发展，社会工作的专业性表现出明显的两重

---

① 殷妙仲，高鉴国．社区社会工作：中外视野中的交流［M］．北京：中国社会科学出版社，2006.

② 同①：8.

③ 高鉴国．社会工作的专业化与专业性问题［R］//中国社会工作教育协会 2008 年年会．职业化背景下中国社会工作研究与实务发展，2009.

性：一方面，专业界强调提高准入资质和专业技能，从而保证服务质量；另一方面，专业人员和机构追求自身利益和经济报偿，没有将社会服务作为“天职”①。欧美国家在社会工作专业化过程中显露的这些问题值得专业化之初的中国社会工作者警醒。随着社会工作职业资格制度的建立，我国社区工作不断走向专业化、职业化。但是，如何将社会服务和社会公正的专业使命真正贯彻、体现到专业服务中，避免重蹈欧美国家社会工作的专业主义异化覆辙，将是中国社会工作者的共同责任和挑战。这需要一线专业社区工作者在实践过程中始终保持批判性反思，不迷失自己的方向，更需要社会工作教育者继承睦邻组织运动先驱们所倡导的专业传统，通过身体力行，社会工作专业学生深入理解投身精神和社会使命。与此同时，也需要关注专业使命与治理角色的融合。专业社区工作要有机嵌入社会治理与民政工作两个大局，把社区治理、特殊群体服务、基层矛盾风险化解、公共卫生事件应急管理等关系社会治理与社区秩序的事务纳入专业议题，在坚持社会工作专业使命的同时，时刻关注国家政治需要与治理现实，不断拓展专业发展的空间。

（三）专业介入与居民参与

正如前文所言，我国的城乡社区治理主要还是政府主导型模式，民众参与的空间和渠道有待开拓，社区发展的动力不足。在未来很长一段时期内，专业社区工作者都要面对这种自上而下式社区建设的制度约束条件。这带给我们的思考是，专业社区工作应当如何介入社区治理？特别是专业社区工作者应如何处理与政府、社区民众的关系？是以专业主义的姿态嵌入和再生产行政化的强势，还是更多与社区民众站在一起，促进其提升参与能力、意识及机会？其实这个问题也一直伴随欧美国家社区工作的发展，从19世纪末的睦邻组织运动到20世纪60年代的社会改革，政府对社区工作是提供财政支持还是压制，取决于保守主义势力是否占据上风。

基于专业使命和价值，专业社区工作介入的过程本身就是一个动员社区居民参与并与之结合的过程。这里的居民参与既是社区工作的目标，也

---

① 黄智雄，高鉴国．专业使命与专业化：社会工作教育的一个视角［R］//中国社会工作教育协会2008年年会．职业化背景下中国社会工作研究与实务发展，2009.

是手段。居民参与不仅指向对决策的影响和控制、资源分配等政策和权力层面，也指向社区工作从计划的制订到实施以及评估的整个过程；不仅包括社区中有身份有地位的人，更包括声音微弱或沉默的被边缘化的困难群体①。专业社区工作的介入应以社区为本，积极扩展社区的公共参与空间，促进公民培育。专业社区工作者应避免以专家自居，要与社区民众建立真正的伙伴关系，向他们学习，总结他们的经验，并将之转化为社区工作的知识②。社区工作既要走专业化的道路，又要避免专业异化和专业霸权。同时，专业社区工作者还需要谨慎处理好与行政体制的关系。如何既保持专业的使命，又保持与行政体制的良好互动关系，直接决定着专业社区工作的发展空间和走向，也考验着专业社区工作者的策略选择智慧。

（四）社区服务与社区组织

市场经济的发展导致我国社会出现结构性分化，这种社会结构分化在利益格局上具体表现为，尽管部分困难群体状况有所好转，但是总体贫富差距有所拉大。这直接导致两个后果：首先，社会利益群体之间开始产生严重的不信任和不合作，社会矛盾突出；其次，社会成员差异性增大，个体利益诉求已逐渐代替集体主义意愿，个体意识内在的约束和限制力下降，由此计划经济时期形成的集体意识基础遭到极大的削弱，社会成员的行为一致性失去了其合理性内核。这种社会结构的分化状况也直接影响到社区：一方面，社区呈现出阶层分化和利益群体的分化，形成了以行政为导向的社区“两委”、以自治为导向的业主委员会、以市场为导向的物业公司、以互助为导向的社区社会组织、以社会服务为宗旨的新兴社会组织等多种权力并存的社区治理结构；另一方面，社区范围内集中了大量社会政策和社会服务的需求，社区民众的有些需求难以得到满足。

因此，专业社区工作介入社区治理和社区发展，需要处理好组织和服务的关系问题。社区组织工作策略因其一定的政治性特点，在中国社会文化环境中的应用会受到一定局限。但是，从社会学的冲突理论看来，

---

① 殷妙仲，高鉴国．社区社会工作：中外视野中的交流［M］．北京：中国社会科学出版社，2006：58.

② 同①：156.

合理的冲突也具有促进社会和谐与稳定的正功能。社区服务固然有其局限性，但是它能够很好地满足和解决社区居民的日常生活需要。同时，社区服务中心、社工站也为外来的专业社区工作者提供了一个比较理想的介入途径和基地。社区服务本身在注重满足社区居民需要的同时，也可以起到组织居民的作用，早期睦邻组织运动的实践就证明了这一点。因此，专业社区工作者要能够把社区服务与社区组织很好地结合起来，通过促进民众参与、充分动员和发掘民众资源，服务社区内有需要的成员。

（五）界限与整合

个案工作、小组工作和社区工作被区分为社会工作的三个主要实务方法。当前社会服务资源短缺的局面在短期内难以改变，相比个案工作、小组工作而言，专业社区工作能更有效地协调和运用社区现有资源以回应民众需求、解决社会问题。因此，我国社会工作在发展策略的选择上应当更侧重于社区工作的服务领域。但是，这并不意味着要把社区工作与个案工作、小组工作割裂开来。从国际的角度来看，社会工作专业经过了一百多年的发展，出现了整合和多元化发展的趋势，并且对社会工作者的角色要求越来越丰富。同时，从社会工作实务过程来看，各个具体工作方法之间的关系不是截然分开的，而是协调、互补的。因此，实务工作者要建立一个开放、灵活、多元的观念，将不同的方法有机结合起来，使自己提供的服务能够最大限度地满足服务对象的需要①。

总之，专业社区工作者应牢记自己的专业使命和价值，对专业化保持批判性反思和警醒，同时要避免盲从西方社区工作的理论模式，应结合具体国情，灵活运用各种专业方法，发展出一个以社区参与为本的社区工作实务模式，推动社会改革和社会公正，并为之作出自己应有的贡献。

---

① 殷妙仲，高鉴国．社区社会工作：中外视野中的交流［M］．北京：中国社会科学出版社，2006：175-176.

第二节　新时代我国社区工作的创新实践

一、社区网格化治理

网格化管理主要借助数字化信息平台按一定标准将城市社区精细拆分为若干网格单元①，从而形成“区—街道—社区—网格”的管理层级，并配备一定数量的网格员进行动态巡查，建立起一种监督与治理相分离的新型社区治理模式。我国的网格化管理于2004年最早在北京开启试点，2004年到2008年约有51个城市完成了网格化管理在全国范围内的试点任务②。2013年，党的十八届三中全会首次对实施网格化管理的基本方向和平台建设作出了战略性指导，标志着网格化管理从地方走向全国③，实现大范围覆盖。2020年9月，习近平总书记在基层代表座谈会上对“十四五”时期的基层社会治理作出了明确指示，强调通过强化网格化管理和服务，完善社会矛盾纠纷多元预防调处化解综合机制。党的十九大报告指出，要加强社区治理体系建设，推动社会治理重心向基层下移。党的十九届四中全会提出，要加快推进市域社会治理现代化。党的十九届五中全会提出，推动社会治理重心向基层下移，向基层赋权放能，加强城乡社区治理和服务体系建设。

2014年3月，习近平总书记参加十二届全国人大二次会议上海代表团审议时强调，社会治理的重心必须落到城乡社区，社区服务和管理能力强了，社会治理的基础就实了。实施网格化治理模式，是当前推进基层社会治理现代化的重要举措，有利于准确了解社情民意，打好基层组织决策的民意基础，有利于健全完善基层党组织服务群众的常态化机制，有利于化解居民矛盾，维护基层社会和谐稳定。从横向来看，网格中的社会组织与社区居民处于行政权力下的被动管理地位，横向联系较少，自治力量较为薄弱。从纵向来看，网格化管理着重于对基层治理结构的重塑，主要借助

---

① 周进萍．南京市网格化管理可持续性发展的调查与思考［J］．中共南京市委党校学报，2015（3）：98.

② 王雪竹．基层社会治理：从网格化管理到网络化治理［J］．理论探索，2020（2）：77.

③ 柳建文．基层治理网格化的创新完善与未来走向［J］．国家治理，2020，29（1）：16.

信息技术整合各种资源，掌握社情民意，确保行政执行力度。从计划经济时代的单位制到市场经济时代的社区制以及新时代背景下的网格化管理，基层治理的模式变迁不断，加强了国家与社会的联动，从以事为中心转向坚持以人民为中心，不断提升精细化服务水平。立足新时代背景之下，我国始终坚持网格化管理理论研究与实践创新齐头并进，这为提升整体社会治理效能奠定了坚实的理论基础，储备了丰富的实践经验①。

案例 8-3②：

海阳市以“一张网格管全市”的要求，梳理各镇区、街道网格，按照每个网格 500 户左右的标准，把所有的小区住户、园区企业、商贸网点纳入网格治理。依据网格划分标准，全市 11 个城市社区分为 156 个网格，覆盖居民 6.5 万户、14.6 万人，乡镇驻地园区企业、商贸划分为 30 个网格，732 个村共划分二级网格 4453 个，城乡建立起了规范整齐、清楚明晰的网格划分台账，实现了网格治理全覆盖、无遗漏。在城市社区中，每个网格配备 1 名专职网格员（准专业社区工作者），按照居民楼栋情况，每 50 户左右设置 1 名楼栋长（网格协管员），全市共配备专职网格员 156 人、楼栋长 421 人。同时加大网格员培训管理力度，各镇区、街道每年都召开网格员培训会议，开展走访动员，培训工作技能。还建立了网格员管理考核奖惩机制，进一步提高网格员工资待遇，提升网格员工作热情和积极性，确保各项工作有序推进、步步落实。

二、五社联动

“五社”是指社区、社会工作者、社区社会组织、社区志愿者、社区公益慈善资源③。“五社联动”是指以提升社区治理能力、建设“共治共建共享”的社区治理共同体为目标，坚持党建引领，村（居）委会发挥组

---

① 陈茜霖，黄婷．网络治理视角下的“网格+网络”模式优化路径探析——以西部某省会城市 L 社区为例［J］．社会福利（理论版），2021（12）：53-58.

② 案例来源：海阳市人民政府网，http：//www. haiyang. gov. cn.

③ 学术界有关“三社联动”的研究，对“社”的内涵和外延界定有主体论，也有要素论。本教材采取了要素论定义，参照社会政策背景、学理逻辑以及与“三社联动”中各要素内涵的比较来界定“五社联动”各要素的内涵，前“四社”属于主体性要素，第五“社”属于非主体性要素。

织作用，以社区为平台、以社会工作者为支撑、以社区社会组织为载体、以社区志愿者为辅助、以社区公益慈善资源为补充的现代社区治理行动框架。

在“五社联动”框架下，新时代的社会工作应在一定程度上超越职业、专业属性，以参与主体的姿态投入社区治理，用专业优势和服务成效争取党委、政府的重视和支持，成为村（居）“两委”的好帮手，成为社区治理的重要推动力量。

1. 社区

在“三社联动”框架下，“社区”要素作为“主体”界定时，是指社区党组织和村（居）委会。而作为“要素”界定时，社区有两个内涵：一是指作为活动场所或实践之地的物理空间及其承载的物体；二是指基于特定物理范围之上的社会空间及其内容物，比如将社区视为资源平台、情感之所、社交空间等。在“五社联动”框架下，社区内涵还包括借助网络空间（社会网络及互联网络）与社区之外发生的信息与资源的链接等。

2. 社会工作者

社会工作者一般指通过全国社会工作者职业水平评价，提供专业社会工作服务的人员。根据社会工作专业人才统计口径，也包括拥有社会工作相关专业学历和接受过一定学时社会工作专业培训的人员。

3. 社区社会组织

根据 2017 年 12 月发布的《民政部关于大力培育发展社区社会组织的意见》（民发〔2017〕191 号），社区社会组织是指由社区居民发起成立，在城乡社区开展为民服务、公益慈善、邻里互助、文体娱乐和农村生产技术服务等活动的社会组织。

4. 社区志愿者

2017 年颁布的《志愿服务条例》（国务院令第 685 号）界定志愿者为以自己的时间、知识、技能、体力等从事志愿服务的自然人。社区志愿者是指以社区为范围，主动承担社会责任，参与社区服务与社区治理等活动，奉献个人时间和资源的人。志愿服务行为的增多是我国社会文明发展的结果。社区志愿服务作为社区治理的基础构成内容，成为现代社区治理体系的重要环节之一，在社区治理中的重要性和积极作用逐步显现。基于此，在“三社联动”中纳入社区社会组织中的社区志愿者，在“五社联动”框架下被分离出来，成为一支独立的社区治理主体性力量。社区志愿者兼具居民个体和社区社会组织（志愿团体）成员两个特征，在“五社联动”机制中，志愿者作为独立的主体性要素参与社区治理，将逐渐走向组织化的发展之路。

5. 社区公益慈善资源

简单来讲，公益和慈善的概念区别在于，公益是为了公众利益，慈善是出于个人慈善，即“小慈善”。2016 年颁布的《中华人民共和国慈善法》中倡导“大慈善”概念，将公益和慈善结合起来。该法所称慈善活动，是指自然人、法人和其他组织以捐赠财产或者提供服务等方式，自愿开展的公益活动。这些公益活动包括：扶贫、济困；扶老、救孤、恤病、助残；救助自然灾害、事故灾难和公共卫生事件等突发事件造成的损害；促进教育、科学、文化、卫生、体育等事业的发展；防治污染和其他公害，保护和改善生态环境；其他公益活动。其中后三项都超越了传统的慈善救助范畴，指向整体的公众利益。“大慈善”概念是我国慈善理念的一次升华，即公益慈善化。在相当长的历史时期，我国社会的主要需求是解决温饱生存问题，慈善被视为扶贫济困的手段之一，是国家救助政策的补充。但随着慈善法将慈善的范围扩大到教育、医疗、文化、体育、环保和社会服务等领域，慈善事业就自然地与社会建设和社会治理有机地结合起来，扮演更为重要的角色。

社区与慈善资源概念的结合始于 2014 年民政部对社区基金会的提出和推动。社区基金会的核心特征是“本地资源、本地利益相关者、本地解决方案”。这使得社区逐渐被视为孕育慈善事业发展的丰厚土壤，慈善事业要向基层发展。置于社区这一治理场域中，社区公益慈善资源在内涵上包括两重意思：一是资源来源视角，捐赠主体主要是企业、基金会或公益组织以及社会公民等，捐赠意图指向公共问题解决、公众福祉提升、扶危济困、助残救疾等；二是用途视角，用于个人慈善，包括特定小群体的救助，或用于促进一般公众利益，如改善环境项目、社区未来发展计划、制度改进等。从地域范围来看，社区公益慈善资源既包括本地资源，又包括外地资源，甚至在特定的危机时期，外地慈善资源远大于本地资源。物理意义上的外地慈善资源跨越社区、地区、国家，包括基于信任和情感而生的社区资本或社区社会网络，依托人道主义、公益理念而生的慈善行业网络，以及作为技术要素的万维网络等。

案例 8-4①：

常德市鼎城区地处湖南西北部，是一个典型的农业大区。辖 18 个乡镇、4 个街道、4 个农林场。常住人口 83 万，其中农业人口 65.5 万。2019 年初，区乡镇（街道）社工站项目正式运行，每个乡镇（街道）配备一名驻站社会工作者开展服务。2020 年，社工站以基层民政领域为依托，运用"五社联动"服务机制，以社会救助领域服务、农村留守儿童保护服务、养老服务、城乡社区建设、社会工作专业人才队伍建设等为主要工作内容，助力基层民政工作能力的提升和乡村振兴。

社工+社区：深化参与，促进居民实现社区自治

社工站作为打通服务群众"最后一米"的载体，需要不断深化居民参与，带动居民自治。社会工作者通过各种服务引导居民关注社区、参与社区事务，如"开心花甲"长者服务项目，首先挖掘积极活跃的老年人成立社区志愿服务队，尝试"低龄助高龄"的社区养老新模式，逐渐带动居民参与社区事务的热情。随后，社工站带领居民开展社区资源地图绘制活动，一起寻找、挖掘、梳理社区资源，提升、增强居民对社区的了解和归属感。

在脱贫攻坚的决胜之年，社工站实施"小鸡快跑"农村救助对象增能项目，联合社区扶贫队，为农户投放鸡苗，组织技术培训，每月进行监测、跟踪，累计为农户创收 13 万余元。项目的实施不仅为农民带来实实在在的经济效益，也增强了他们的自信心和参与感，有的农户开始尝试更多的养殖种类。

社工+社区志愿者：营造村社文明和谐氛围

目前每个社工站仅有 1 名驻站社会工作者，培育和发展志愿者成为社工站工作的重要补充。社工站制定、完善志愿者管理制度，优化工作流

---

① 案例来源：邹丽娟．社工站建设一年·案例｜"五社联动"助力乡村振兴．中国社会工作公众号，2021-10-19.

程，建立了区社工站志愿服务队及线上交流群。志愿服务队除了协助社工站开展各类日常的工作，也参与培训、团建、表彰等工作。如“守护夕阳”老年人防诈骗项目，建立上门援助志愿者队伍，并联动司法部门、公安部门、村（居）委会以及老年人和子女，建构防诈骗支持网络；开展“暖心行动”系列活动，主要针对春节父母未返乡的留守儿童，引导志愿者与他们进行结对帮扶，开展学业辅导、亲情陪伴等服务，让他们度过一个温暖、祥和、安全的新春佳节；开展志愿便民服务周活动，组织志愿者上门或者定点，为困难群体提供理发剃须、健康检查、防疫宣传、清洁打扫、安全隐患排查等各类志愿便民服务，不仅传递了爱心，更温暖了人心，在全区内营造了文明和谐的氛围。

社工+社会组织：激发活力，提升社会组织服务能力

鼎城区本土社会组织虽然不少，但大多存在活跃度低、服务能力弱的情况。对此，社工站整合各类培训资源，强化对社会组织的能力建设，并在实务工作中邀请社会组织参与，协同开展服务。如联合鼎城区老摄影家协会开展“我们的节日·重阳”主题活动，制作生命故事集，重温老党员、老模范、老战士峥嵘岁月中的故事，厚植爱国主义情怀，为建党100周年献礼。社工站还大力孵化、培育本土社会组织。在“幸福3+1”老年人项目的实施过程中，社会工作者整合村（居）工作人员、党员志愿者、热心公益群众组建了本土志愿者队伍，孵化了“乐桥”志愿者协会，定期为居民提供各类志愿服务。

社工+社会慈善资源：有效整合，盘活周边有利资源

资源整合者是社会工作者的重要角色之一。社工站注重灵活“借力”，有效运用并盘活各类社会慈善资源。如与中国光华科技基金会合作开展相关服务；开展“青春圆梦计划”行动，搭建心愿认领平台，倡导社会爱心人士奉献爱心，圆梦困难儿童的“微心愿”。

乡村振兴饱含着人们对美好生活的向往，乡村振兴战略是实现中华民族伟大复兴中国梦的重要组成部分。社工站为各类困难群体解难题，把党和政府的关怀送到千家万户，为推进乡村振兴贡献专业力量。

三、政策倡导

政策倡导者是社会工作者在社会政策制定和实施过程中提出意见和建议的重要角色。与公众倡导相比，政策倡导有两大特点：第一，核心倡导对象为政策制定者（立法者等）；第二，倡导目标主要是推动政策制定者的决策工作。社会政策的运行是一个制定、实施、评估和调整的过程，虽然任何时间都可以做政策倡导，但是时机有优劣之分。一般来说，政策窗口期就是一个比较好的时机，社会工作者需要把握住这个时机。因为长期扎根一线的工作特点和专业优势，专业社会工作者对社会生活中的问题和民众需要更为敏感，当在服务过程中发现某些问题具有普遍性时应该提出政策建议，推动社会政策的改善，避免社会问题的再次发生。

案例 8-5[①]：

2021 年 3 月，乐山市某社会工作服务中心参加了市民政局主办的第三期“社会组织参与公共服务与社会治理项目政策倡导与对话”培训会。培训为期 2 天。

培训之初，市民政局领导致辞指出，学习使人进步，社会工作者要提高政策研究与倡导能力，更好地为服务对象提供更全面的服务。社会组织和政府应当同心同德，拧成一股绳，以推动社会更好地发展。

整个培训从授课老师提出的“提到政策倡导，你会想到什么”问题开始，围绕什么是政策倡导、为什么要进行政策倡导以及怎么做政策倡导这三个问题展开。

关于什么是政策倡导，授课老师解释了政策倡导的定义和目标，介绍了我国法律与政策体系，以及目前我国社会组织政策倡导少数参与、机会多多、关联制约的现状。为了更好地理解我国法律与政策体系，培训老师组织学员们从儿童、老年等几个角度分别搜集各层级的法律法规进行分享。

关于为什么要进行政策倡导，从老师讲解中归纳出的一个重要的观点

① 案例来源：丁占勇．政策倡导，嘉州唱响——社会组织政策倡导与对话培训（三期）在乐山举办．澎湃公众号，2021-03-05.

便是，政策倡导是社会组织的天职，也是重要的工作方法。对于这一点，参加培训的一些专业社区工作者代表感慨万千，明白了为什么要做政策倡导。无疑，这为社会组织怎么做政策倡导打下了基础。

最后也是极其重要的一个部分：社会组织怎么做政策倡导。在这部分，老师提到了两个方面：一个是在做政策倡导时的10项策略，包括专家咨询、直接代表、间接代表、法律诉讼、媒体传播、学术研讨等。老师结合《广州市母乳喂养促进条例》、北京节约用水政策倡导等具体案例梳理相关策略脉络。另一个是政策倡导的四个诀窍，包括与相关方的对话、积极的对话内容、找准决策者以及寻找自己的同伴，在行为、态度和关系上促进政策改变，并且结合媒体、企业、公众三方以推动政策的制定。

案例 8-6①：

乐安街道凯泽社区共有居民楼55栋、1548户，商铺38户，现有直管党员19名、到社区报到在职党员366名。社区始终坚持党建引领，以打造品牌为抓手，以社区治理为突破，以服务居民为宗旨，与共建共驻单位积极开展社区创建，形成富有凝聚力的社区治理新格局。

“党建+品牌”，五星领航聚合力。利用社区在职党员多的优势，从创建载体、搭建平台、发挥作用入手，打造“五星领航”党建服务品牌，建立“设岗定责”党建工作机制。366名社区党员认领先星、廉星、善星、乐星、勤星等岗位，组成5支党员志愿服务队，精准对接社区居民“点单”“微心愿”需求，对社区困难独居老人、困难残疾人、老党员等开展上门服务，参与疫情防控、创城活动等社区服务，有效提升了党员形象，增强了社区党组织凝聚党员服务群众的能力。

“党建+治理”，访议结合解难题。牢牢把握“居民需求在哪里、党建就跟到哪里、服务保障就送到哪里”的工作思路，建立“日走访、周总结、月商议”工作机制，每天组织社区工作人员、网格员走进网格楼院，宣传政策、了解需求、听取建议；每周对收集的意见建议梳理归纳，建立

---

① 案例来源：《社区比武》“社区书记谈服务·比变化”优秀案例：创新社区“党建+”实现居民“幸福+”. 广饶党建公众号，2021-12-16.

问题整改清单，小事由社区党员认领解决，大事难事由社区统一处理；定期召开“五方办”会议，组织居民议事会、物业公司、共驻共建单位、网格员开展联席会议，对重大事项、民生难题进行专项研究、共同商议，有效解决环境卫生“脏乱差”、楼前树木遮挡阳光等问题。

“党建+服务”，共建共享促和谐。充分利用社区党员、楼栋长、网格员、志愿者等多种力量，丰富社区服务形式，推动社区和谐发展。成立夜间巡逻队，不定期开展夜间巡逻活动，排查安全隐患，着力提升社区居民安全感。深化党员积分量化管理，推行“红色星期六”制度，每月最后一个星期六定期开展志愿服务活动，持续提升社区居民满意度。依托节假日及重要时间节点，开展丰富多彩的文化活动，引进“童心向党　雏燕飞翔”项目，开展各种青少年文化活动，不断提升社区居民幸福感。

拓展阅读

未来社区建设①

社区作为城市治理的基本单元，不仅映射出所处时代的科技水平、生产方式和生活方式，更是增强群众获得感、促进社会稳定的基石。要实现让人们生活更美好的城市目标，首先是建设充满生命力的社区，让居民在社区内的生活更健康、更安全、更便利，并给居民提供各种公平的社会交往机会，使社区成为居民的精神归属地。未来社区即是围绕社区全生活链服务需求所打造的有归属感、舒适感和未来感的新型城市功能单元。未来社区有各种不同的定义和类型，但其基本使命和根本目的是一致的，就是通过营造社区的各种物质环境、自然环境和制度环境来满足广大人民对未来美好生活的向往。

案例 8-7②：

习近平总书记强调，“人民对美好生活的向往，就是我们的奋斗目标”。创建未来社区，是践行习近平新时代中国特色社会主义思想特别是

① 孟刚．未来社区建设的时代背景和浙江追求［J］．浙江经济，2019（7）：8-11.

② 邹永华，陈紫微．未来社区建设的理论探索［J］．治理研究，2021（3）：95-103.

以人民为中心的发展思想的重大举措，是落实新发展理念、推动高质量发展的重大举措，意义十分重大。为顺应新一轮科技革命和产业变革浪潮，响应群众不断升级的生活需要，破解城市老旧小区品质落后、安全隐患严重，新建小区理念滞后、“建成即淘汰”等现实问题，浙江率先提出将未来社区建设作为推动高质量发展、创造高品质生活的标志性民生工程。

为了更好地指导未来社区建设，浙江省提出了“139”的顶层设计，打造有归属感、舒适感和未来感的人民社区，为全国老旧小区改造和房地产转型提供浙江方案。具体而言，未来社区将紧紧围绕促进人的全面发展和社会进步，突出高品质生活主轴，把满足人民对美好生活的向往作为“一个中心”，打造群众生活满意的人民社区；未来社区将人本化、生态化、数字化作为“三个维度”的价值坐标，以和睦共治、绿色集约、智慧共享为内涵特征；未来社区将构建以邻里、教育、健康、创业、建筑、交通、低碳、服务和治理等“九大场景创新”为重点的集成系统，丰富未来社区的内涵实质。

小　结

社会工作是一项社会建构。社区工作发展与中国社会文化的关系是专业社区工作者始终无法回避的问题，因为在实践活动中，社区工作的价值、知识和技巧三大维度均涉及如何处理与社会文化背景的关系问题。

中国传统社会文化结构具有如下基本特点：关系本位，差序格局，注重人情与“面子”，集体主义取向。

在中国的社会文化情境中开展社区工作实践需要处理好三个方面的问题：①价值和文化冲突；②文化理解；③发展适应本地的社区工作理论和技巧。

我国社区工作在发展过程中需要处理好以下几个重要关系：①普遍性与独特性；②专业使命与专业化；③专业介入与居民参与；④社区服务与社区组织；⑤界限与整合。这些议题很大程度上决定着我国社区工作的发展走向。在未来，专业社区工作者应牢记自己的专业使命和价值，对专业化保持批判性反思和警醒，以推动社会改革和社会公正，并为之作出自己应有的贡献。

新时代专业社区工作者努力进行创新实践，主要体现在社区网格化治理、五社联动和政策倡导等方面。

［关键概念］

传统文化　在地化　专业化　专业使命　社会责任　投身精神　社区治理　五社联动　政策倡导

［讨论练习题］

1. 如何看待中国本土化情境中的专业社区工作实践问题?
2. 中国传统文化中的人际关系具有怎样的特点?
3. 中国传统文化可以为社区工作提供哪些有用资源?
4. 如何看待我国专业社区工作的未来发展趋势?
5. 如何看待新时代我国专业社区工作的创新实践?

［进一步阅读文献］

徐永祥．社区工作［M］．北京：高等教育出版社，2005.

王思斌．社会工作概论［M］．北京：高等教育出版社，1999.

夏建中．社区工作［M］．北京：中国人民大学出版社，2005.

莫邦豪．社区工作原理和实践［M］．香港：集贤社，1994.

詹秀员．社区权力结构与社区发展功能［M］．台北：洪叶文化事业有限公司，2002.

何国良，王思斌．华人社会社会工作本质的初探［M］．香港：八方文化企业公司，2000.

附录一

社区社会工作服务指南①
（MZ/T 071-2016）

1 范围

本标准给出了社区社会工作服务的总则、内容与要求、流程与方法、质量管理和服务保障要求。

本标准适用于在城乡基层开展的社区社会工作服务。

2 规范性引用文件

下列文件对于本文件的应用是必不可少的。凡是注日期的引用文件，仅注日期的版本适用于本文件。凡是不注日期的引用文件，其最新版本（包括所有的修改单）适用于本文件。

GB/T 20647.1-2006 社区服务指南 第1部分：总则

MZ/T 059-2014 社会工作服务项目绩效评估指南

社会工作者职业道德指引 2012-12-28 民政部

城市社区档案管理办法 2015-11-23 国家档案局、民政部

3 术语和定义

GB/T 20647.1-2006 和 MZ/T 059-2014 界定的以及下列术语和定义适用于本文件。

3.1

社区社会工作服务 community social work service

---

① 资料来源：民政部公告第397号，民政部关于发布《社区社会工作服务指南》等5项推荐性行业标准的公告，https：//www.mca.gov.cn/images3/www/file/201701/1484893885134.PDF.

秉持助人自助的价值理念，运用社会工作专业方法，以社区为平台，以统筹社区照顾、扩大社区参与、促进社区融合与社区发展、参与社区矫正和社区戒毒社区康复等为主要任务的专业活动。

3.2

社区社会工作者 community social worker

专职从事社区社会工作服务的专业人员。

3.3

社区照顾 community care

社区社会工作者采用个案管理、资源链接等方式，为有需要的社区居民提供的生活照料、精神慰藉、康复护理、权益维护、社会支持等服务。

3.4

社区融合 community integration

社区社会工作者通过整合社会资源，建立社会网络，促进社区居民平等享有民主权利、公共服务及相关社会福利，促进社区居民参与政治、经济、文化及社会生活，增强社区认同，促进社区团结，形成社区和睦相处、和谐共进的状态。

4 总则

4.1 需求为本

社区社会工作者应深入调查分析社区问题、居民需求和潜在资源，设计和实施社区社会工作服务项目，最大化满足社区居民多样化、个性化服务需求，以社区居民需求的满足程度为检验社区社会工作服务成效的标准。

4.2 多方联动

社区社会工作者应在社区党组织的领导和社区居民自治组织的指导和支持下，组织引导相关社会组织、社区社会组织、驻社区单位、志愿者和社区居民等多方力量参与、支持社区建设和社区治理，推动实现社区共建共享。

4.3 专业引领

社区社会工作者应推动将社会工作专业理念、方法、技巧融入社区建设的各领域、各环节，逐步用社会工作专业理念丰富社区服务工作理念，用社会工作专业规范完善社区服务管理制度，用社会工作专业方法提升社区服务管理水平，促进社会工作与社区建设的融合发展。

4.4 跨界合作

社区社会工作者应根据社区居民个性化问题和多样化需求，协助组织跨专业合作团队，提供系统性、专业化、适切性社会服务；应重视发掘社区内部资源、支持具有专业技能的社区居民参与，依靠社区自身力量解决社区问题。

5 服务内容与要求

5.1 统筹社区照顾

主要包括：

——为社会救助对象提供社会融入、能力提升、心理疏导等专业服务，解决社会救助对象因心理行为偏差引发的个体和社会问题；

——为老年人，特别是留守、空巢、失独、病残、失能、高龄老年人提供生活照顾、精神慰藉、情绪疏导、危机干预、关系调适、社会参与等服务；

——为儿童青少年，特别是农村留守儿童和其他困境儿童青少年提供生活照料、救助保护、学业辅导、情感关怀、成长支持等服务；

——为农村妇女提供安全教育、技能培训、能力提升、关系调适等服务；

——为残疾人提供生计帮扶、家庭支持、社区康复和社会融入等服务；

——及时报告家庭暴力或疑似家庭暴力案件，为家庭暴力受害人提供紧急救助、临时庇护、情绪疏导、资源链接和社会支持等服务；

——协助做好社区居民健康管理以及医院转介患者的社区治疗与康复服务；

——为因遭突发事件、意外伤害、丧葬事宜等需要帮助的社区居民提供生活照料、情绪疏导、哀伤辅导、危机干预、资源链接等服务。

5.2 扩大社区参与

主要包括：

——协助社区党组织和社区居民自治组织开展社区需求调查，参与策划、执行、评估社区服务项目与活动；

——协助社区党组织和社区居民自治组织，动员和组织社区居民参与社区协商；

——培养社区居民参与社区公共事务的意愿、提升参与能力、拓展参与空间、建立参与机制；

——协助社区党组织和社区居民自治组织培育社区社会组织和社区骨干，提供咨询、培训、能力建设等服务；

——组织策划社区志愿服务项目，引导社区居民参与社区志愿服务，协助社区党组织和社区居民自治组织开展社区志愿者动员、招募、培训、使用、登记注册、服务记录与证明等工作。

5.3 促进社区融合

主要包括：

——协助社区党组织和社区居民自治组织建立本社区与相关政府部门、社会组织、驻区单位、业主委员会和物业公司等单位之间的良好协作关系；

——参与建立社区居民的互助团体和支持网络，组织社区居民进行互助和自助，推动形成理性平和、宽容接纳、诚信友爱、平等尊重的居民关系；

——帮助外来人口适应社区环境，促进户籍居民接纳外来人口，增进社区团结；

——帮助拆迁安置、棚户区改造、政策移民、灾后重建等新建社区内的社区居民适应新环境，建立支持性社区关系网络；

——参与社区居民矛盾调解，预防、化解社区矛盾。

5.4 推动社区发展

主要包括：

——协助社区党组织和社区居民自治组织发动社区居民参与制订、实施社区发展规划；

——培育社区共同体精神，开展社区居民文化素质与家庭美德、公民道德教育，形成社区居民积极向上的人生观、价值观、世界观及生活态度和行为规范；引导社区居民共同参与社区建设，建立健全社区支持网络，加强社区居民能力建设，增强社区归属感和认同感；

——开展社区通用性培训，举办面向社区居民的文化、教育和科普等活动，提高社区居民文化素养；协助举办农技推广培训等农业社会化服务活动，增强农村社区居民致富能力；

——协助完善城乡社区基础设施布局、选址和建设方案，广泛吸纳各方意见，合理利用社区公共空间；

——协助发掘乡土资源和特色资源，支持发展农村社区特色产业，组织农村社区居民生产互助，促进农村社区可持续发展，积极参与农村扶贫开发。

5.5 参与社区矫正

主要包括：

——疏导社区服刑人员心理情绪、纠正思想行为偏差，促进社区生活融入，恢复和发展社区服刑人员社会功能；

——修复社区服刑人员与家庭和社区的关系，重建社会支持网络；

——促进社区服刑人员就业，协助符合条件的社区服刑人员申请享受相关就业扶持政策，为社区服刑人员提供就业指导和职业介绍等服务；

——协调并督促未成年社区服刑人员的法定监护人，帮助其接受义务教育，鼓励有就学意愿的社区服刑人员接受社区教育；

——配合司法行政机关对拟适用社区矫正的被告人、罪犯进行社区影响调查、家庭和社会关系评估等工作；

——协助社区居民自治组织帮助生活困难、符合条件的社区服刑人员及其家庭依法获得相关社会救助政策资源，链接社会资源对其进行帮扶救助。

5.6 参与社区戒毒社区康复

主要包括：

——协助社区禁毒工作机构组织开展毒品预防教育，特别为处于失学、失业、失管状态的青少年提供就业帮助、心理咨询和毒品预防教育等服务；

——为社区戒毒康复人员提供心理辅导、行为矫正、社会支持等服务，巩固戒毒康复效果；

——为社区戒毒康复人员链接就业资源，协助其接受职业技能培训和职业指导；

——协助社区居民自治组织帮助生活困难、符合条件的社区戒毒康复人员及其家庭纳入最低生活保障范围或依法接受其他社会救助，链接社会资源对其进行帮扶救助。

5.7 提供其他服务

协助在社区居民健康教育、社区群众文化、社区环境改善、社区防灾减灾等方面提供专业服务。

6 服务流程与方法

6.1 服务流程

6.1.1 需求评估

需求评估主要包括：

——在社区党组织和社区居民自治组织的指导和支持下，走访社区各类组织和社区骨干，调查、分析社区的地理环境、经济状况、人口结构、文化特色、资源优势等基本情况；

——描述和界定社区问题，对社区社会工作服务的介入层面和类型进行分析；

——分析社区内公共设施、教育机构、医疗单位、社区组织、商业场所等单位和组织的数量、位置、运作情况、对居民的影响、使用状况等，全面了解潜在社区服务资源状况；

——分析社区党组织和社区居民自治组织成员、社区专职工作者、社会组织工作人员以及社区志愿者、社区居民骨干、社区各类专业人员等社区服务人力资源状况。

6.1.2 服务策划

服务策划主要包括：

——明确界定社区社会工作服务项目的目标与任务，包括服务目标群体、主要问题、服务内容、服务方式、预期成效等；

——掌握服务对象的特点、能力、兴趣、生活方式、社区关系状况等；

——评估服务机构或社区社会工作者能力，设计切实可行的服务计划；

——制定工作进度表，明确各阶段工作任务及时间期限，合理安排每个阶段的服务内容；

——根据服务目标和任务，安排服务场地（环境）、人员、财务等服务资源。

6.1.3 服务执行

服务执行主要包括：

——确定服务过程的所有环节，进行人员分工，明确各自职责；

——把握服务推进策略、方法和节奏，进行经费、资源、进度和服务质量管理；

——应对服务过程变动，做好服务中的危机处理；

——开展过程评估，及时进行服务调整；

——对服务过程和结果进行记录，建立工作档案。

6.1.4 服务评估与改进

社区社会工作服务成效评估工作应按 MZ/T 059-2014 规定执行。应加强服务评估结果的应用，总结有效方法，分析问题和困难，对社区社会工作服务进行持续改进与完善。

6.2 服务方法

6.2.1 社区分析评估方法

6.2.1.1 资料收集

调动社区居民参与，采用走访、观察、问卷、焦点小组等方法收集相关信息，分析社区状况、评估社区需求和风险。

6.2.1.2 基线评估

通过对社区初始状况的研究及测量，建立基线并据此评估介入前后的社区变化，判断社区社会工作者介入成效。

6.2.1.3 社区优势和劣势（SWOT）分析

分析社区自身优势、不足以及外部环境对社区带来的机遇和挑战，将社区发展与社区内部资源、外部环境有机结合起来，在此基础上选择介入策略。

6.2.2 社区资源链接方法

6.2.2.1 资源整合法

在本社区内，通过协商、合作等方式，共享工作条件、互通服务信息、联合决策和行动，共同满足多样化社区服务需求。

6.2.2.2 资源共享法

在本社区与其他社区之间，通过协商、合作，发挥各自优势，共享服务资源，协同开展服务，提升彼此社区服务水平。

6.2.2.3 资源配置法

根据社区资源的不同特征，通过计划、组织、培训、咨询、协调、合作、控制、评估等手段，管理配置好各类服务资源，开展社区服务。

6.2.3 社区参与方法

6.2.3.1 社区动员法

通过告知、倡导、鼓励、示范等方式，邀请服务对象和社区居民参与社区各项活动和事务。

6.2.3.2 共识建导法

通过引导社区居民主动参与，充分表达意愿等，汇集社区居民思想，促进社区居民达成共识。

6.2.3.3 参与式社区会议法

在社区公共议题的设计与讨论中，引导社区居民参与，由社区居民提出问题，共同探讨解决方案，达成一致意见和行动。

6.2.4 社区支持网络建设方法

6.2.4.1 正式支持网络建设

通过组织、协调、培训等方式，建立由政府、工作单位、学校、社区组织以及其他社会服务机构、志愿服务组织等所组成的社会支持网络。

6.2.4.2 非正式支持网络建设

通过组织、协调、培训等方式，建立由家庭、亲属、朋友、邻里等组成的社会支持网络。

7 质量管理

7.1 建立质量管理体系

建立社区社会工作服务质量管理体系，该体系应包括以下内容：

——社区社会工作服务质量方针和目标；

——社区社会工作服务质量手册；

——社区社会工作服务质量所需的文件，包括制度和记录等；

——服务过程中工作人员明晰的职责、权限及其相互关系。

7.2 服务质量过程控制

7.2.1 社区社会工作服务的提供过程应严格遵循社区社会工作服务质量手册和相关流程。

7.2.2 社区社会工作者应识别、分析对服务质量有重要影响的关键过程，并加以控制。

7.2.3 应真实、全面、及时、准确记录社区社会工作服务情况。

7.3 建立督导制度

社区社会工作服务中，应建立与质量管理体系相适应的督导制度，督导制度应符合以下要求：

——保障督导目标的实现，督导的主要目标是确保服务质量，提升专业服务能力，监察被督导者工作表现，识别被督导者持续教育和培训需求；

——保障督导的持续性，督导是一个与服务/项目同步进行的专业过程，应具备持续性和连贯性；

——保障督导的覆盖面，服务/项目实施机构应确保为全体员工提供充分、恰当督导；

——保障督导程序清晰明确，阐明督导的目的、督导的频次、督导者和被督导者的角色、督导的职责范围、督导功能、督导记录、督导保密要求、督导与员工评估考核的关系；

——保障督导制度落实，督导制度应公开告知，方便查询，确保督导工作开展。

7.4 建立风险管理制度

社区社会工作服务中，应建立与服务内容相适应的风险管理制度，确保服务对象和服务人员处于安全的环境，风险管理制度应符合以下要求：

——应掌握与服务内容相关的最新法律法规和政策标准要求，确保服务/项目的各项管理和实施程序符合所有要求；

——应与服务内容和环境条件相适应，定期、及时检讨和修订已制定的风险管理制度，并保证所有员工了解和遵守这些制度；

——应做好风险事故和处理方法的记录，凡是在服务/项目实施机构的责任服务场所或涉及服务/项目实施机构工作人员的意外或伤害事故及其处理方法，均需完整记录在案。

7.5 投诉与争议处理

7.5.1 应建立畅通的渠道，收集与服务质量相关的投诉和改进建议。

7.5.2 应对收到的投诉和建议予以及时回应和反馈。

7.5.3 应根据意见和建议，采取有效的纠正或预防行动，持续改进服务质量。

8 服务保障

8.1 社区社会工作者要求

8.1.1 社区社会工作者应具备以下资质之一：

——获得国家颁发的社会工作者职业水平证书；

——具备国家承认的社会工作专业专科及以上学历。

8.1.2 社区社会工作者在开展具体工作中，应遵守以下要求：

——应遵守《社会工作者职业道德指引》；

——应掌握涉及社区有关的法律、法规、政策；

——应具备开展社区社会工作服务所需的基本知识；

——应接受社会工作专业继续教育，不断提高职业素质和专业服务能力；

——应推动多学科合作，与其他专业人士相互尊重、共享信息并有效沟通。

8.1.3 社区社会工作岗位设置应符合下列要求：

——每个社区应根据居民数量、构成情况、服务重点、服务复杂性等因素进行社会工作岗位设置和人员配备；大型社区宜依托社区综合服务设施设立社会工作站（室），或者引入提供社会工作服务的机构；

——每个城市社区至少配备一名社区社会工作者，每个农村社区宜配备一名社区社会工作者。

8.2 设施设备要求

8.2.1 社区社会工作服务场所应设置开展社会工作服务所必需的个案

工作室、小组工作室、多功能活动室等场所。

8. 2. 2 社区社会工作服务场所宜配备计算机、录音、录像、音响等硬件设备，保障社会工作者提供服务的需要。

8. 2. 3 社区社会工作服务场所布置应安全、舒适、温馨，并能满足特殊服务对象的需要。

8. 3 信息化建设与档案管理要求

8. 3. 1 在需求评估、服务推介、服务实施、资源链接、成效反馈、宣传推广等环节应用信息化手段，扩大社区社会工作服务覆盖范围，减少社区社会工作服务成本，提升社区社会工作服务效率。

8. 3. 2 依托社区公共服务综合信息平台等，建立社区社会工作服务信息系统，对社区居民、社区组织、社区志愿者等服务数据进行采集、管理、分析、运用，建立社区社会工作服务数据库。

8. 3. 3 依托社区公共服务综合信息平台等，实现社会工作服务站点或机构内部的人力资源、财务、服务、督导、评估等管理流程和程序的信息化。

8. 3. 4 应根据《城市社区档案管理办法》的相关要求，对服务对象信息、服务过程记录、服务质量监控记录、服务转介和跟踪记录等服务档案进行管理，对档案进行信息化转化、保存和应用。

附录二

中共中央　国务院关于加强和完善城乡社区治理的意见①

城乡社区是社会治理的基本单元。城乡社区治理事关党和国家大政方针贯彻落实，事关居民群众切身利益，事关城乡基层和谐稳定。为实现党领导下的政府治理和社会调节、居民自治良性互动，全面提升城乡社区治理法治化、科学化、精细化水平和组织化程度，促进城乡社区治理体系和治理能力现代化，现就加强和完善城乡社区治理提出以下意见。

一、总体要求

（一）指导思想。全面贯彻党的十八大和十八届三中、四中、五中、六中全会精神，坚持以邓小平理论、“三个代表”重要思想、科学发展观为指导，深入贯彻习近平总书记系列重要讲话精神和治国理政新理念新思想新战略，紧紧围绕统筹推进“五位一体”总体布局和协调推进“四个全面”战略布局，坚持以基层党组织建设为关键、政府治理为主导、居民需求为导向、改革创新为动力，健全体系、整合资源、增强能力，完善城乡社区治理体制，努力把城乡社区建设成为和谐有序、绿色文明、创新包容、共建共享的幸福家园，为实现“两个一百年”奋斗目标和中华民族伟大复兴的中国梦提供可靠保证。

（二）基本原则

——坚持党的领导，固本强基。加强党对城乡社区治理工作的领导，推进城乡社区基层党组织建设，切实发挥基层党组织领导核心作用，带领群众坚定不移贯彻党的理论和路线方针政策，确保城乡社区治理始终保持

① 资料来源：中共中央　国务院关于加强和完善城乡社区治理的意见，https：//www.gov.cn/zhengce/2017-06/12/content_5201910.htm，新华社，2017-6-12.

正确政治方向。

——坚持以人为本，服务居民。坚持以人民为中心的发展思想，把服务居民、造福居民作为城乡社区治理的出发点和落脚点，坚持依靠居民、依法有序组织居民群众参与社区治理，实现人人参与、人人尽力、人人共享。

——坚持改革创新，依法治理。强化问题导向和底线思维，积极推进城乡社区治理理论创新、实践创新、制度创新。弘扬社会主义法治精神，坚持运用法治思维和法治方式推进改革，建立惩恶扬善长效机制，破解城乡社区治理难题。

——坚持城乡统筹，协调发展。适应城乡发展一体化和基本公共服务均等化要求，促进公共资源在城乡间均衡配置。统筹谋划城乡社区治理工作，注重以城带乡、以乡促城、优势互补、共同提高，促进城乡社区治理协调发展。

——坚持因地制宜，突出特色。推动各地立足自身资源禀赋、基础条件、人文特色等实际，确定加强和完善城乡社区治理的发展思路和推进策略，实现顶层设计和基层实践有机结合，加快形成既有共性又有特色的城乡社区治理模式。

（三）总体目标。到2020年，基本形成基层党组织领导、基层政府主导的多方参与、共同治理的城乡社区治理体系，城乡社区治理体制更加完善，城乡社区治理能力显著提升，城乡社区公共服务、公共管理、公共安全得到有效保障。再过5到10年，城乡社区治理体制更加成熟定型，城乡社区治理能力更为精准全面，为夯实党的执政根基、巩固基层政权提供有力支撑，为推进国家治理体系和治理能力现代化奠定坚实基础。

二、健全完善城乡社区治理体系

（一）充分发挥基层党组织领导核心作用。把加强基层党的建设、巩固党的执政基础作为贯穿社会治理和基层建设的主线，以改革创新精神探索加强基层党的建设引领社会治理的路径。加强和改进街道（乡镇）、城乡社区党组织对社区各类组织和各项工作的领导，确保党的路线方针政策在城乡社区全面贯彻落实。推动管理和服务力量下沉，引导基层党组织强化政治功能，聚焦主业主责，推动街道（乡镇）党（工）委把工作重心转移到基层党组织建设上来，转移到做好公共服务、公共管理、公共安全工作上来，转移到为经济社会发展提供良好公共环境上来。加强社区服务型党组织建设，着力提升服务能力和水平，更好地服务改革、服务发展、服务民生、服务群众、服务党员。继续推进街道（乡镇）、城乡社区与驻社区单位共建互补，深入拓展区域化党建。扩大城市新兴领域党建工作覆盖，推进商务楼宇、各类园区、商圈市场、网络媒体等的党建覆盖。健全社区党组织领导基层群众性自治组织开展工作的相关制度，依法组织居民开展自治，及时帮助解决基层群众自治中存在的困难和问题。加强城乡社区党风廉政建设，推动全面从严治党向城乡社区延伸，切实解决居民群众身边的腐败问题。

（二）有效发挥基层政府主导作用。各省（自治区、直辖市）按照条块结合、以块为主的原则，制定区县职能部门、街道办事处（乡镇政府）在社区治理方面的权责清单；依法厘清街道办事处（乡镇政府）和基层群众性自治组织权责边界，明确基层群众性自治组织承担的社区工作事项清单以及协助政府的社区工作事项清单；上述社区工作事项之外的其他事项，街道办事处（乡镇政府）可通过向基层群众性自治组织等购买服务方式提供。建立街道办事处（乡镇政府）和基层群众性自治组织履职履约双向评价机制。基层政府要切实履行城乡社区治理主导职责，加强对城乡社区治理的政策支持、财力物力保障和能力建设指导，加强对基层群众性自治组织建设的指导规范，不断提高依法指导城乡社区治理的能力和水平。

（三）注重发挥基层群众性自治组织基础作用。进一步加强基层群众性自治组织规范化建设，合理确定其管辖范围和规模。促进基层群众自治与网格化服务管理有效衔接。加快工矿企业所在地、国有农（林）场、城市新建住宅区、流动人口聚居地的社区居民委员会组建工作。完善城乡社区民主选举制度，进一步规范民主选举程序，通过依法选举稳步提高城市社区居民委员会成员中本社区居民比例，切实保障外出务工农民民主选举权利。进一步增强基层群众性自治组织开展社区协商、服务社区居民的能力。建立健全居务监督委员会，推进居务公开和民主管理。充分发挥自治章程、村规民约、居民公约在城乡社区治理中的积极作用，弘扬公序良俗，促进法治、德治、自治有机融合。

（四）统筹发挥社会力量协同作用。制定完善孵化培育、人才引进、资金支持等扶持政策，落实税费优惠政策，大力发展在城乡社区开展纠纷调解、健康养老、教育培训、公益慈善、防灾减灾、文体娱乐、邻里互助、居民融入及农村生产技术服务等活动的社区社会组织和其他社会组织。推进社区、社会组织、社会工作“三社联动”，完善社区组织发现居民需求、统筹设计服务项目、支持社会组织承接、引导专业社会工作团队参与的工作体系。鼓励和支持建立社区老年协会，搭建老年人参与社区治理的平台。增强农村集体经济组织支持农村社区建设能力。积极引导驻社区机关企事业单位、其他社会力量和市场主体参与社区治理。

三、不断提升城乡社区治理水平

（一）增强社区居民参与能力。提高社区居民议事协商能力，凡涉及城乡社区公共利益的重大决策事项、关乎居民群众切身利益的实际困难问题和矛盾纠纷，原则上由社区党组织、基层群众性自治组织牵头，组织居民群众协商解决。支持和帮助居民群众养成协商意识、掌握协商方法、提高协商能力，推动形成既有民主又有集中、既尊重多数人意愿又保护少数人合法权益的城乡社区协商机制。探索将居民群众参与社区治理、维护公共利益情况纳入社会信用体系。推动学校普及社区知识，参与社区治理。拓展流动人口有序参与居住地社区治理渠道，丰富流动人口社区生活，促进流动人口社区融入。

（二）提高社区服务供给能力。加快城乡社区公共服务体系建设，健全城乡社区服务机构，编制城乡社区公共服务指导目录，做好与城乡社区居民利益密切相关的劳动就业、社会保障、卫生计生、教育事业、社会服务、住房保障、文化体育、公共安全、公共法律服务、调解仲裁等公共服务事项。着力增加农村社区公共服务供给，促进城乡社区服务项目、标准相衔接，逐步实现均等化。将城乡社区服务纳入政府购买服务指导性目录，完善政府购买服务政策措施，按照有关规定选择承接主体。创新城乡社区公共服务供给方式，推行首问负责、一窗受理、全程代办、服务承诺等制度。提升城乡社区医疗卫生服务能力和水平，更好满足居民群众基本医疗卫生服务需求。探索建立社区公共空间综合利用机制，合理规划建设文化、体育、商业、物流等自助服务设施。积极开展以生产互助、养老互助、救济互助等为主要形式的农村社区互助活动。鼓励和引导各类市场主体参与社区服务业，支持供销合作社经营服务网点向城乡社区延伸。

（三）强化社区文化引领能力。以培育和践行社会主义核心价值观为根本，大力弘扬中华优秀传统文化，培育心口相传的城乡社区精神，增强居民群众的社区认同感、归属感、责任感和荣誉感。将社会主义核心价值观融入居民公约、村规民约，内化为居民群众的道德情感，外化为服务社会的自觉行动。重视发挥道德教化作用，建立健全社区道德评议机制，发现和宣传社区道德模范、好人好事，大力褒奖善行义举，用身边事教育身边人，引导社区居民崇德向善。组织居民群众开展文明家庭创建活动，发展社区志愿服务，倡导移风易俗，形成与邻为善、以邻为伴、守望相助的良好社区氛围。不断加强民族团结，建立各民族相互嵌入式的社会结构和社区环境，创建民族团结进步示范社区。加强城乡社区公共文化服务体系建设，提升公共文化服务水平，因地制宜设置村史陈列、非物质文化遗产等特色文化展示设施，突出乡土特色、民族特色。积极发展社区教育，建立健全城乡一体的社区教育网络，推进学习型社区建设。

（四）增强社区依法办事能力。进一步加快城乡社区治理法治建设步伐，加快修订《中华人民共和国城市居民委员会组织法》，贯彻落实《中华人民共和国村民委员会组织法》，研究制定社区治理相关行政法规。有立法权的地方要结合当地实际，出台城乡社区治理地方性法规和地方政府规章。推进法治社区建设，发挥警官、法官、检察官、律师、公证员、基层法律服务工作者作用，深入开展法治宣传教育和法律进社区活动，推进覆盖城乡居民的公共法律服务体系建设。

（五）提升社区矛盾预防化解能力。完善利益表达机制，建立党代会代表、人大代表、政协委员联系社区制度，完善党员干部直接联系群众制度，引导群众理性合法表达利益诉求。完善心理疏导机制，依托社会工作服务机构等专业社会组织，加强对城乡社区社会救助对象、建档立卡贫困人口、困境儿童、精神障碍患者、社区服刑人员、刑满释放人员和留守儿童、妇女、老人等群体的人文关怀、精神慰藉和心理健康服务，重点加强老少边穷地区农村社区相关机制建设。完善矛盾纠纷调处机制，健全城乡社区人民调解组织网络，引导人民调解员、基层法律服务工作者、农村土地承包仲裁员、社会工作者、心理咨询师等专业队伍，在物业纠纷、农村土地承包经营纠纷、家事纠纷、邻里纠纷调解和信访化解等领域发挥积极作用。推进平安社区建设，依托社区综治中心，拓展网格化服务管理，加强城乡社区治安防控网建设，深化城乡社区警务战略，全面提高社区治安综合治理水平，防范打击黑恶势力扰乱基层治理。

（六）增强社区信息化应用能力。提高城乡社区信息基础设施和技术装备水平，加强一体化社区信息服务站、社区信息亭、社区信息服务自助终端等公益性信息服务设施建设。依托“互联网+政务服务”相关重点工程，加快城乡社区公共服务综合信息平台建设，实现一号申请、一窗受理、一网通办，强化“一门式”服务模式的社区应用。实施“互联网+社区”行动计划，加快互联网与社区治理和服务体系的深度融合，运用社区论坛、微博、微信、移动客户端等新媒体，引导社区居民密切日常交往、参与公共事务、开展协商活动、组织邻里互助，探索网络化社区治理和服务新模式。发展社区电子商务。按照分级分类推进新型智慧城市建设要求，务实推进智慧社区信息系统建设，积极开发智慧社区移动客户端，实现服务项目、资源和信息的多平台交互和多终端同步。加强农村社区信息化建设，结合信息进村入户和电子商务进农村综合示范，积极发展农产品销售等农民致富服务项目，积极实施“网络扶贫行动计划”，推动扶贫开发兜底政策落地。

四、着力补齐城乡社区治理短板

（一）改善社区人居环境。完善城乡社区基础设施，建立健全农村社区基础设施和公用设施的投资、建设、运行、管护和综合利用机制。加快城镇棚户区、城中村和危房改造。加强城乡社区环境综合治理，做好城市社区绿化美化净化、垃圾分类处理、噪声污染治理、水资源再生利用等工作，着力解决农村社区垃圾收集、污水排放、秸秆焚烧以及散埋乱葬等问题，广泛发动居民群众和驻社区机关企事业单位参与环保活动，建设资源节约型、环境友好型社区。推进健康城市和健康村镇建设。强化社区风险防范预案管理，加强社区应急避难场所建设，开展社区防灾减灾科普宣传教育，有序组织开展社区应对突发事件应急演练，提高对自然灾害、事故灾难、公共卫生事件、社会安全事件的预防和处置能力。加强消防宣传和消防治理，提高火灾事故防范和处置能力，推进消防安全社区建设。

（二）加快社区综合服务设施建设。将城乡社区综合服务设施建设纳入当地国民经济和社会发展规划、城乡规划、土地利用规划等，按照每百户居民拥有综合服务设施面积不低于30平方米的标准，以新建、改造、购买、项目配套和整合共享等形式，逐步实现城乡社区综合服务设施全覆盖。加快贫困地区农村社区综合服务设施建设，率先推动易地搬迁安置区综合服务设施建设全覆盖。落实不动产统一登记制度，做好政府投资建设的城乡社区综合服务设施不动产登记服务工作。除国家另有规定外，所有以社区居民为对象的公共服务、志愿服务、专业社会工作服务，原则上在城乡社区综合服务设施中提供。创新城乡社区综合服务设施运营机制，通过居民群众协商管理、委托社会组织运营等方式，提高城乡社区综合服务设施利用率。落实城乡社区综合服务设施供暖、水电、燃气价格优惠政策。

（三）优化社区资源配置。组织开展城乡社区规划编制试点，落实城市总体规划要求，加强与控制性详细规划、村庄规划衔接；发挥社区规划专业人才作用，广泛吸纳居民群众参与，科学确定社区发展项目、建设任务和资源需求。探索建立基层政府面向城乡社区的治理资源统筹机制，推动人财物和责权利对称下沉到城乡社区，增强城乡社区统筹使用人财物等资源的自主权。探索基层政府组织社区居民在社区资源配置公共政策决策和执行过程中，有序参与听证、开展民主评议的机制。建立机关企事业单位履行社区治理责任评价体系，推动机关企事业单位积极参与城乡社区服务、环境治理、社区治安综合治理等活动，面向城乡社区开放文化、教育、体育等活动设施。注重运用市场机制优化社区资源配置。

（四）推进社区减负增效。依据社区工作事项清单建立社区工作事项准入制度，应当由基层政府履行的法定职责，不得要求基层群众性自治组织承担，不得将基层群众性自治组织作为行政执法、拆迁拆违、环境整治、城市管理、招商引资等事项的责任主体；依法需要基层群众性自治组织协助的工作事项，应当为其提供经费和必要工作条件。进一步清理规范基层政府各职能部门在社区设立的工作机构和加挂的各种牌子，精简社区会议和工作台账，全面清理基层政府各职能部门要求基层群众性自治组织出具的各类证明。实行基层政府统一对社区工作进行综合考核评比，各职能部门不再单独组织考核评比活动，取消对社区工作的“一票否决”事项。

（五）改进社区物业服务管理。加强社区党组织、社区居民委员会对业主委员会和物业服务企业的指导和监督，建立健全社区党组织、社区居民委员会、业主委员会和物业服务企业议事协调机制。探索在社区居民委员会下设环境和物业管理委员会，督促业主委员会和物业服务企业履行职责。探索完善业主委员会的职能，依法保护业主的合法权益。探索符合条件的社区居民委员会成员通过法定程序兼任业主委员会成员。探索在无物业管理的老旧小区依托社区居民委员会实行自治管理。有条件的地方应规范农村社区物业管理，研究制定物业管理费管理办法；探索在农村社区选聘物业服务企业，提供社区物业服务。探索建立社区微型消防站或志愿消防队。

五、强化组织保障

（一）完善领导体制和工作机制。各级党委和政府要把城乡社区治理工作纳入重要议事日程，完善党委和政府统一领导，有关部门和群团组织密切配合，社会力量广泛参与的城乡社区治理工作格局。完善中央层面城乡社区治理工作协调机制，地方各级党委和政府要建立健全相应工作机制，抓好统筹指导、组织协调、资源整合和督促检查。各省（自治区、直辖市）党委和政府要建立研究决定城乡社区治理工作重大事项制度，定期研究城乡社区治理工作。市县党委书记要认真履行第一责任人职责，街道党工委书记、乡镇党委书记要履行好直接责任人职责。要把城乡社区治理工作纳入地方党政领导班子和领导干部政绩考核指标体系，纳入市县乡党委书记抓基层党建工作述职评议考核。逐步建立以社区居民满意度为主要衡量标准的社区治理评价体系和评价结果公开机制。

（二）加大资金投入力度。加大财政保障力度，统筹使用各级各部门投入城乡社区的符合条件的相关资金，提高资金使用效率，重点支持做好城乡社区治理各项工作。老少边穷地区应根据当地发展水平，统筹中央财政一般性转移支付等现有资金渠道，支持做好城乡社区建设工作。不断拓宽城乡社区治理资金筹集渠道，鼓励通过慈善捐赠、设立社区基金会等方式，引导社会资金投向城乡社区治理领域。创新城乡社区治理资金使用机制，有序引导居民群众参与确定资金使用方向和服务项目，全过程监督服务项目实施和资金使用。

（三）加强社区工作者队伍建设。将社区工作者队伍建设纳入国家和地方人才发展规划，地方要结合实际制定社区工作者队伍发展专项规划和社区工作者管理办法，把城乡社区党组织、基层群众性自治组织成员以及其他社区专职工作人员纳入社区工作者队伍统筹管理，建设一支素质优良的专业化社区工作者队伍。加强城乡社区党组织带头人队伍建设，选优配强社区党组织书记，加大从社区党组织书记中招录公务员和事业编制人员力度，注重把优秀社区党组织书记选拔到街道（乡镇）领导岗位，推动符合条件的社区党组织书记或班子成员通过依法选举担任基层群众性自治组织负责人或成员。社区专职工作人员由基层政府职能部门根据工作需要设岗招聘，街道办事处（乡镇政府）统一管理，社区组织统筹使用。加强对社区工作者的教育培训，提高其依法办事、执行政策和服务居民能力，支持其参加社会工作职业资格评价和学历教育等，对获得社会工作职业资格的给予职业津贴。加强社区工作者作风建设，建立群众满意度占主要权重的社区工作者评价机制，探索建立容错纠错机制和奖惩机制，调动社区工作者实干创业、改革创新热情。

（四）完善政策标准体系和激励宣传机制。加强城乡社区治理工作理论政策研究，做好城乡社区发展规划编制工作，制定“三社联动”机制建设、政府购买城乡社区服务等相关配套政策。加快建立城乡社区治理标准体系，研究制定城乡社区组织、社区服务、社区信息化建设等方面基础通用标准、管理服务标准和设施设备配置标准。及时总结推广城乡社区治理先进经验，积极开展城市和谐社区建设、农村幸福社区建设示范创建活动和城乡社区结对共建活动，大力表彰先进城乡社区组织和优秀城乡社区工作者。充分发挥报刊、广播、电视等新闻媒体和网络新媒体作用，广泛宣传城乡社区治理创新做法和突出成效，营造全社会关心、支持、参与城乡社区治理的良好氛围。

各省（自治区、直辖市）要按照本意见精神，结合实际制定加强城乡社区治理工作的具体实施意见。各有关部门要根据本意见要求和职责分工，制定贯彻落实的具体措施。

附录三

培育发展社区社会组织专项行动方案[①]（2021—2023年）

为深入学习贯彻党的十九届五中全会精神，落实《中共中央　国务院关于加强和完善城乡社区治理的意见》、《中共中央　国务院关于实施乡村振兴战略的意见》、《中共中央办公厅　国务院办公厅关于改革社会组织管理制度促进社会组织健康有序发展的意见》要求，深化《民政部关于大力培育发展社区社会组织的意见》实施，充分发挥社区社会组织在创新基层社会治理中的积极作用，现就实施培育发展社区社会组织专项行动（以下简称专项行动）制定如下方案。

一、指导思想

以习近平新时代中国特色社会主义思想为指导，深入贯彻党的十九大和十九届二中、三中、四中、五中全会精神，紧紧围绕国家治理体系和治理能力现代化总目标，落实中央关于构建基层社会治理新格局的要求，着力固根基、扬优势、补短板、强弱项，从2021年起用3年时间，开展培育发展社区社会组织专项行动，通过实施一批项目计划和开展系列主题活动，进一步提升质量、优化结构、健全制度，推动社区社会组织在建设人人有责、人人尽责、人人享有的社会治理共同体中更好发挥作用。

二、基本原则

坚持党的领导。发挥城乡基层党组织的领导作用，将社区社会组织纳

---

① 资料来源：民政部办公厅关于印发《培育发展社区社会组织专项行动方案（2021—2023年）》的通知（民办发〔2020〕36号），https://www.gov.cn/zhengce/zhengceku/2020-12/08/content_5568379.htm，2020-12-7.

入创新基层社会治理、完善城乡社区服务体系的整体布局，确保社区社会组织工作始终沿着正确政治方向，始终服从服务大局。

坚持以人民为中心。广泛调动社区居民和多方主体参与社区社会组织发展，做到需求由群众提出、活动有群众参与、成效让群众评判，引导社区社会组织更好提供服务、反映诉求、规范行为，积极推进共建共治共享。

坚持问题导向。针对社区社会组织发展短板，以培育发展、能力提升、作用发挥为重点，打造有效工作载体，落实鼓励扶持政策，推动建立长效工作机制。

坚持因地制宜。根据区域特点和经济社会发展实际，制定专项行动实施方案，推动工作重心下沉，细化实化工作措施，保证资源到位，坚持不懈抓好政策落地。

三、工作任务

（一）实施社区社会组织培育发展计划。

进一步明确培育发展导向，制定培育发展规划，完善培育发展机制，落实培育发展资金。到2023年，社区社会组织在结构布局上得到进一步优化，服务各类特殊群体能力进一步增强。

1. 制定专项规划。各地根据经济社会发展实际，把社区社会组织培育发展工作纳入城乡社区治理总体布局，加强对社区社会组织工作的统一领导和统筹协调。结合编制城乡社区服务体系建设“十四五”规划，制定本地区社区社会组织发展专项规划，部署、实施培育发展社区社会组织、提高社区社会组织服务能力项目；明确优先发展领域和重点扶持对象，加大服务性、公益性、互助性社区社会组织支持力度，提升社区社会组织在地域分布、服务对象、业务领域等方面的覆盖面和志愿服务参与度；细化培育扶持、发展质量、内部治理、服务开展等方面工作目标，落实相关部门、街道（乡镇）、村（居）民委员会工作责任，为社区社会组织发展提供政策支持和资源保障。

2. 建设支持平台。实施社区社会组织“安家”工程，依托街道（乡镇）、城乡社区综合服务设施和社区社会工作服务站点等，为社区社会组织开展活动提供场地支持。推进社区社会组织支持平台建设，发挥社区社会组织联合会等枢纽型、支持型社会组织作用，有条件的地方可以建设社区社会组织孵化基地。明确相关支持平台和孵化机构工作职责，完善工作制度，强化工作力量，为社区社会组织提供党建引领、培育孵化、资金代管、人员培训等综合服务和指导支持。有条件的地方可以探索委托具备专业能力的枢纽型社会组织或社会工作服务机构运营服务平台与孵化机构。

3. 加强政策扶持。推动建立多元化筹资机制，鼓励通过政府购买服务、公益创投、社会支持等多种渠道支持社区社会组织培育发展。健全政府购买社区服务机制，支持各地加大向社区社会组织购买社区服务的力度。鼓励街道（乡镇）为社区社会组织参与社区服务提供资源支持、项目对接等服务，鼓励城乡社区党组织和村（居）民委员会为当地优秀人才领办社区社会组织提供必要支持。各地可结合实际情况探索多种形式设立工作基金，支持社区社会组织发展。

4. 补齐工作短板。要结合本地农村实际以及脱贫攻坚、乡村振兴等工作要求，加大农村社区社会组织培育发展力度，推动政府和社会资源向农村社区社会组织和服务项目倾斜。强化农村社区党组织领导和村民委员会指导功能，动员引导村民根据生产生活需求、本地风俗、个人兴趣爱好等成立农村社区社会组织。培育发展农村志愿服务组织，为村民提供生产生活服务，为农村留守老年人、儿童等特殊困难群众提供关爱服务。加强农村社区文体团队建设，丰富农民精神文化生活。注重发现培养农村社区社会组织骨干人才，加强农村社区社会工作人才队伍建设。根据区域实际，选取一批基础较好的农村社区开展农村社区社会组织培育发展试点，总结符合本地区实际的发展模式和经验。

（二）实施社区社会组织能力提升计划。

加强工作指导和统筹协调，从工作力量、工作方法、工作内容和工作资源等方面给予支持，不断提升社区社会组织的组织管理和服务能力。到2023年，社区社会组织参与相关领域管理、提供专业化社区服务的能力进一步提升，成为居民参与社会治理和社区服务的有效载体。

1. 培养一批骨干人才。各地民政部门要统筹社区、社会组织、社会工作力量，制定培训计划，培养社会组织工作的骨干队伍。要通过举办示范培训、网上课堂、新媒体教学等多种方式，面向街道（乡镇）民政助理、城乡社区工作者、儿童主任、社区社会组织负责人、社区社会工作者、社区志愿者等，广泛开展各类能力培训，将社区社会组织党的建设、培育发展、能力建设、日常运作等纳入培训内容。鼓励社区社会组织从业人员参加社会工作知识培训和全国社会工作者职业资格考试，有条件的地方视情况对参加考试人员给予考试教材、考前培训、考试费用等帮扶激励。力争到 2023 年，全国普遍开展社区社会组织骨干人才培训，社区社会工作人才培训累计达到 245 万人次。

2. 对接一批活动项目。在推进社区、社会工作者、社区志愿者、社区社会组织、社区公益慈善资源联动实践的基础上，结合实际组织开展社区服务项目洽谈会、公益创投大赛等社区公益服务供需对接活动，通过服务项目加强对社区社会组织的引导。要进一步强化项目意识，提升社区社会组织需求调研、项目设计、项目运作水平。推进社区社会组织品牌建设，引导优秀社区社会组织完善发展规划、加强项目宣传，提高品牌辨识度和社会知名度。

3. 提升专业服务能力。会同相关部门推动管理、服务资源下沉，指导街道（乡镇）和城乡社区党组织、村（居）民委员会落实责任，通过加强社区宣传、建立联络制度、开展业务培训、组织应急演练等方式，提升社区社会组织协同应对自然灾害、事故灾难、公共卫生、社会安全等突发事件的水平；通过加强对群防群治活动的组织、指导和保障，提升社区社会组织参与平安社区建设、和谐社区建设的能力；通过购买服务、委托项目等方式，提升社区社会组织参与提供健康、养老、育幼等社区服务的能力；通过提供活动场地等措施，支持社区社会组织开展文艺演出、体育竞赛等活动，增强社区文化建设阵地功能。鼓励有条件的城乡社区通过设置社会工作岗位等方式，配备专人联系、指导和服务辖区内社区社会组织，不断提升社区社会组织的专业服务能力。

（三）实施社区社会组织作用发挥计划。

加强组织动员，引导社区社会组织在提供社区服务、扩大居民参与、培育社区文化、促进社区和谐等方面发挥积极作用。到 2023 年，居民通过社区社会组织参与社区生活、享受社区服务更加广泛，对社区社会组织的感知度和认可度进一步提升，社区社会组织服务领域进一步拓展，服务质量进一步提升，成为参与城乡社区治理的重要力量。

1. “邻里守望”系列社区志愿服务活动。引导社区社会组织在城乡基层党组织领导、基层群众性自治组织指导下，以“邻里守望”等为主题，开展有特色、有实效的主题志愿服务活动。通过综合包户、结对帮扶等多种方式，重点为社区内低保对象、特困人员、空巢老人、农村留守人员、困境儿童、残疾人、进城务工人员及随迁子女等困难群体提供亲情陪伴、生活照料、心理疏导、法律援助、社会融入等各类关爱服务，构建守望相助的邻里关系，推动社区志愿服务常态化。引导基金会等慈善组织支持社会工作者、志愿者深入城乡社区，依托社区社会组织为重点群体和困难群众提供关爱服务，为兜底保障、社区服务提供支持力量。

2. “共建共治共享”系列社区协商活动。引导社区社会组织在城乡基层党组织领导下，协助基层群众性自治组织带动居民有序参与基层群众自治实践，依法开展自我管理、自我服务、自我教育、自我监督。倡导“有事好商量，众人的事由众人商量”，通过小区自管会、乡贤参事会等组织形式，发动社区居民和驻社区单位等多方主体围绕公共服务、矛盾调解、建设发展等社区重要事务，定期组织开展议事协商、乡贤参事等活动。发挥社区社会组织在汇聚民智、收集民意中的积极作用，通过委托开展居民调查等方式，指导社区社会组织发挥收集、反映居民诉求作用，拓展居民群众利益表达渠道。

3. “共创平安”系列社区治理活动。发挥社区社会组织在社区治安综合治理中的积极作用，指导社区社会组织开展社区矛盾化解、纠纷调解、心理服务等工作。推动社区社会组织参与平安社区建设，协助做好社区矫正、社区戒毒、重点人员帮扶、社区康复，有序参与应急救援、疫情防控等工作。针对社区治安、环境卫生、物业管理、流动人口管理服务等社区突出问题，以社区社会组织为载体，广泛调动社区居民和驻社区单位参与治安巡逻、商圈整治、垃圾分类、就业对接等活动。

4. “文化铸魂”系列精神文明创建活动。以社区社会组织为平台，推进社区文明创建。围绕践行社会主义核心价值观，指导社区社会组织广泛开展歌咏、读书、书法、朗诵、科普知识等群众性文化、教育活动，弘扬时代新风。发挥社区社会组织在社区文化建设中的积极作用，通过开展文化演出、非遗展示、民俗展演、文旅宣传、体育竞赛等活动，推动形成具有本地特色的社区文化、村镇文化、节日文化、广场文化。发挥农村红白理事会、乡风文明理事会等在改革婚丧礼仪等方面的作用，强化村规民约的引导作用和约束力，发动党员、村民代表带头签订移风易俗承诺书，倡导婚事新办、丧事俭办、喜事简办。

（四）实施社区社会组织规范管理计划。

进一步落实社区社会组织各项管理制度，在党的领导、活动指导和内部治理等方面，细化工作规程，形成一套制度安排。到 2023 年，形成比较成熟的社区社会组织工作机制，社区社会组织管理、指导和服务更加有效，社区社会组织发展既充满活力又健康有序。

1. 落实党建责任。指导街道（乡镇）党（工）委和城乡社区党组织落实党建责任，围绕加强党对社区社会组织各项工作的领导、城乡社区党组织与社区社会组织定期联系、组织协调社区社会组织参与城乡社区共驻共建等制定工作方案、明确责任目标、细化工作任务。

2. 完善分类管理。落实分类登记管理要求，符合条件的社区社会组织要依法登记；对规模较大但未达到登记条件的社区社会组织，由所在乡镇人民政府、街道办事处实施管理；规模较小、组织松散的社区社会组织，由城乡社区党组织领导，村（居）民委员会对其活动进行指导和管理。对未达到登记条件的社区社会组织，各省级民政部门要研究制定管理工作规程，细化工作内容和工作规范，指导街道（乡镇）、城乡社区落实相关要求。推动建立社区社会组织开展节庆活动、文化演出、体育竞赛、人员集会等重大活动报告制度。探索建立社区社会组织定期向村（社区）“两委”报告工作，由村（社区）“两委”和居民群众对社区社会组织工作进行评估评议制度，评估评议结果作为开展社区社会组织相关工作的重要参考。

3. 规范内部治理。推动社区社会组织制定简易章程，以章程为核心加强宗旨建设，规范内部治理、资金使用和活动开展。在社区层面建立社区社会组织信息公开制度，强化决策公开和透明运作，提升社区社会组织公信力。加强街道（乡镇）层面社会组织联合会建设，倡导社区社会组织遵纪守法、遵章守规，积极承担社会责任，强化自律管理。

四、组织实施

（一）加强组织领导。民政部社会组织管理局、基层政权建设和社区治理司、慈善事业促进和社会工作司按照各自职责分工，分别抓好相关指导工作。地方各级民政部门要充分认识大力培育发展社区社会组织的重要性，积极争取支持，强化部门协同，完善工作机制，形成工作合力；要加强调查研究，制定和落实好本地区社区社会组织发展规划，细化工作措施，分步骤、有重点地推进相关工作；要加强宣传引导，广泛调动社区居民和多方主体参与，推进共建共治共享的基层社会治理格局。

（二）加强指导支持。民政部将培育发展社区社会组织作为贯彻落实中央关于改革社会组织管理制度、促进社会组织健康有序发展要求的重点任务，纳入民政工作综合评估、民政事业统计，推动纳入相关部门平安建设考核指标，加强工作指导。省级民政部门要落实工作职责，加强督促检查，指导地方民政部门和基层组织细化实化工作措施。有条件的地方要争取将社区社会组织发展纳入基层政府绩效考核、村（社区）“两委”班子目标责任考核、社区党组织书记年度述职内容，形成层层抓落实的责任体系。

（三）加强典型引领。民政部将围绕社区社会组织培育发展、能力提升、作用发挥、规范管理等重点内容，通过网络、报刊等进行系列主题宣传，通过召开会议、网上平台沟通等方式促进工作交流，加强典型引领。各地要注重提炼形成可推广、可复制的经验做法，通过模式总结、案例分析、理论研究等方式完善本地区社区社会组织发展思路和政策措施。要通过组织各类交流展示活动，加大对社区社会组织优秀典型、先进事迹的宣传、表扬力度。

后　记
（第一版）

“社区工作”是教育部全国高等学校社会学学科教学指导委员会和中国社会工作教育协会确定的社会工作专业主干课程之一。2006年该课程被确定为山东省精品课程。课程组成员在全面加强课程建设的同时，积极进行教材建设。并与省内长期从事“社区工作”课程教学的教师一起共同挖掘自身的教学积累，研讨教学内容和教学方法的改革以及如何借鉴国内外已有教材的长处和最新成果，进一步完善课程内在逻辑体系。在此基础上，主编拟定了本教材的编写内容和编写大纲初稿，经参加编写的教师反复讨论，在吸纳大家反馈意见集共同智慧并多次修改后确定编写大纲定稿。现经过参加编写的各位老师近一年的辛苦写作，本教材终于面世。

承担本教材撰稿任务的作者分别是（按撰稿的章节目录排序）：前言、第一章，山东女子学院社会与法学院李沂靖；第二章，山东女子学院社会与法学院高丽娟、张静敏，济南大学法学院唐斌尧；第三章，山东女子学院社会与法学院闫小红；第四章，山东大学哲学社会发展学院张洪英，山东女子学院社会与法学院王文静，山东财政学院政法学院郑永强；第五章，山东女子学院社会与法学院闫小红、张静敏、杨珺；第六章，山东女子学院社会与法学院张剑、王文静；第七章，山东女子学院社会与法学院张静敏、王文静；第八章，济南大学法学院唐斌尧、张银。李沂靖、唐斌尧和闫小红负责了全书的统稿和最后的文字工作。

这里要特别感谢社工教育界同人的辛勤劳动和前期成果为教材编写提供了有益的帮助。近年来，“社会工作经典译丛”“世界社区理论与实务经典丛书”“社会工作名著译丛”等国外系列译著的出版，较为全面地介绍了在西方已有上百年历史的社会工作专业的核心知识，为本教材的编写提供了经典的且完整系统的参考资料，极大地开阔了作者的视野。另外，国内已经出版并在各高校广泛使用的几种版本的“社区工作”教材，也为我们提供了许多有益的启示和借鉴。同时，还要感谢山东女子学院的各级领导从不同方面对“社区工作”课程建设以及配套教材出版的关注和提供的具体帮助。上述诸方面均对教材的出版起到了帮助和催化作用，在此一并表示衷心感谢。

虽然参加本教材编写的人员倾尽心力认真撰稿，但仍会受到当前我国社会工作发展和专业教育水平以及教材编写队伍教学科研水平与积累不足的限制。我们深知本教材存在许多不足之处，真诚希望广大读者不吝赐教，提出批评和指正，从而有利于本教材今后的修订和进一步完善。

李沂靖

2009年1月于济南

后　记
（第二版）

“社区工作”是教育部全国高等学校社会学学科教学指导委员会和中国社会工作教育协会确定的社会工作专业主干课程之一。2006年该课程被确定为山东省精品课程。课程组成员在全面加强课程建设的同时，积极进行教材建设，并与省内长期从事“社区工作”课程教学的教师一起挖掘自身的教学积累，研讨教学内容和教学方法的改革以及如何借鉴国内外已有教材的长处和最新成果，进一步完善课程内在逻辑体系。在此基础上，主编拟定了本教材的编写内容和编写大纲初稿，经参加编写的教师反复讨论，在吸纳大家反馈意见，集共同智慧并多次修改后确定编写大纲定稿。现经过参加编写的各位老师近一年的辛苦写作，《社区工作》教材第一版终于面世。

该教材出版后，十二年来全国许多高等院校社会工作专业“社区工作”课程的教学采用了本教材，在使用过程中得到大家普遍认可，同时也希望根据社会工作实践和社会工作专业教育的发展，与时俱进地对原版教材加以修订再版，以便更好地适应社会工作及专业教育的需要。

承担第一版教材撰稿任务的作者分别是（按撰稿的章节目录排序）：前言、第一章，山东女子学院社会与法学院李沂靖；第二章，山东女子学院社会与法学院高丽娟、张静敏，济南大学法学院唐斌尧；第三章，山东女子学院社会与法学院闫小红；第四章，山东大学哲学社会发展学院张洪英，山东女子学院社会与法学院王文静，山东财政学院政法学院郑永强；第五章，山东女子学院社会与法学院闫小红、张静敏、杨珺；第六章，山东女子学院社会与法学院张剑、王文静；第七章，山东女子学院社会与法学院张静敏、王文静；第八章，济南大学法学院唐斌尧、张银。李沂靖、唐斌尧和闫小红负责全书的统稿和最后的文字工作。

承担修订版教材撰稿任务的作者分别是（按撰稿的章节目录排序）：

前言，山东女子学院社会与法学院李沂靖；第一章，山东女子学院社会与法学院苏海；第二章，济南大学政法学院唐斌尧；第三章，山东女子学院社会与法学院闫小红；第四章，山东女子学院社会与法学院赵记辉；第五章，山东女子学院社会与法学院刘静；第六章，山东女子学院社会与法学院张静敏；第七章，山东青年政治学院政治与公共管理学院张剑；第八章，山东女子学院社会与法学院孙旭友、济南大学政法学院唐斌尧。李沂靖、唐斌尧、闫小红和苏海负责全书的统稿和最后的文字工作。

这里要特别感谢社会工作教育界同人的辛勤劳动，他们为教材编写提供了有益的帮助。近年来，“社会工作经典译丛”“世界社区理论与实务经典丛书”“社会工作名著译丛”等国外系列译著的出版，较为全面地介绍了在西方已有上百年历史的社会工作专业的核心知识，为本教材的编写提供了经典且完整系统的参考资料，极大地开阔了作者的视野。另外，国内已经出版并在各高校广泛使用的几种版本的“社区工作”教材，也为我们提供了许多有益的启示和借鉴。同时，还要感谢山东女子学院的各级领导从不同方面对“社区工作”课程建设以及配套教材出版的关注，以及提供的具体帮助。上述诸方面因素均对《社区工作》教材第一版的出版以及修订再版起到了帮助和催化作用，同时中国社会出版社对教材的出版和修订再版始终给予了大力支持，在此一并表示衷心感谢。

虽然参加本教材编写和修订的人员倾尽心力认真撰稿，但仍会受到当前我国社会工作发展和专业教育水平以及教材编写队伍教学科研水平与积累不足的限制。我们深知经过修订的《社区工作》教材仍然存在许多不足，真诚希望广大读者不吝赐教，提出批评和指正，从而有利于该教材的再次修订和进一步完善。

李沂靖